铁路科技图书出版基金资助出版

交通基础设施智能建设技术前沿丛书

交通基础设施智能建设技术

导　论

徐光辉　王东升　著

中国铁道出版社有限公司

2020年·北　京

内 容 简 介

本书主要阐述了填筑型交通基础设施智能建设的相关技术。以智能建设基本特征“感知、分析、决策、执行”为线索，建立了智能建设技术的基本架构；结合工程建设，剖析了智能算法的本质和机器代替人类工作的可行性；介绍了大数据和物联网的基本特征和与工程建设的关系；在此基础上重点分析了智能技术在设计、施工和养护中应用的可行性和实施方案，并给出了工程实例；结合智能建设人才培养，梳理了智能建设所需要的专业知识以及背后的理论基础，给出了掌握新技术的方法。

本书可供公路、铁路、机场和城市道路等相关领域内的技术人员了解、学习和掌握智能建设新技术时使用，也可供相关专业学生参考阅读。

图书在版编目(CIP)数据

交通基础设施智能建设技术导论/徐光辉，王东升著．—北京：中国铁道出版社有限公司，2020.10

(交通基础设施智能建设技术前沿丛书)

ISBN 978-7-113-27226-5

Ⅰ.①交… Ⅱ.①徐… ②王… Ⅲ.①互联网络-应用-交通运输建设-基础设施建设 Ⅳ.①U-39

中国版本图书馆 CIP 数据核字(2020)第 162380 号

书　　名:交通基础设施智能建设技术导论
作　　者:徐光辉　王东升

策　　划:时　博
责任编辑:时　博　　**编辑部电话**:(010)51873162　　电子信箱:crph@163.com
封面设计:尚明龙
责任校对:孙　玫
责任印制:高春晓

出版发行:中国铁道出版社有限公司(100054,北京市西城区右安门西街 8 号)
网　　址:http://www.tdpress.com
印　　刷:国铁印务有限公司
版　　次:2020 年 10 月第 1 版　2020 年 10 月第 1 次印刷
开　　本:880 mm×1 230 mm　1/32　印张:8.5　字数:231 千
书　　号:ISBN 978-7-113-27226-5
定　　价:55.00 元

丛书序言

随着现代科学技术的发展，传统的交通基础设施建设行业正在发生着深刻变革。以人工智能为代表的现代信息技术与传统建造业的结合已成为必然趋势。智能建设正是在这一背景下提出的，目的是提高工程建造品质，最终实现智慧型的交通基础设施。

交通基础设施建设属于传统的土木行业，由于多种原因，很多土木专业的技术人员对现代信息技术所知较少，甚至连一些术语都不太清楚，需要我们改变传统建造业的技术体系，更新知识结构。不同学科和专业之间的交叉融合已经成为必然。“交通基础设施智能建设技术前沿丛书”正是在这一背景下提出的，目的是打破学科界限，融合多学科的知识，初步建立智能建设的技术体系，推进智能建设技术的发展。

目前，包括智能建设在内的很多“智能＋”还没有完整的技术体系，不同人、不同行业都有不同的理解，这是发展过程中的必然现象。根据我们从事道路与铁道工程智能施工监控技术的实践经验，按照“感知、分析、决策、执行”这样的技术路线是可行的，智能建设也可以沿着这条路线展开。因此，丛书以填筑型交通基础设施（公路、铁路、机场和城市道路）为背景，围绕着“感知、分析、决策、执行”这四个基本特征，进行了整体构思和写作，并兼顾理论性和实践性，为相关领域的技术人员了解和掌握工程建设新技术提供帮助。

丛书以工程建设为背景，结合应用，分别对“感知”“分析与决策”“执行”这几方面所涉及的理论、技术和工程应用展开论述，包括电子信息技术、机器学习、感知技术与数据分析、感知方法的动力学原理、工程控制技术和工程应用实例等。

交通基础设施智能建设属于建造业的前沿问题之一。作为新事物,还有许多未知的东西需要探索。万里之行始于足下,打好基础是关键。了解和掌握必要的多学科知识是探索之路的工具和利器。中国铁道出版社有限公司联合国际智能建设学会(ISIC)组织编写了这套“交通基础设施智能建设技术前沿丛书”,是非常必要和及时的,可以帮助工程建设以及相关领域的技术人员拓宽知识和启迪思路,为普及智能建设新理念、新技术提供支持。

丛书分为中文版和英文版。编写成员来自中国、美国和欧盟等,大部分是国际智能建设学会的委员,具有不同的专业背景和丰富的实践经验,清楚交通基础设施建造行业技术人员的现状,这使写作更具有针对性和可读性。丛书具有如下特点:

(1)新领域。交通基础设施智能建设属于新领域,是多学科交叉的产物。丛书系全球首次组织编写,可以帮助工程建设领域技术人员了解和掌握信息时代的新知识和新技术。

(2)创新性。智能建设属于交叉学科,其技术组成尚无定论。丛书以工程建设的角度,探讨性地建立了智能建设技术的基本架构,从多学科中提炼了相关知识,进行了系统写作和集成创新。

(3)实用性。丛书以工程建设为背景,围绕着“感知、分析、决策、执行”展开,所涉及的工程案例均来源于实际应用,经过实践的检验。

(4)可读性。丛书避免采用一些晦涩难懂的专业语言,而是采用通俗语言来解释和说明专业问题,方便工程建设领域技术人员阅读。

丛书结合工程建设特点,从多个技术角度对智能建设相关技术进行了阐述,为公路、铁路、机场和城市道路等相关领域内的技术人员了解、学习和掌握智能建设新技术提供一套专业级的普及读物,具有专科以上知识的读者可以读懂大部分内容。同时,对于高校相关专业的本科生和研究生也会起到开阔视野和启迪研究思路的作用。

国际智能建设学会(ISIC)

前 言

交通基础设施智能建设是一个崭新的领域，是多学科交叉融合的产物，是新一代信息技术在工程建设中的具体展现，将改变传统建造业的技术体系。由于是新领域，智能建设的基本概念、技术组成、如何应用等，尚无定论，处于百花齐放、百家争鸣的阶段。鉴于此，如何搭建智能建设技术架构是非常关键的，涉及技术组成等问题。

作者基于多年从事智能施工监控技术的实际经验，并参考相关领域的最新研究成果，提炼出智能建设应该具备“感知、分析、决策、执行”的基本特征。其中，“感知”部分涉及电子信息技术、传感技术、检测技术和领域知识；“分析与决策”涉及人工智能技术和领域知识；“执行”部分涉及控制技术、领域知识和工程机械等。本书是“交通基础设施智能建设技术前沿丛书”的第一册，围绕着智能建设基本特征，主要阐述了填筑型交通基础设施智能建设的相关技术，涉及了丛书中的大部分内容，是智能建设技术的导论。

本书第1章概述了智能建设的技术特征和关键点，初识了人工智能的本质和实现智能化的方法，建立了智能建设技术的基本架构。第2章提供了一套掌握新技术的系统方法，给出了系统五个基本问题的特点，介绍了道路结构系统、人工智能系统、智能建设系统和信息平台的技术特征。第3章剖析了神经网络、深度学习和强化学习等智能算法或机器学习算法，还原了一个真实的人工智能，简述了机器学习与工程建设的关系。第4、5章揭示了大数据的本质和信息平台背后的物联网基础，介绍了工程中的几种感知技术，讨论了数据安全问题。第6章阐述了多种智能技术在设计、施工和养护中应用的可行性和实现的技术方案，讨论了虚拟现实技术在工程建设中的应用，以智能压实为实例，介绍了实现"感知、分析、决策、执行"的基本步骤。第7章简要说明了提高工程品质是智能建设的近期目标,对信息公路和信息铁路、智能公路和智能铁路的基本特征和实现方法进行了简单讨论,按照智能建设基本特征要求,结合智能建设人才培养,梳理了所需要的各种专业知识以及背后的理论基础。

本书部分内容为哈尔滨工业大学本科生(包括道路、桥梁、交通工程和交通信息控制专业)讲授过几次,根据反馈信息,又进行了多次修改,前后历经三年多时间完成书稿。虽然如此,由于智能建设是新领域,还处于起步阶段,如何把握智能建设的技术组成,仍处于探索阶段。这里只是抛砖引玉,旨在引起更多领域技术人员的注意,共同推进智能建设技术的良性发展。

国际智能建设学会(ISIC)创始人——美国交通科技集团的George K. Chang博士、得克萨斯大学的Soheil Nazarian教授、葡萄牙米尼奥大学的António Gomes Correia教授参加了丛书和本书的整体策划工作,George K. Chang博士提供了部分资料。他们将参加英文版的编写工作。

限于作者水平有限,本书只是一家之言,难免顾此失彼,不妥之处在所难免,恳请读者批评指正,反馈意见请发至highx@163.com。

作者

2020年9月

目　录

第1章 什么是智能建设

工程建设与智能技术原本是没有多少联系的两个领域，但随着科技的进步、思想的解放，将二者结合的趋势已经呈现出来，初步形成了智能建设的基本思想。智能建设的兴起，将会对传统建造业带来革命性的变化。及时了解什么是智能建设，掌握和跟进相关新技术是十分必要的。

1.1 交通基础设施建设特征

这里所说的智能建设，其服务对象是交通基础设施。为了更好地把握这一新技术，首先了解一下有关基础设施建设的相关知识。

1.1.1 基础设施的一般特征

基础设施，是指为社会生产和居民生活提供共同条件和公共服务的物质工程设施，是一类公共服务系统。基础设施与人们的“衣、食、住、行”都密切相关，不仅包括公路、铁路、机场、通信、水电和煤气等公共设施，也包括教育、科技、医疗、体育和文化等社会性设施。基础设施是国民经济发展的基础，其重要意义不言而喻。图1-1给出了一些基础设施的实例。

图 1-1 基础设施实例

交通基础设施是基础设施的重要组成部分，是“衣、食、住、行”中的“行”的基础，是交通运输的通道，与人们的生活密切相关，也是我们关注的重点。

交通运输在国民经济中发挥着纽带的作用，分为陆地交通运输、航空运输和水上（海与河）运输三大类。陆地交通运输对应的基础设施可归结为“路、桥、隧”三部分。其中，“路”主要是指铁路与公路，也包括城市道路；航空运输对应的基础设施主要是机场；水上运输对应的基础设施为港口。后面的叙述主要以公路和铁路为主（即道路与铁道工程），机场和港口等也可归结为“路”的一部分。图 1-2 给出了一些交通基础设施实例。

图 1-2　交通基础设施实例

交通基础设施的建设是人们既熟悉又陌生的领域。所谓熟悉，给人们的印象就是通常所说的“修铁路、修公路”，大家都能理解这些建造行为。所谓陌生，那就是交通基础设施的建设包含了诸多学科的相关技术，并非像大家想得那么简单，所谓外行看热闹，内行看门道。

1.1.2　交通基础设施的建设特征

传统的交通基础设施是指公路和铁路。这是一类带状的、延绵几十公里乃至上百公里的构造物，由“路、桥、隧”三部分组成。桥梁和隧道是建设中的控制工程，都属于“点状”结构物；线路（简称路）是主体工程，属于带状结构物。无论是原材料还是在外形上，这三种结构物都是不同的，设计和施工方法也有很大的差异。这些差异导致了它们有不同的建设特征。

(1)桥

桥梁属于人造结构物,由钢筋混凝土或钢材构成,其设计和施工是按照结构工程进行的。桥梁的下部基础以桩基础居多;上部为结构件,主要为梁和板,一般按照装配式建造。图 1-3 为桥梁施工现场。

图 1-3 桥梁施工现场

相对而言,桥梁的设计和施工技术都是比较先进的,只要严格执行相关技术标准就能得到符合要求的优良结构物。

(2)隧

隧道属于开挖型结构(开挖山体或地下岩土体),由岩土体和钢筋混凝土衬砌结构(支护结构)构成,其设计和施工一般是按照岩土工程进行的。隧道的关键是施工,主要是围岩的处理问题(如坍塌和漏水等)。随着大型施工机械(如盾构机)以及超前预报技术的成熟,其施工难度已经降低,安全性也得到进一步的提高。实践证明,只要在施工过程中严格管理,科学施工,就不会存在太大的问题。图 1-4 为隧道施工现场。

图 1-4 隧道施工现场

(3)线路

如果说桥梁和隧道是“点状”建筑物,那么线路则是延绵数百公里的“带状或线状”建筑物。这种结构物与桥梁和隧道有着明显的不同，是各种类型的建筑材料经过填筑碾压，或者山体的开挖而形成的土工结构物(“堤”与“堑”)，其中填筑型结构占主导地位，可以称之为填筑工程。这类结构物有其独特的设计和施工方法。

在设计方面，“路”属于线状结构，其线形不仅要满足车辆运动学特征，还要与周边环境相匹配。其结构形式为“梯形”的层状体，由岩土材料、混凝土和沥青混合料等构成。在施工方面，材料需要经过摊铺、碾压才能形成填筑型结构体。在养护方面，涉及更多的是各种检测技术和数据分析与评价技术，是多学科的综合。

“路”分为铁路(路基与轨道)和公路(路基与路面)两大类。其下部的路基结构基本相同，都是由岩土填料构成的。铁路上部结构分为有砟轨道(碎石道床＋轨枕＋钢轨)和无砟轨道(混凝土板＋轨道板＋钢轨)，如图 1-5 所示。

图 1-5　铁路的路基、有砟轨道和无砟轨道

对于公路来讲，路基结构之上的部分称作路面结构，具体由“基层＋面层”构成。基层有半刚性基层和柔性基层之分，面层则分为混凝土面层和沥青面层，如图 1-6 所示。

图 1-6　公路的路基、混凝土路面和沥青路面

根据以上对路、桥、隧三类建筑物基本特征的简单描述，在交通基础设施中，线路属于填筑类工程，所占的比例也较大（中国的高速铁路除外），其工程质量也是相对最难控制的，如图1-7所示。

图1-7 交通基础设施质量控制的重点是填筑类工程

总体来讲，不管是公路还是铁路，路基路面这类填筑工程都是属于较难把握的部分，其填料属性和类型都远比混凝土的复杂，并且与环境（水和温度）关系密切，施工质量也很难全面控制，一直都是建造技术的“瓶颈”。这些因素也是造成公路、铁路发生早期损坏的一个重要原因。因此，对于“线路”这样的填筑型交通基础设施，需要给予特别的关注，需要借助“外力”来推动建造技术的革新，助其提高工程品质，延长使用寿命，这也是智能建设现阶段关注的重点。

1.2 生命周期与工程品质

现在越来越多的行业习惯采用拟人化的词语来表达某种含义。对于交通基础设施，全生命周期的概念就是一种拟人化的表述（还有如健康检测、生命线工程等称谓），这是一种很象形的说法，容易理解。

人从出生到死亡的全过程称作一个生命周期。例如一个人活了90岁，那么90岁就是他的生命周期，也称作寿命。相对于活了60岁的人，90岁就是长寿命，当然必须是健康而快乐地活着！实际上就是身体“品质”高的表现。

对于一个产品，从诞生到报废的全过程就是其生命周期，也称作使用寿命。如小汽车可使用时间一般为15～20年，这就是它的生命周期或使用寿命。如果在使用过程中汽车经常出现各种问题，需要经常维修，那么就可以说这个汽车的品质很低。汽车品质与所用材料、制造技术等密切相关。交通基础设施也是一种产品，含义与此类似。

以道路工程为例，从建造到报废的全过程就是道路的生命周期。生命周期一般受路面结构形式控制(相对于路基而言，路面更容易损坏)。因此，道路工程的生命周期实际上就是路面的生命周期，即路面从施工→运营→维修→报废的整个时长(以年计)就是路面的生命周期，也是道路结构物的使用寿命，如图1-8所示。

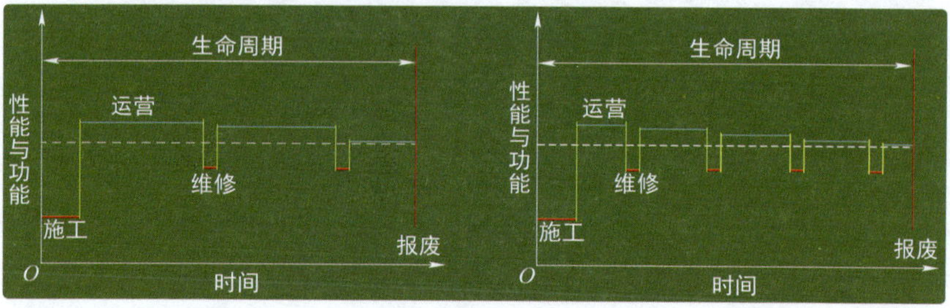

(a) 品质较高　　(b) 品质较低

图1-8　生命周期与工程品质

如果一条道路在生命周期内维修的次数较少，那么其工程品质就比较高，反之亦然。图1-8(a)的维修次数是2次，图1-8(b)的维修次数是4次，我们就说前者处于较高的品质状态，后者处于较低的品质状态。

——关于工程品质，目前尚无完善的定义，可以大致理解为包含内在和外在两部分。内在品质包括工程具有的功能、耐久性、可靠性、适用性等；外在品质包含建筑艺术美、工程技术美、与生态的协调、文化的融入以及后期服务等。

无论对什么样的产品，品质问题都是非常重要的。现阶段，交通基础设施建设的目标是提高工程品质，这是涉及全生命周期的系统工程。工程建设的智能化作为一种新的技术手段，是实现这一目标的新途径。

1.3 信息技术来助力

为了提高交通基础设施的工程品质，仅仅依靠传统的土木专业是不够的，需要其他学科的介入，其中现代信息技术就是一种助力，有望促进传统建造技术的革新。

信息技术是管理和处理信息所采用技术的总称，包括传感技术、计算机与智能技术、通信技术和控制技术等，但并不局限这些。信息技术是现代科技中最活跃的部分，代表着当今先进生产力的发展方向。信息技术可以推动传统建造业的技术升级，不但能够提高生产和运营效率，还能提高工程（产品）品质。在工程建设中，从计算机辅助设计、到各种工程管理和控制，都可以看到信息技术的身影。在人们的日常生活中，信息技术就更普遍了，手机就是常用的应用，还有洗衣机、冰箱和空调等，不胜枚举。信息技术就在我们身边，已经走进我们的生活。

信息技术的核心是计算机，包括大型机、个人机和单片机等。计算机由硬件和软件组成，其中芯片是硬件的关键，算法则是软件的核心。图 1-9 显示了芯片、电路板、计算机和其他设备之间的关系。

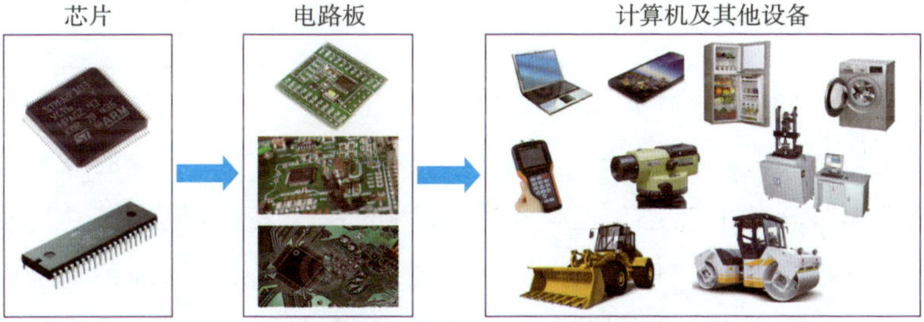

图 1-9 从芯片到电路板再到仪器设备

目前，微型计算机（如单片机）已经嵌入到各种设备中，成为设备的“大脑”（图1-9）。在这些设备中，传感技术、通信技术和控制技术都是不可或缺的组成部分。传感器负责信息的感知，通信负责信息的传递，控制则是根据信息做出的行动，图1-10给出了这一过程。

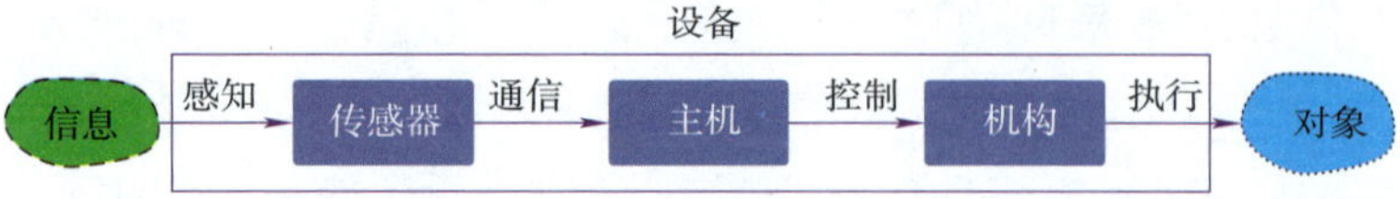

图1-10 设备中的传感、通信、控制和行动

微电子技术和软件技术是计算机的关键，目前集成电路的集成度和运算能力、性能价格比等都在呈几何级数增长，支撑了信息技术的发展。在各种物理设备中植入芯片已经成为一种趋势（图1-9），而每个芯片上包含了上亿个元件，极大地提高了设备的功能，并促使以计算机为核心的整机向轻、小、薄和低功耗方向发展。

——芯片又称作半导体芯片，是集成电路的载体。集成电路可以把数量庞大的微型晶体管集成到一个小片子上。在很多情况下，“集成电路”和“芯片”两者常被当作同一概念使用。最先进的集成电路是微处理器或多核处理器的核心，可以控制计算机、手机以及各种电子机械设备。集成电路持续向更小的外形尺寸发展，使得每个芯片可以封装更多的电路，但芯片的制造技术是非常复杂的。

对于软件技术，已经从以计算机为中心、开始向以网络为中心转变。软件与集成电路设计的相互渗透使得芯片变成“固化的软件”，进一步巩固了软件的核心地位。软件技术的快速发展，使很多功能都能通过软件来实现，“硬件软化”已经成为趋势。嵌入式软件的发展使软件走出了传统的计算机领域，促使多种物品智能化。软件技术已经成为推进信息化的核心技术之一。

——如果说信息技术的硬件基础是微电子技术，软件的基础是算法，那么微电子技术和算法的基础又是什么呢？答案就是物理学和数学！并且是20世纪60年代以前的物理学理论，数学理论就更遥远了。实践证明，无论工程技术如何发展变化，其背后的基础都是物理和数学这类基础学科。现代物理学和数学如何推动信息技术向更高层次发展，让我们拭目以待。

目前的信息技术是围绕着互联网发展的，将是一个持续的热点。以单片机为核心的各种网络终端设备（如手机、PDA）发展迅速，打破了传统计算机上网一统天下的局面。同时，电子商务、电子政务、电子媒体和远程监控等技术日趋成熟，降低了对使用者的专业要求和经济投入，使信息技术走进了社会生产和生活的各个领域。在此基础上，物联网又使万物互联互通成为可能，并通过云计算，使信息能够得到更快、更好的处理和执行，这些都是信息技术最新的表现形式。

信息技术推广应用的显著成效，也促使各国致力于信息化建设，而信息化的巨大需求又驱使信息技术高速发展。信息技术的发展，也给交通基础设施建设带来了新的机遇。以信息技术为核心的各种新技术正在迅速渗透，已经实现了工程建设的信息化和网络化，智能化的步伐也在加快。

需要注意的是，信息技术是一种助力，能够帮助传统建造业的技术革新。但学习新技术并不是要放弃传统建造技术。新技术不是万能的，要保持一颗清醒的头脑，不要盲目追求时髦。没有坚强的专业基础，即使再多的新技术，也不会得到很好的应用。做好不同专业、不同学科之间的交叉研究是十分关键的。

——“信息化”一词最开始是与“信息产业”“信息化社会”联系在一起的，源于日本。1963 年出版的《信息产业论》一书中首先向人们描述了“信息革命”“信息化社会”的诱人前景。此后，“信息化”一词在全世界得到了广泛使用。人们从技术、知识、生产、经济、社会、国家等多角度对“信息化”的定义与内涵进行了阐释，但也没形成标准的定义。目前所谓的信息化，实际上就是“计算机化”的另外一种说法而已。

1.4 理解智能建设

智能建设是信息技术与建造业相结合的产物。尽管刚刚兴起，其架构还不完善，但已引起广泛关注。下面让我们大致了解一下什么是智能建设。从目前看，定义是否完善并不重要，理解内涵才是关键的。

关于智能建设，目前还没有统一的定义（过早给新事物做定义并不是好事），可以大致理解为：通过现代科学技术与交通基础设施建造技术的结合，利用智能化的感知、人机交互、决策和控制等技术，在建设的全过程（设计、施工和养护）或关键环节中进行自主性的感知、学习、推理、分析、决策、执行和控制等，能够智能地、动态地适应环境的变化，实现某些目标的优化，提高工程建造品质和效益，为全生命周期服务，最终实现智慧型的交通基础设施。智能建设可以从以下几个方面理解。

1.4.1 智能建设是多学科融合的产物

交通基础设施建设是传统行业，技术比较成熟，但也正因为技术成熟而限制了工程品质的进一步提升。现代科技已经对这一传统行业造成了巨大冲击，需要进行全面的技术更新换代。“他山之石可以攻玉”，在传统建造行业引进新技术，发展现代建造技术是必然趋势。从目前发展情况看，除了人工智能技术外（所占比例并不很大），很多技术已经或正在进行融合，如计算机技术、传感与测试技术、自动化与控制技术和网络技术等。

图 1-11 给出的智能建设相关技术，大部分可以归结为信息技术。因此，智能建设又可归结为传统建造技术与现代信息技术的结合。除了上述技术外，诸如物联网、大数据和云计算等新兴技术都将大有用武之地。实际上，随着科技的发展，智能建设并不限于上述技术，还会有更多、更新技术的融入。从目前情况看，除了智能技术在工程建设中应用的不多外，其他几项技术都已经开始应用，有些已经普遍应用，如计算机技术、传感与测试技术等。但智能建设要体现在“智能”上，如何将现有的建造技术与人工智能相结合应该是智能建设研究的重点。

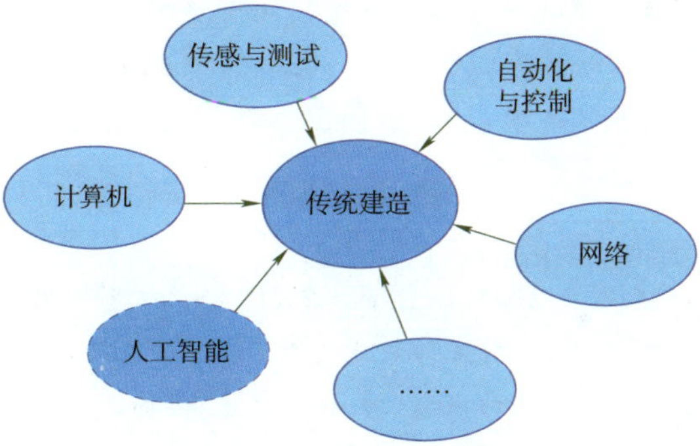

图 1-11　智能建设相关技术

1.4.2　具有自主的“感知、分析、决策、执行”能力

智能建设包含智能建设技术和智能建设系统，其基本特征就是在建设过程中能够借助计算机来模拟人类的一些智能活动，如学习、推理、分析和决策等，让计算机取代人类的部分脑力劳动。因此，智能建设系统应该具备一定自主性的感知、学习、推理、分析、决策、通信、协调、执行和控制等能力，可以归纳为“感知、分析、决策、执行”四个基本特征。本书(包括丛书)也将沿着这条技术路线展开。实际上，智能建设的本质也在于此，也是与“自动化”技术的根本区别。

智能建设基本特征的提出，是模拟了人类做事情的过程。如图 1-12 所示，人在做一个项目之前，首先要了解(信息技术中称之为感知)该项目的相关信息，然后对这些信息进行分析，依据某些准则做出决策，最后开

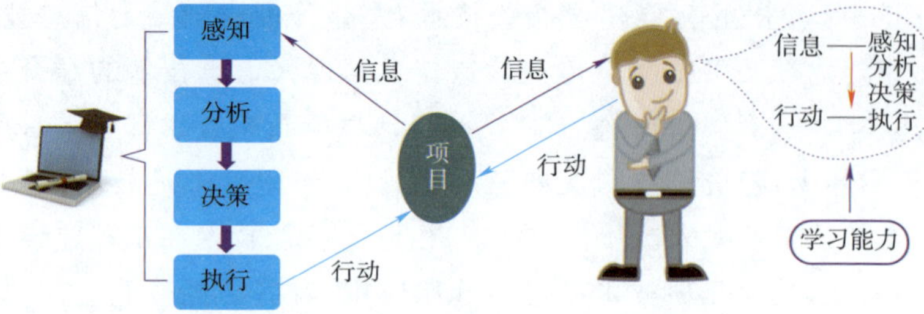

图 1-12 智能建设基本特征与人的行为

始行动（执行）。受此启发，智能建设系统也应该具备这些能力，即感知信息的能力、分析信息的能力、决策能力和执行的能力。具备这些能力的前提条件是，计算机要具备学习能力，通过学习掌握相关知识。

——智能化与自动化的区别与联系。自动化原来是指以机械的动作代替人力操作，自动完成特定的作业。随着科技的发展，特别是计算机的出现和广泛应用，自动化的概念已经被扩展，采用机械不仅要代替人的体力劳动，而且还要代替或辅助部分脑力劳动。智能化则是指在自动化基础上，智能地完成特定的作业。目前许多所谓的智能化，实际上仍然是高级一点的自动化，二者趋于同化。

在交通基础设施建设过程中，采用各种具有一定智能的机械来代替人的一些劳动（体力劳动与脑力劳动），是我们追求的目标之一。如果机械替代的是人的体力劳动，则属于自动化问题，只有替代的是人的脑力劳动才是智能化问题。图 1-13 和图 1-14 给出的都不是智能化技术，而是自动化和机械化技术。

图 1-13 现代化测量改变了传统测量方式

图 1-13 为全站仪和激光三维扫描仪的一些应用。与传统测量方式相比，节省了大量人力和物力，已经有了一些智能化的影子，但还不是智能化技术，仍需努力。

图 1-14　机械化施工取代人工作业

传统的道路施工大都采用人工作业。随着科技的进步，机械化施工已经成为主要方式，图 1-14 即为道路机械化施工示意图。其中一部分机械的作业是通过仪器的引导进行的，已经属于自动化作业了，但还不是真正意义上的智能化施工。

智能建设的特点是用计算机来替代人的部分脑力劳动。因此，人工智能是智能建设中的关键技术之一，了解和掌握人工智能技术是必须的。

1.4.3　提高工程品质和效益将是智能建设的长期目标

为什么要发展智能建设，这与建造技术以及工程品质现状有很大的关系。当前各行各业都在倡导全生命周期的概念，已经出现了全生命周期公路、全生命周期铁路等提法。具体到落实层面上，首先就是要提高工程建造品质和效益，为全生命周期服务，这既是发展智能建设的初级目标，也是长期目标。建造智能的交通基础设施（如智能公路、智能铁路等）将是我们发展智能建设的终极目标。当然这一过程是会很漫长的，需要多学科的共同努力。发展智能建设，就是要提高工程品质和效益，否则就是空谈。

智能建设还是一个新概念。这一概念是由施工阶段的智能压实演变而来的（详见丛书其他分册）。碾压是填筑类工程施工的主要方式，质量控制是关键。智能压实由连续压实控制概念演变而来，是根据连续量测到的压路机在碾压过程中的响应信号，经过复杂解析，得到填筑体的性能参数，从而实现压实质量的智能控制，完整地体现了“感知、分析、决策、执行”这几个基本特征。将智能压实概念扩展一下就是智能施工，延伸至勘察设计和养护维修阶段，便促进了智能建设概念的提出。

——2016年，鉴于填筑工程压实质量控制的重要性，中美两国联合倡议成立了相应的国际组织，并邀请欧盟代表参加。考虑到发展的需要，将国际组织的名称定为“国际智能建设学会(ISIC)”，由此在交通基础设施领域，“智能建设”这一名词进入大家的视野。坦率地讲，当时对智能建设的含义并没有进行深入的思考，最初用意也只是不想将国际组织局限在智能压实这一领域而已。但随着研究的深入，对智能建设这一概念有了全新的认识，也逐渐感觉到，智能建设是今后提升基础设施建造品质和效益的必经之路。

目前智能建设还处于起步阶段，从电子化到信息化，再到自动化和网络化，正在改变着传统的建造方式，虽然距离真正的智能建设还有很长的路要走，但已经在路上，值得我们去关注和参与其中。

1.5 智能建设的关键

智能建设目前还处于发展初期，需要我们探索的东西很多，特别是现代科技的迅猛发展，出现了各种新兴而时髦的技术，但并非所有技术都是可以马上得到应用的，有一个循序渐进的过程。因此，需要抓住主要矛盾，不能胡子眉毛一起抓，集中力量在一些“点”上取得突破。那么在发展智能建设时都需要把握哪些关键呢？至少在以下几方面是需要重点关注的。

1.5.1 工程数据是关键的信息来源

智能建设中的“智能”是人工智能技术的一种应用，需要实现自主的感知、学习、分析、决策和行动等。其中的核心是要有一个好的智能模型来完成这些任务，但模型需要采用大量数据进行训练后才能工作，工程数据的获取与积累便成为关键。

大数据（也可称作海量数据）是智能技术不可缺少的基础之一，其数量级以“PB(1 PB＝1 024 TB，1 TB＝1 024 GB)”计。但对于工程建设而言，工程大数据的“大”并不是单纯的数量大，更重要的是数据类型要多、范围要宽。

在图 1-15 中，数据集 A 的数量要比数据集 B 的大许多，但其类型和范围都比 B 的要小。尽管 A 的数量大，但就工程意义而言，数据集 A 的质量可能没有 B 的好，包含的有用信息也可能没有 B 的多。可见决定数据质量好坏的标准不是数量的绝对多少，而是要看是否含有足够多的有用信息。例如，路基的压实质量控制，传统做法是抽样点检测，以样本推测总体，数据自然是少的。如果采用连续检测，可以获得所有点的质量数据（就是总体），相对于抽样检测而言，这就是一种大数据，尽管其数量比“PB”级要小很多，但却是总体而非样本。对于工程领域而言，包含一个事件全部事实的数据应该就是大数据（称作全数据也许更合适）。

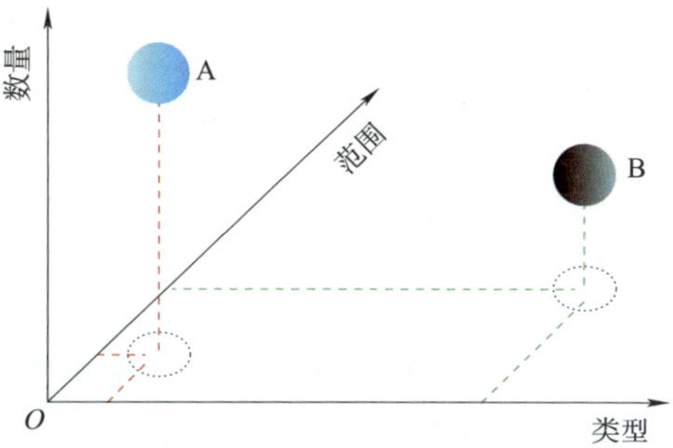

图 1-15　工程大数据的含义

工程数据是决定智能模型好坏的关键之一。没有足够多的数据支撑，将无法完成对模型的训练。通俗地讲，可以将工程数据比喻为“工程经验（知识）丰富的专家库”，在工程建设中的作用是不言而喻的。

工程数据不但支撑着模型的训练，也是提取公路与铁路全生命周期信息的源泉。无论是公路还是铁路，在经过勘察设计和施工阶段后便进入了运营期。随着时间的推移，“路”的品质会不断下降，达到一定程度后便进入养护维修期，这实际上是二次设计和施工的开始，只是规模不同而已，是一个多次循环过程。如果能在建设的全过程中实现智能化，那么设计、施工、运营、养护各阶段的大量有用数据（线形、材料、结构、性能、功能、环境等）就会形成信息流，如图1-16所示，就可以从这些数据中提炼许多知识，促进设计、施工和养护水平的提升，反过来又会促进智能建设的发展，对运营期的智能交通也大有好处。

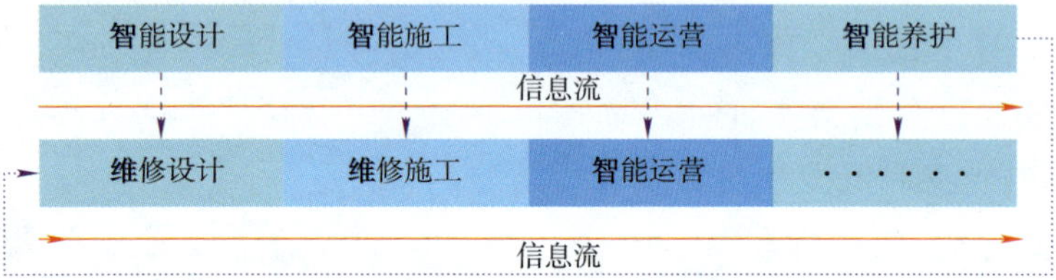

图1-16　工程建设全过程的智能化与信息流动

如何获取工程数据也是大家比较关心的问题，这里面涉及信息感知技术，包括各种传感器技术等。各类工程技术专家的经验知识也是不容忽视的关键环节，如何收集，后面会有叙述，更详细的讨论参见丛书其他分册。

此外，与大数据对应的是小数据问题，更应该引起重视。在很多情况下不一定能够获取足够多的数据，如何根据小数据（小样本）来训练智能模型将更有挑战性。

1.5.2　现代科技基础是智能建设的关键动力

智能建设并非抛开传统建造技术而单独再搞一套，它是建立在传统建造技术基础之上的，否则将成为"空中楼阁"。智能建设是在传统建造技术的基础上，再融合其他专业知识而发展的。尽管如此，也应该清醒地意识到，传统建造技术已经到了瓶颈期，需要新技术的助力和融合，仅仅依靠传统专业知识已经很难再推进建造业向前发展了。

我们知道，传统建造业是建立在经典力学（经典物理学）基础之上的（近代科技也是如此）。但现代科技的发展并非如此，是建立在近代乃至现代物理学之上的，传统建造技术需要进行更新和改造，需要增加这些现代基础理论作为新的发展动力，否则即使引进一些新技术，也是难于得到更大的发展，智能公路与智能铁路也就无从谈起了。

1.5.3　智能施工是智能建设的关键突破口

智能建设涵盖了工程建设的全过程。理想的智能建设就是要对三个阶段——设计、施工和养护的各个环节实现智能化，即勘察智能化、设计智能化、施工智能化、管理智能化、养护智能化……，并带动工程机械和检测设备等相关装备的智能化。但是，从目前发展情况看，在建设的全过程中马上都实现智能化是不现实的，需要有一个过程。较为现实的做法是，首先在关键环节上取得突破，再拓展到各个方面。

考察工程建设的全过程可以发现，如果从设计阶段开始实现智能化，实际意义并不大。因为即使智能设计做得再好，若没有施工的配合，也是不能形成好的“产品”的。如果从养护维修阶段入手智能化，更是无法实现提高工程建造品质的目的。施工阶段是工程建设的主战场，是“路”这种产品的制造过程（图 1-17），也是建造技术集中展现的场所。因此，选择施工过程作为实现智能化的突破口不但可行，也是必须的。

图 1-17　以摊铺和碾压为主的施工现场

我们知道，道路与铁路工程的施工过程是以各种填料的碾压为主，是形成填筑型结构体（路基路面）的关键，智能施工的关键是首先实现碾压过程的智能化。从目前发展情况看，以智能压实为代表的碾压技术已经初步实现了智能化。智能压实作为智能建设的关键环节之一，完整地包含智能建设中的“感知，分析，决策，执行”这样几个步骤。因此，从智能压实开始，由点（智能压实）及面（智能施工），再扩展到设计和养护阶段，便可以逐步实现建设全过程的智能化了。

1.6 初识人工智能

前面在谈及智能建设时涉及了很多智能的概念。这里所说的“智能”,主要是指“人工智能(AI)”,或者称作“机器智能”。这是一个极其有趣的话题,从某种意义上讲,其哲学意味也许更浓一些。现在就让我们初步了解一下与“智能”有关的相关问题,看看什么是人工智能。

人工智能的最初起源(1956)与计算机密切相关,是基于计算机(在人工智能领域称作机器)而提出的,我们不能离开这个背景来谈论,要透过现象看本质。总体来讲,所谓的智能学科(注意不是科学!)尽管在某些方面取得了惊人的成绩,但仍然属于探索领域,还有相当长的路要走。

1.6.1 无处不在的“智能+”

“智能化”目前是一个非常时髦的词汇,已经成为全社会关注的热点。与我们生活紧密相关的就有所谓的“智能手机”“智能冰箱”“智能洗衣机”“智能家居”等,而智慧城市、智慧农业、智能交通、智能制造、智能服务、智能金融等新概念也是层出不穷,这些可以统称为“智能+”,如图 1-18 所示。

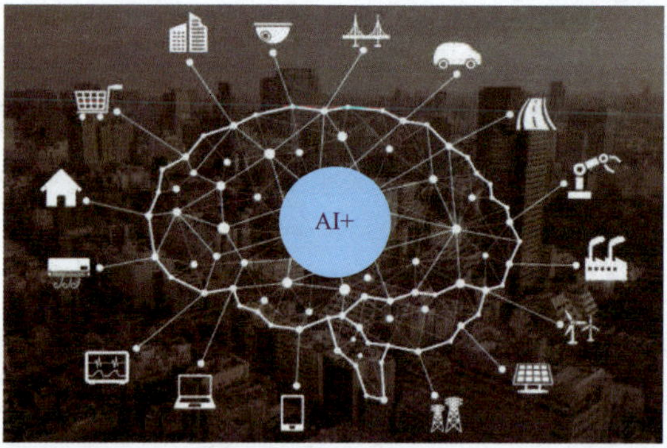

图 1-18 各种“智能+”

那么各行各业都在谈论着的“智能化”,到底有无实质性内容,智能产品的“智能化”又体现在哪里,这些都是需要冷静思考和回答的问题。

例如，目前流行的各种智能手机，按照商家的说法，其智能化主要体现在追踪用户行为、用户认证、情绪识别、自然语言理解、增强现实和视觉、设备管理、个人摄影等。但如果仔细分析一下，不难得到这样的结论——目前的智能化绝大部分都是更高级一点的自动化而已，距离真正的智能化还相距十分遥远。

智能化是许多行业未来发展的一条光明之路，然而过度消费这个概念却是非常危险的。轻则会让智能化的市场注入大量泡沫，从而导致市场的发展不稳定；重则会让人们不断丧失对智能技术与产品的信心，让各类“智能＋”的发展受到致命的打击。

1.6.2 智能概念的由来——图灵测试

虽然“智能”这个词被过度泛用，但到底什么是智能，人类是如何思考的，人类以外的物体是否也能够思考，这些仍然都是难于直接回答的问题，直到目前还没有一个完美的答案。至于人工智能的定义，更是众说纷纭。一般将人工智能理解为，让机器即计算机具有像人类一样的思考问题和处理问题的能力。但如何实现机器模拟人类，仍然在探索中。将计算机称作“电脑”，正是这种愿望的体现。

实事求是地讲，目前的绝大部分的智能化只不过是高级一点的自动化而已，还不具备真正的人类智能，那么智能与非智能是如何判定的呢？谈及这个问题，会涉及一个著名的“图灵测试”问题。

图灵测试是英国数学家艾伦·图灵（Alan Turing）在 1950 年的论文《计算机与智能》中提出的。他认为，与其问“机器能否思维”，不如问“机器能否通过智能行为测试”——如果一台机器能够与人类展开对话而不能被识别出，那么就称这台机器具有智能。

如图 1-19 所示，图灵测试分为两个阶段。第一阶段，测试者通过对被测试者的各种提问来区别男女。男方的任务是要欺骗测试者，尽力让测试者认为他是女士。而女士则需要向测试者证明她是女士。第二阶段，用计算机代替男士，任务不变。如果计算机成功骗过测试者的次数与男士成功骗过测试者的次数相当，那么就可以认为计算机通过了智能测试。图灵认为，到 2000 年时，应该会有 30％的机器能够通过测试。但遗憾的是，目前还没有真正通过测试的。采用目前的人工智能技术原理，若想通过图灵测试，怕是难于上青天！

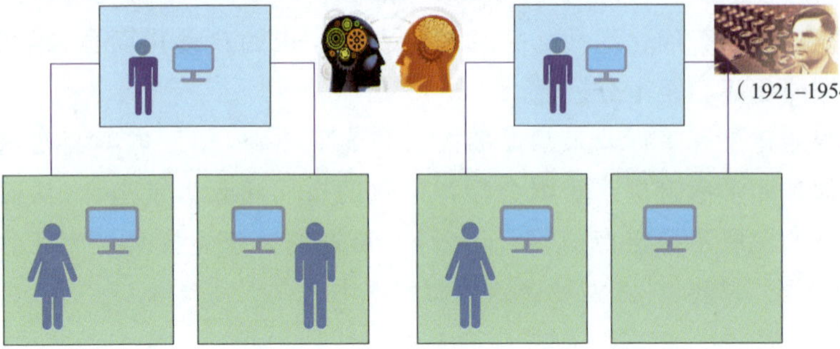

图 1-19 图灵关于人工智能的测试

1.6.3 人类智能与人工智能

让机器具有像人那样的智能，归根结底还是需要弄清楚人类智能到底是什么，特别是人类智能是如何产生的，这样才有可能让机器去模拟。

人类智能的表现是多方面的，语言能力、数学能力、空间感知能力、运动能力、音乐认知能力、人际关系能力、自我认知和自然认知能力等都是其表现形式，如图 1-20 所示。

图 1-20 人工智能对比人类智能

人类为什么具有智能行为是一个非常复杂的问题，不但是脑科学关注的重点，更是哲学的核心问题。但到目前为止，并没有得到很好的解决，主要涉及意识问题。人（包括动物）如果没有了意识，也就不会思考了，更谈不上具有智能了，但意识是怎样产生的却是一个大问题！

对于个体来讲，人类智能在各方面的表现并不是均匀的。有人既擅长数学、又喜欢音乐，但也有人只擅长音乐，而对数学一窍不通，通晓所有知识的全才型人才是很少的，目前的人工智能也是如此。尽管现在还不能通过图灵测试，但人工智能也有擅长计算的一面（称作计算智能）。在重复性工作、复杂计算、文献检索等方面确实可以比拟人类，甚至比人类做的还要好。因此，我们不必过多纠结是否通过图灵测试，只要在某一方面能够替代人类的工作就可以了。对智能建设而言更是如此，很多技术性工作都可以让机器自动地去做。

1.6.4 机器会思考吗

机器真的会思考吗？若想回答这个问题，首先，要回答人为什么会思考。如果能够清楚人是怎么产生思维的，就有可能制造出模拟人类思考的机器。但遗憾的是，目前人类对自身的研究还是非常粗浅的，还无法回答这个问题。因为这个问题可能涉及另外一个根本问题——意识的产生问题……，涉及认知科学、哲学乃至宗教学等。其次，需要清楚机器是如何工作的。目前的计算机只能执行“0”“1”这两种操作，所有复杂的操作都是它们的组合。驱动计算机工作的是代码，机器智能问题实质是软件智能问题，而目前的程序代码根本就不具备思考的能力。因此，目前的机器不会像人那样思考，也许将来也不会，除非机器本身能够产生意识！

实事求是地讲，也许机器永远都不可能达到人类那样聪明，但如果能够辅助人类进行一些脑力劳动，可能也就足够了，没有必要片面追求计算机在各个方面都具有很高的智能。对于智能建设而言，面对的是工程技术问题，以目前的技术水平看，机器是否会思考对它的影响不大，采用初级智能（也称作“弱智能”）方法就可以了。

——今天所有的人工智能产品，采用的都是“弱智能”方法。这种方法在数据丰富的领域表现得非常出色(这也是为什么强调海量数据或大数据的原因吧)。无论是语音识别、人脸识别，还是机器翻译、棋类对弈，机器都已经做得很好了。例如简单的机器翻译，答案是比较好凑的，找到足够多的数据进行配对，再调整一下顺序即可，但对于复杂句子还是不行，涉及理解其含义问题，人机对话也是如此。这些需要机器真的会思考，但目前做不到。

机器终究是机器，虽然有一定的智能，但也是比较单一的信息处理能力而已，其综合智商与人类相比，相差甚远，甚至连一些动物的智商都赶不上。目前的人工智能技术仅是辅助人类而不能完全代替人类，并不具备真正的人类智慧。人类需要智能机器，来完成人类不愿意做或者难于做的一些复杂工作。但不同的时代、不同人对这种“复杂工作”的理解是不同的。

图 1-21 给出了人工智能的两个发展方向。在可以预见的未来，人工智能仍将以“弱智能”技术为主，机器全面超越人类、控制人类，目前只是科幻小说和电影中出现的场景而已。

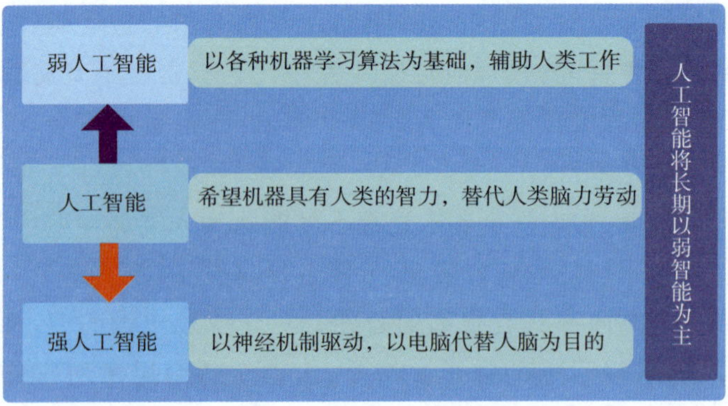

图 1-21 人工智能的两个发展方向

1.6.5　如何实现智能化

对于一个物理设备(物品)或过程如何实现智能化是我们比较关心的问题。一般来讲,所有智能化问题都会涉及硬件和软件。这里的硬件主要指各种形式的计算机和传感器等电子设备,它是实现智能化过程中物品的"大脑",感知和计算能力都是它的表现。而软件是由计算机可识别的一行行代码组成的集合(称之为程序),它是物品具有"思想"的源泉,主要体现在算法上,如图1-22所示。

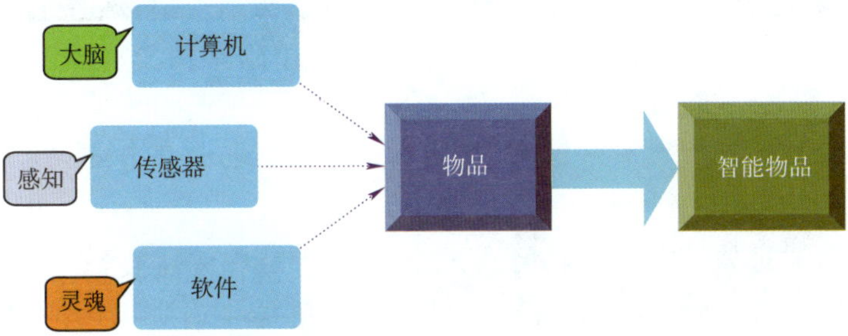

图1-22　物品实现智能化示意图

一般来讲,对一个物品或过程实现智能化,可以参考以下步骤进行。

(1)需要计算机硬件的植入

无论是对于一个过程还是一个具体物品,若想实现智能化,都需要各式各样的计算机硬件的参与,这是核心部件,必不可少的,实际上也就是计算机化(或称作信息化或数字化)。在很多情况下还需要传感器来感知相关信息,有时也需要执行装置(同样也是计算机控制的)进行反馈控制,如图1-23所示。

鉴于目前所有人工智能都是基于软件实现的,所以离开计算机来谈论智能化是没有太多意义的。即使是一部手机,其核心也是一部微型计算机,功能也是很强大的。所有的智能产品,也都毫无例外地被植入了微型计算机。物物相联中的物品也都被植入了计算机,形成了物品的"大脑",具有执行程序的能力。

因此,一个物品实现智能化的必要条件就是要有计算机硬件的参

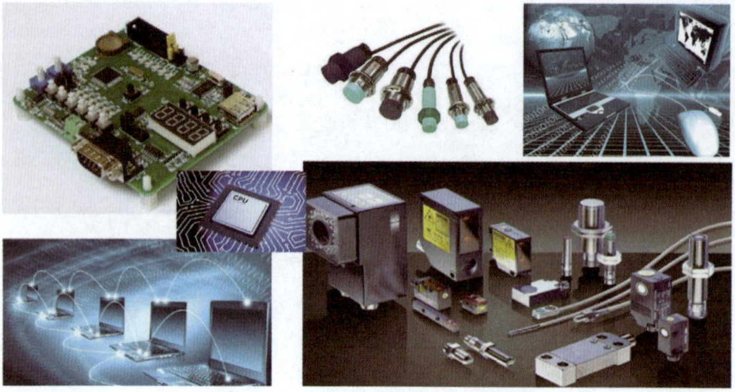

图 1-23　智能化所需的各种电子硬件

与，还要有各种传感器来感知信息，有执行器进行反馈控制等，这些硬件都是通过软件进行控制和工作的。

(2)通过软件实现智能化

计算机硬件是执行程序的机器。人工智能是通过程序来实现的，所以代码就变成了智能化的语言，所有指令都是通过代码发出的，而代码的集合加上必要的文档就构成了软件，如图 1-24 所示。

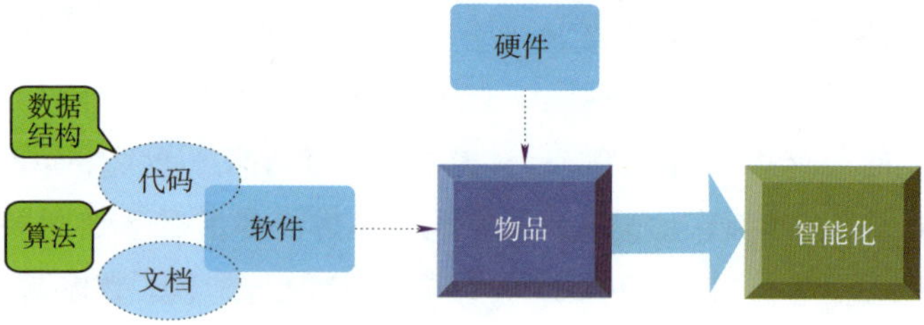

图 1-24　通过软件实现智能化

软件是计算机中的指挥者，代码则是软件的主体(这也是很多人认为代码或程序就是软件的一个原因)，必须装入机器内部才能工作；文档是为了便于了解代码所需的资料说明，一般是给人看的，不一定装入机器。代码的编写是通过某种程序设计语言实现的。目前存在很多种程序设计语言，常见的如 C++、Java 以及比较流行的 Python 等，都是编写代码的语言。

——始于1991年的Python是一种面向对象、解释型的程序设计语言。因其语法简洁而清晰，容易入门，能够把用其他语言编制的各种模块轻松地联结在一起，被昵称为胶水语言。Python在数据分析与可视化、人工智能、网络爬虫等领域都到了广泛使用。具有大量开源的工具库也是其最大的优势之一，可以减少不必要的重复编程工作，直接使用即可。

不管是硬件还是软件，只要技术足够进步，所要求的性能和功能都是可以实现的。硬件的进步在于缩小了电子设备的体积，提高了运算速度；编程技术的进步使我们有了更多便捷的编程工具，这些都是有目共睹的，无须多言。但是，对于人工智能来讲，这些还都不是最关键的技术，真正起关键作用的是算法（Algorithm）！

算法就是利用计算机计算或解决问题的处理步骤。如果我们面对的问题可以建立数学模型，那么按照传统编程方法就可以解决。但是在很多情况下，我们面对的是大量数据，没有数学模型，此时只能通过对大量数据的学习才能建立模型（机器学习）。因此，（智能）算法是实现智能化的关键所在，但其本质是数学，这是需要清楚的地方。

“代码好写，模型难建”。针对要解决的问题，首先需要清楚它的模型（物理模型、数学模型……）是什么，然后才能开始编写代码。当无法建立模型时，可以尝试着采用某种智能算法，根据已有的大量数据来建立计算机模型，给出解决方案。

现在所有的智能产品，都是将各种计算机作为载体的（图1-25），其核心仍然是计算机的智能问题，也就是机器智能问题。例如，所谓的智能手机，其核心是由单片机构成的，本身谈不上智能，起作用的仍然是软件，软件控制着所有的操作。

冰箱是一种传统家电，基本功能就是按照设定的温度制冷并保持在设定的温度上。如果我们希望能够了解冰箱内的食物数量、保鲜周

图 1-25 各种“智能”产品

期、自动提醒食物保质期、提醒饮食合理搭配、设置购物清单、提醒用户购买食物、通过手机短信接收冰箱食物信息等，就需要在传统冰箱基础上植入微型计算机(单片机)、传感器以及调控装置，然后根据需求和要实现的功能，制定相应的算法，并编写相应的程序。

但如果仔细分析，上述所谓的智能冰箱还缺少真正智能的含义，只是具有一些自动化功能而已，这也是目前大部分智能产品的实质。真正的智能冰箱，必须要实现某些智能化的功能，应该学会“主动思考”，满足用户的需求，其他产品也是如此。但这种需求何时能够得到满足，仍然是一个未知数。尽管如此，这种新型冰箱还是比传统冰箱功能要好用很多，没必要纠结智能与否。

智能建设面对的是工程问题，实现智能化的方法与上述问题有很多相似之处，对传统技术实施智能化改造是一条可行之路，但要满足“感知，分析，决策，执行”这样的基本功能。尽管这种智能化也是初级的，还不能达到非常高的智能程度，可能还是以自动化为主，但已足够提高工程建造品质和效益了。

1.7 智能建设技术基本架构

公路和铁路是供车辆(汽车和火车)行驶的带状结构物，与其他结构物具有明显的差异。为了搭建智能建设技术基本架构，有必要了解工程的建设过程，从全局角度看一下哪些内容可以进行智能化，以便构建基本架构。

1.7.1 “路”的建设过程

无论是公路还是铁路，其建设过程基本上是一样的，可以统称为“路”

的建设。一个完整的建设过程分为三个阶段，即设计阶段、施工阶段和养护阶段。此外，还有前期的规划阶段等，这里先不考虑规划阶段。对于规划问题，智能化和虚拟现实等技术一定大有用武之地。

下面以图 1-26 为例，了解一下公路的建设过程。如果规划从 A 地到 B 地修建一条公路（为什么要建这条路就是规划阶段要解决的问题），那么整个建设过程和主要工作内容都是非常清楚的。由于桥梁、隧道以及交通工程附属设施等由相关专业负责，此处不再赘述。

图 1-26　从 A 地到 B 地修建一条路

（1）设计阶段的主要工作内容

设计阶段的中心任务是设计出施工图。一般来讲，在确定要修建一条路之后，其关键控制点（必经地点）都是确定的。因此，首先要进行与线路走向有关的地形地貌的测量，然后进行初步选线和对沿线地质状况的勘察。确定线路走向后开始进行线形设计、交叉设计、材料设计、结构设计和排水设计等一系列工作，如图 1-27 所示。

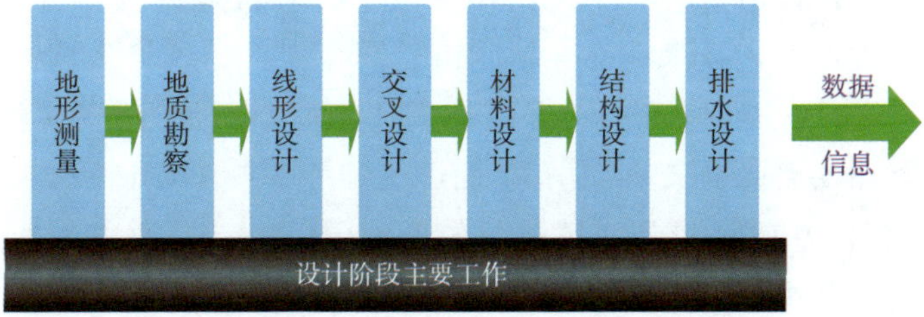

图 1-27　设计阶段的主要工作内容

通过各种测量设备对地形进行测量，可以获取数据来绘制和加密地形图，这是设计阶段首先要开展的工作。这部分工作如果用现代时髦的语言，就可以称作感知，这些设备都是感知终端（这种提法是为后边涉及的物联网做准备）。

另外一种需要感知的就是工程地质和水文地质信息。感知手段包括钻孔取样、人工勘察、物探（地球物理勘探）等技术。这些也是非常关键的数据和信息，不但影响到线路走向，还对工程造价影响巨大。

图 1-28 给出了测量和勘察的一些工作图片，可以感受到这些野外工作还是非常辛苦的。如何实现野外测量和勘察的机械化、自动化和无人化，可能是目前亟待解决的技术问题。

图 1-28　艰苦的野外测量与勘察工作

勘测任务完成后，接下来的工作就是室内的“纸上谈兵”了。现在的设计工作已经由过去的手工绘图变成了计算机辅助设计（CAD），包括一些三维可视化技术也都开始使用了。

线形设计包括平面设计、纵断面设计和横断面设计；交叉设计（与其他公路和铁路的交叉）主要有平面交叉和立体交叉设计；材料设计包括垫层材料、基层材料和面层材料的设计（严格地讲，构成路基的材料也应该纳入其中）；结构设计包括路基和路面两部分内容，它们是一个整体，不应该各自独立设计，由于不重视路基结构而出现病害的案例已经非常多了；排水设计包括各种路表水、道路结构内部水和地下水的排泄设计。除了这些设计外，道路环境（景观）设计也是需要考虑的，伴随着这些设计的还有工程概预算的编制问题。

目前，上述这些设计都是基于 CAD 完成的，计算机起到了决定性作用，与设计有关的所有数据和信息都将存储在计算机中，流向施工阶段，形成数据链和信息链，供施工阶段调用。

需要注意的是，随着技术的发展，三维可视化设计、虚拟现实技术等新兴技术作为新方法得到发展，建筑信息模型（BIM）就是其中的一种，但对于填筑类结构而言，并没有得到很好的应用和发展，存在很多缺陷。发展公路和铁路特有的三维设计技术是非常必要的，不但要对其几何外形进行三维、动态的模拟，更要对其结构性能进行动态仿真、计算、分析和模拟，还要与智能化技术进行结合。

（2）施工阶段的主要工作内容

与其他产品设计一样，道路设计阶段的成果就是计算机化（数字化）的图纸，若想变成真正的“产品”，必须按照设计要求进行生产制造。道路施工就是实现设计意图、修建符合技术标准要求的结构物的过程，是“产品”的制造阶段。施工是工程建设的主战场。道路施工的主要工作内容如图 1-29 所示。

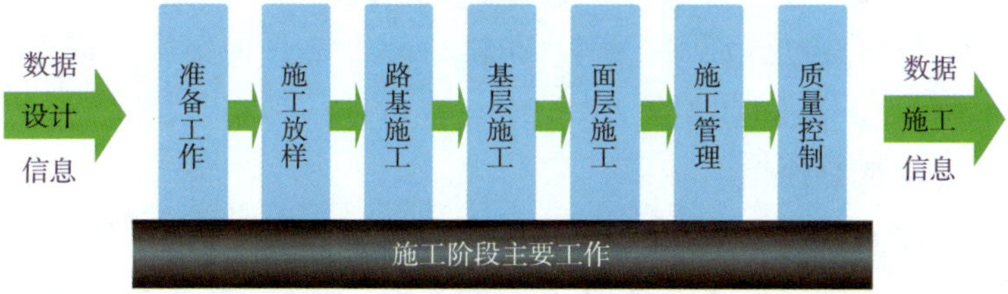

图 1-29　施工阶段的主要工作内容

施工准备涉及面较广，主要包括培训施工队伍，会审和核对设计文件，恢复定线、线路复测、编制施工组织和工程预算、材料和工程机械、现场水电和施工便道等内容，应从系统工程的角度，在信息管理平台上进行协调和统筹。

施工放样首先是对路基而言的。由于路基施工是道路施工的第一项工程，所以必须根据线路中桩、设计和施工工艺等规定，在实际场地上标出用地界线和路堤坡脚、路堑坡顶、边沟、截水沟、排水沟、取土坑和弃土队等的具体位置，确定出路基的几何轮廓，这就是施工放样。简单地说，就是将设计图纸上的构造物几何外形放到实际场地上，作为施工的依据。目前放样技术已经实现了自动化。在基层和面层施工前，也同样需要进行施工放样。

路基施工是首先要进行的项目，极其关键。对于路堑，需要进行开挖形成路基结构。对于路堤则需要先对其地基(路堤的基础)进行必要的处理，然后按照选定的填料和施工机械，分层进行填筑碾压，其中压实质量控制是关键环节。目前已有智能压实技术来解决这一问题。

基层施工与路基施工有些不同，材料控制更严格。材料不同，其施工过程也不完全相同。但基本上可以分为材料生产(扎制、拌和等)、运输、摊铺、碾压、整形和养生等环节。

面层施工分为沥青面层施工和混凝土面层施工两种。沥青面层(热拌型)施工主要包括拌制、运输、摊铺和碾压四个环节。混凝土面层施工包括拌和、运输、摊铺、振捣或碾压、表面休整和养生等，然后还要进行混凝土面层的接缝锯切、填封等处理。

施工管理是一个复杂的系统工程，涉及施工的各个方面(人员、机械、财务、材料、进度、质量、安全、资料……)，始终贯穿施工的全过程。采用系统方法(详见第 2 章)进行统筹管理是一种很好的选择，智能化技术将发挥重要作用。

质量控制在整个施工过程中是不可或缺的重要环节，涉及很多方面。其中压实质量控制是道路工程施工中非常关键的技术，也是大家关注的焦点问题之一。智能压实控制就是一种很好的选择。

施工结束后会形成各种技术资料。在实现了计算机化之后，将以数据流(信息流)的形式传递给道路养护管理部门。这是一批非常宝贵的工程数据和信息，是道路在运营期的初始状态集。如果能够预埋一些感知元件在道路结构中，对于监控结构体的长期性能变化会大有好处，对于人工智能来讲，也是非常好的训练数据。

(3)养护阶段的主要工作内容

施工完成后便进入运营期,主要问题是智能交通,已超出本书范畴。从交通基础设施建设的角度看,运营和养护是并存的,相互制约和影响。养护阶段的主要任务是根据相关数据和信息确定维修规模、费用和施工时间。需要进行的主要工作有道路状态检测和预测、综合分析、统筹优化、养护决策、维修设计和维修施工等,如图1-30所示。

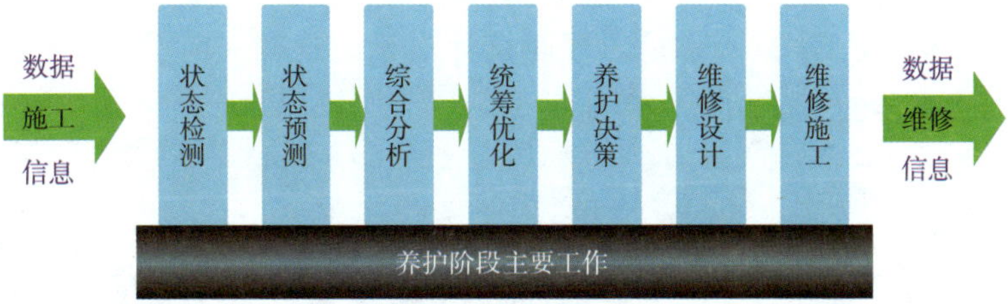

图1-30 养护阶段的主要内容

上面谈及的道路状态,包括结构体的几何外形、内部缺损和性能衰减等,需要采用一定的方法进行检测,感知(检测)技术在这里将会大有作为。状态预测是根据当前状态(数据)对未来状态(主要是性能)做出的判断,这是制定中长期养护规划的主要依据。综合分析是对各种数据而言的,除了性能参数外,还要考虑其他方面的数据,如历史数据(施工期传递而来)等。统筹优化是在综合分析的基础上,考虑多种因素的而进行的优化,一般以"费用-效果"为优化目标。养护决策是根据优化结果做出的决策,以便确定维修规模和时间。接下来就进入第二次的设计和维修了,只是规模较小而已。

对于铁路来讲,路基部分与公路的路基基本是一样的,只是执行的标准和具体技术要求不同而已。但上部的轨道结构和路面结构具有明显的不同,这也导致后期养护工作的内容上有所不同。尽管如此,其建设的基本过程是一致的。

1.7.2 工程建设的智能化

在简单回顾了"路"的建设过程后,现在让我们看看有哪些技术可以进行智能化。原则上讲，所有技术都是可以实现智能化的，只是在智能化程度上会有差异而已。但在发展初期，还是应该抓住重点，不能胡子眉毛一把抓。

(1)设计阶段的智能化

设计的目的是设计出符合技术标准的施工图。智能设计就是让机器(计算机)根据感知到的数据(勘测资料)，按照技术标准，像人类工程师那样进行设计，自主性地生成符合要求的设计图(目前都是存储在计算机中的数字形式)。完整的智能设计应该包含“感知，分析，决策，执行”四个基本过程，如图 1-31 所示。

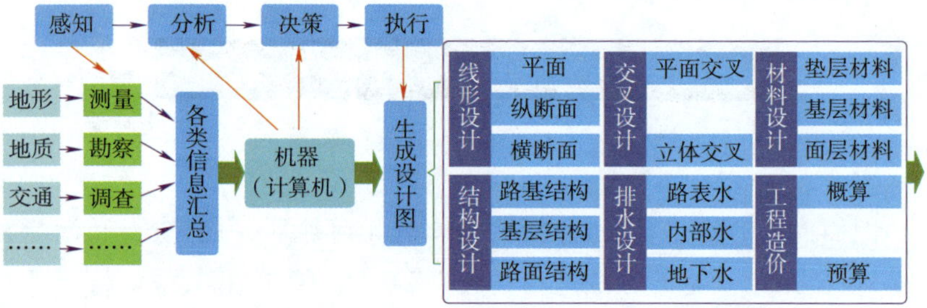

图 1-31 设计阶段的智能化内容与基本过程

感知——对于设计来讲，沿线的地形地貌、地质、交通量、气候、经济等各种数据和信息都是设计不可或缺的，勘测就是要收集和获取这些资料。无论是地形的测量、地质的勘察还是交通量和经济的调查，都属于感知技术范畴，需要依靠感知来获取相关的数据和信息。

分析——计算机能够像工程师那样，对获得的资料进行自主分析，按照技术标准要求，生成设计草案。

决策——决策是结果，分析是过程。经过训练的计算机能够像工程师那样，对获得的资料进行分析，按照技术标准要求，生成若干个设计草案，再进行决策，得到最优设计方案。

执行——计算机对设计方案进行决策后，由机器发出指令，生成正式设计文件。这些设计信息将流向施工阶段。

机器进行智能设计前，首先应该具备学习能力——计算机像人类那样，需要对与设计有关的知识进行自主性的学习（机器学习），掌握设计技能，达到自主设计的水平。让计算机学习，实质就是智能模型的训练过程。

设计的智能化主要体现在计算机能够自主地进行分析和决策，自动地设计出图纸。对于普通计算机来讲是做不到的，由此引出一个非常重要的方法——机器学习。计算机只有经过学习，才能胜任智能设计工作，后面会有进一步的叙述。

需要说明的是，感知技术本身也有智能化问题，也可以按照“感知，分析，决策，执行”四个基本过程进行。如遥感，在感知得到图像后，可以采用计算机对其进行智能分析和决策等，判识图像中的相关信息。

（2）施工阶段的智能化

施工阶段的任务就是按照设计图纸要求修筑结构体（公路和铁路），这是产品的生产制造阶段，施工现场就是“生产车间”。施工阶段的智能化应该围绕着如何智能地“筑路”而展开。对于铁路来讲，路基施工与公路的相同，轨道部分则是装配式的机械化施工（自动铺轨机），容易控制，也容易实现智能化（首先是机械化和自动化）。下面以道路施工为例进行阐述。

对于道路工程，无论是路基还是路面，都是如何将松散体碾压成结构体的问题。因此，关键技术就是按照设计要求，选择合适的填料并进行充分的碾压。关于填料，涉及颗粒粒径、形状、级配和含水量等要素，如何做到智能化控制仍然是一个需要研究的课题。对于碾压，目前的智能压实技术已经开始发挥作用。施工阶段的智能化仍然遵循“感知，分析，决策，执行”四个过程，如图 1-32 所示。

图 1-32 主要是针对碾压过程而言的。工程机械与填筑体的相互作用信息由量测设备进行感知，经过学习训练的机器对感知到的信息进行分析和决策，最后发出执行的指令。这里所谓的执行就是反馈控制，包括对填料和工程机械的控制。对于基层和面层，在拌和站中进行材

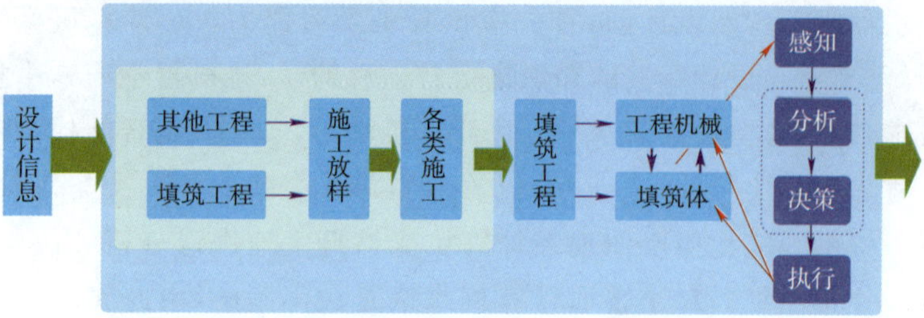

图 1-32　施工阶段的智能化内容与基本过程

料的拌和以及运输是不可或缺的环节，这里面也有很多智能化的技术。例如，在材料的拌和过程中，可以采用各种传感器进行感知（级配、温度……），计算机对这些信息进行综合分析，然后做出决策，对拌和设备发出控制的指令。

至于排水工程、支挡工程和交通工程等，如果进行智能化，首先需要实现机械化施工，然后配置感知设备和计算机等，在此基础上才能进行智能施工。此外，施工阶段结束后，相关信息将流向运营和养护阶段，这是非常重要的工程数据。

（3）养护阶段的智能化

养护阶段的主要任务就是根据相关数据和信息来决定什么时间进行维修以及维修施工的规模。因此，数据和信息在这个阶段是最关键的。养护信息主要来自三个方面，包括施工结束时传递过来的信息（如结构体的性能分布信息）、预埋在结构体中的传感器传出的信息和养护阶段现场各种检测得到的信息，如图 1-33 所示。

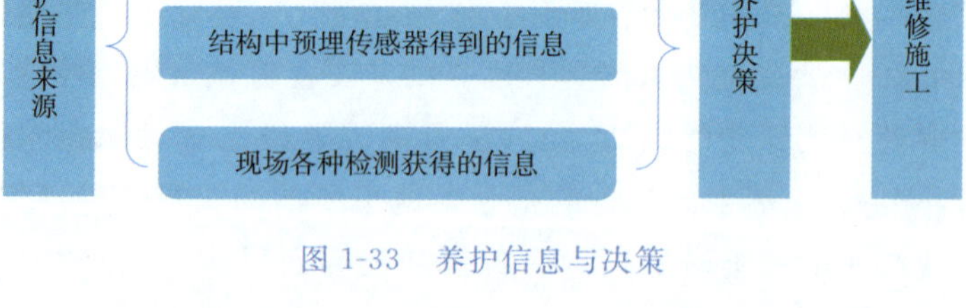

图 1-33　养护信息与决策

养护阶段的信息感知是检测技术集中展现的地方，属于“硬技术”，而根据这些信息制定养护决策则属于“软技术”。养护智能化的过程如图 1-34 所示。

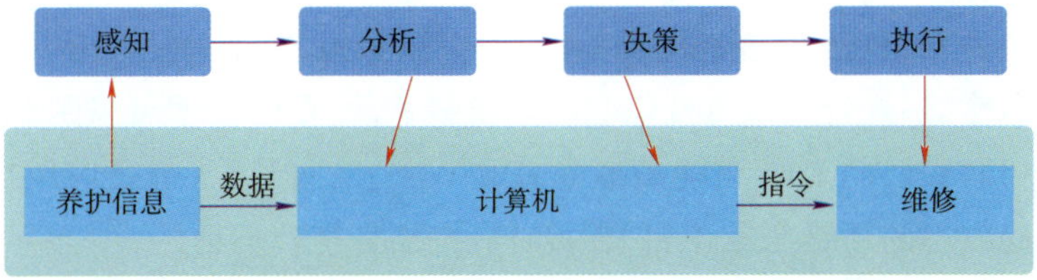

图 1-34　养护智能化的过程

数据在制定智能养护决策中起到决定性作用，积累养护信息对于交通基础设施的评价和管理是十分重要的，需要引起我们足够的重视。

1.7.3　智能建设技术架构

交通基础设施建设中的许多技术都需要进行智能化的升级换代，但在智能建设的初期，还是要重点突破，提炼一些关键技术形成智能建设技术的主架构，然后再逐渐添加各种技术，完善智能建设技术体系。

根据前面的分析，可以选择设计阶段的智能优化、施工阶段的智能压实和养护阶段的智能决策作为智能建设技术的主骨架，以便形成基本架构，如图 1-35 所示。

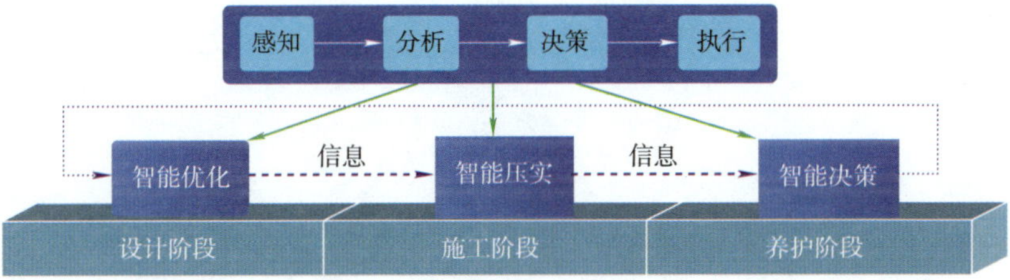

图 1-35　智能建设技术架构

对于公路和铁路，选定智能优化、智能压实和智能决策作为智能建设技术的主骨架，已经涵盖了建设全过程中的关键技术，在此基础上逐步增加其他技术，便构成了基本技术架构。这些技术包括智能感知（如测量、检测）、智能控制（如施工机械）、智能识别（如填料、病害图像）等，后面会有进一步的阐述。

此外，很多新兴技术也都将有用武之地。如虚拟现实技术可以将建设全过程（包括交通基础设施的几何外形、结构、性能、功能、施工过程和运营等）进行三维可视化和动态模拟显示，网络技术可以帮助实现物物相联和协同工作，这些都值得我们去关注。但这些都是应用技术，真正起作用的还是与专业相关的知识，特别是基础理论。

第2章 系统方法掌控全局

事物是普遍联系的。系统方法采用这种观点思考问题，这是一种整体性思维。同一个问题换成不同角度去观察，可能别有一番风味。这种思考问题的方法不但可以引导我们的科研工作，用新思路去探索老问题，还可以高屋建瓴，把控全局。对于智能建设来讲，需要采用系统方法来实现工程建设过程的智能化，还需要整合各种技术，用新方法学习和掌握新技术。

2.1 系统的含义

系统理论是一门新兴的横断科学。整体性、相互联系和演化发展，是其最基本的思想。系统的定义目前有多种表述，但含义是一致的，即系统是由若干相互联系并与环境发生关系的组成要素（元素）结合而成，具有特定结构和功能的有机整体。

2.1.1 系统的表达方式

一般将系统中不再细分的组成成分称为系统的要素或元素，要素与其关联方式便构成了系统，可以表示为：系统＝＜要素集合，关联方式集合＞，也可以采用符号表示。

$$S = \langle A, R \rangle \tag{2-1}$$

式中 A——组成系统要素的集合，要素不应少于两个；

R——各元素之间相互联系（关联）方式的集合。

采用集合论方式表达系统，具有一定的代数结构，可以为定量分析奠定基础。式(2-1)表明，系统是由组成要素的集合和要素间关联方式的集合共同决定的。系统要素及其相互结合方式决定了系统的基本特征。

例如，图 2-1 为填筑结构体系统（如路基结构体），主要由填料（包括水）以及填料颗粒之间相互作用构成。这里，$A=\{$各种尺寸规格颗粒$\}\cup\{$水$\}$，$R=\{$咬合$\}\cup\{$嵌锁$\}\cup\{$摩擦$\}\cup\{$黏结$\}$。

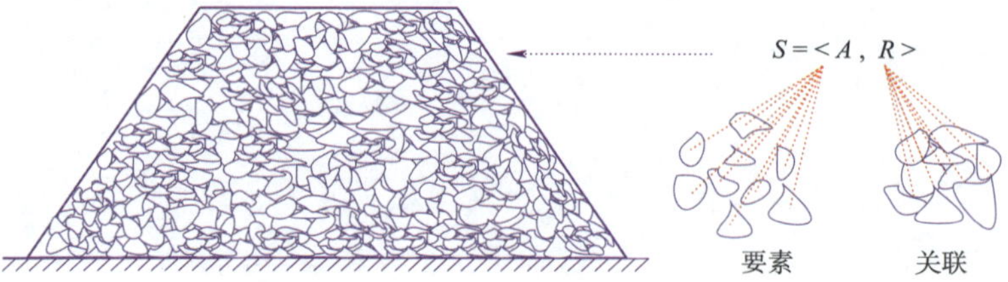

图 2-1 填筑体结构系统构成

如果系统要素的数量或种类较多，也可以把系统分为若干部分进行研究，这些部分称作子系统，它们都具有一定的整体性，如图 2-2 所示。将系统分为若干个子系统，在很多情况下更有利于进行深入研究。

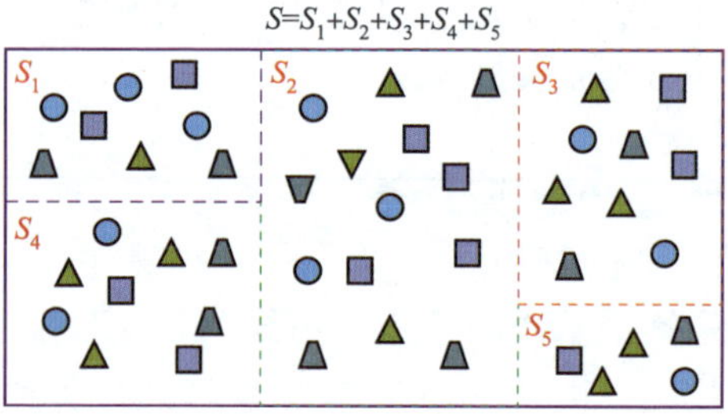

图 2-2 系统与子系统

例如道路结构系统 S，即可以按照一定里程划分为若干个段落，每个段落都是一个子系统（S_i），还可以按照结构类型划分为面层、基层和路基三个子系统，如图 2-3 所示。

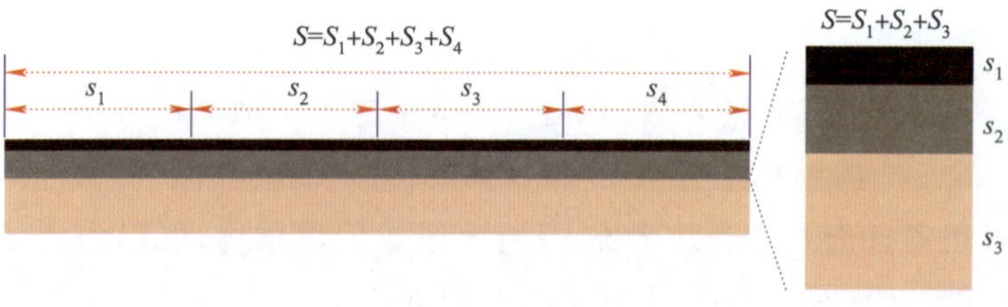

图 2-3 道路结构系统与子系统

2.1.2　系统的结构

系统的结构是指系统内部各要素之间的关联方式。关联方式的总和称作结构，式(2-1)中的 R 实际上就是结构的数学表达形式。

决定系统结构复杂程度的不是要素的数量，而是要素的种类和关联方式。例如在图 2-1 中，系统要素就是填料颗粒，可以分为几类，且数量庞大，但关联方式只有四种形式，即咬合、嵌锁、摩擦和黏结。颗粒以这些连接方式有机地组合在一起，形成一个整体的填筑结构。

一般来讲，系统结构的好坏是通过其性能指标来反映的，如道路结构系统的模量就是反映其结构优劣的指标。

2.1.3　系统的整体性

系统要素之间相互作用、共同构成的一个有机体。其特性就是整体性，强调的是整体效应。因此，系统的整体性是指只有系统才具有的，而要素或孤立部分都不具有的特性。整体性可以表达为“整体不等于部分之和”。

整体性是系统思想最核心的观点和原则。同样的要素，一旦构成系统，就具有了该要素没有的整体性质，并且整体往往大于部分之和(“1+1>2”原理)。所谓“三个臭皮匠顶个诸葛亮”，说明的正是这种整体性。图 2-4 形象地说明了整体性与部分(要素之和)之间的区别。石块之间如果没有发生关联，就不会具有整体结构和性质；电池与灯泡之间不建立联系，灯泡就不会亮。

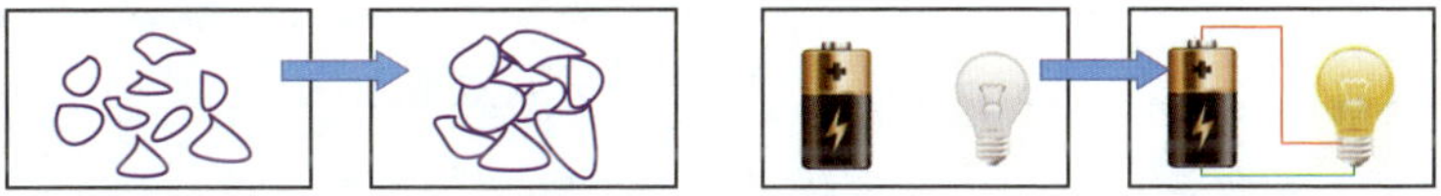

图 2-4　系统的整体性

系统的整体性质不等于各要素性质的简单之和，而是由各要素的相互作用决定的。因此，这种思维方式不同于传统的还原论思想——把研究对象分解成许多简单部分，分别进行考察，然后再把它们迭加起来。整体论是要求把对象作为一个整体来对待，从整体与要素的关联关系中揭示系统的整体性质。

系统思想对于我们分析公路和铁路结构系统是非常有帮助的。如路面出现的问题，可能是路基部分导致的。轨道出现的不平顺，可能是路基过大变形引起的。

2.1.4 系统的环境与反馈

与系统相关联的外部事物都可称作系统的环境。这里所谓的相互关联，是指系统与环境之间发生的物质和能量的交换。环境对系统的作用称作系统的输入或激励，系统对环境的作用称作系统的输出或响应。另外一个重要概念就是反馈，即系统输出对输入的反作用。具体可分为负反馈和正反馈两种方式。负反馈是指反馈的信息与输入的信息方向相反，抑制系统原来的发展方向；正反馈是指反馈的信息与输入的信息方向相同，加强系统原来的发展方向。输入、输出和反馈也是控制理论中非常重要的概念，图 2-5 给出了它们之间的关系。

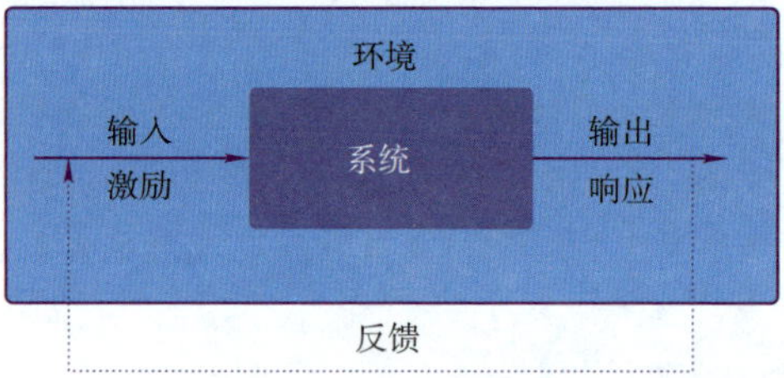

图 2-5 系统的环境与反馈

一般来讲，任何一个系统都是在一定的环境中产生出来的，又在一定的环境中运行、延续和演化的。系统的特性依赖于环境，同样的要素在不同的环境中按不同方式整合，可以形成不同的结构，其性质也会随着环境的变化而变化。道路结构系统就是如此，详见后面的叙述。

2.1.5 系统的功能与性能

系统所能发挥的作用称作系统的功能。系统性能则是指系统内部要素相互联系所表现出来的特性和能力，是系统本身固有的。系统性能的外在表现就是功能。

以道路工程为例，道路结构系统的基本功能就是为上部结构和行车提供稳定而安全的运行环境，如路面的表面功能就是如此。道路结构的物理力学性质则是它的性能，如强度、刚度、稳定性等。道路结构的性能起决定作用，功能只是其外在表现。

2.1.6 系统的行为

系统相对于环境所表现出来的变化，称之为系统的行为。它是属于系统自身的变化，是其自身特性的表现，但又与环境有关，反映了外部对系统的作用程度。

不同的系统有不同的行为，同一系统在不同条件下也会有不同的行为。行为的表现主要有学习行为、适应行为、演化行为、动态行为……。关注系统的行为，有利于把握系统的发展变化规律。如道路结构系统行为的任何变化，都与其环境（车辆、水、温度）和内部性能密切相关。

2.1.7 系统的稳定性

系统的稳定性是指系统在一定的内外干扰下，保持其原来状态不变的能力。对于工程结构系统而言，结构的稳定性应该是最重要的问题了。

无论是什么样的系统，保持足够的稳定性都是非常重要的。不稳定的系统一旦偏离正常状态（系统的状态是指可以观察和识别到的状况、态势和特征等），就再也不能恢复到原来状态，而且偏离会越来越大，会失去原有系统的一些特性。对于工程结构系统，我们是不希望出现这样的状态的。

根据控制理论（参见丛书其他分册），系统之所以具有稳定性，是由于系统内部存在着一系列负反馈机制或自我调节机制。但这种调节机制都有一定的限度，一旦超限，系统就会崩溃。

如图2-6所示的道路结构系统，其稳定性是指在行车荷载及自然因素作用下，结构的物理力学性质不随时间而发生显著改变的能力，如水稳定性、高温稳定性等。如果道路结构系统受到的外部作用超过自我调节能力——超过结构刚度和强度规定的阈值，原来的稳定性就会遭到破坏，系统的整体功能将发生重大的变化，将使结构性能降低，功能下降。施工期的稳定性较低，系统的状态处于初期，压实的目的就是要提高其稳定性；在运营初期，系统的稳定性和状态都到达最佳；经过一定时间运营后，系统稳定性会逐渐下降，经过养护维修后，其稳定性会得到恢复。

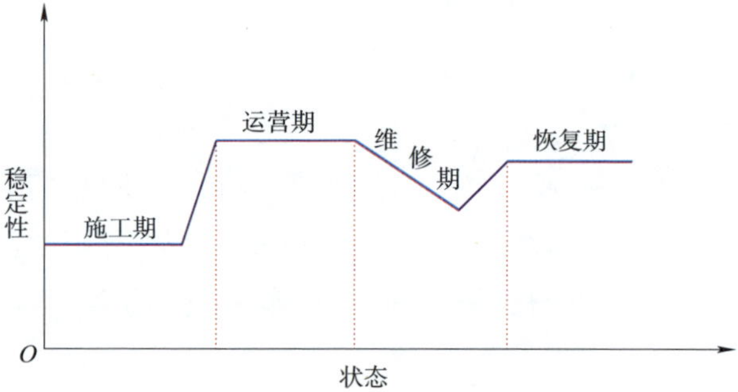

图 2-6 道路结构系统稳定性变化图

2.1.8 系统的演化

系统的演化(Evolution)是指其属性(结构、性能、功能、稳定性、行为和状态)随着时间的推移而发生的变化。广义地讲，任何系统都会随时间而发生变化。

系统演化的动力来自内部和环境的联合推动。内部因素是指系统要素的关联方式发生改变而引起的特性改变；环境因素是指系统的输入发生了变化。系统的演化结果分两种，进化是系统属性由低级到高级、由简单到复杂的变化，系统会更加稳定；退化则与之相反，系统有可能崩溃。系统在进化过程中一般不会是一帆风顺的，进化中有退化，呈波浪式发展。人工智能(系统)的发展历史就是很好的例子，如图2-7所示。

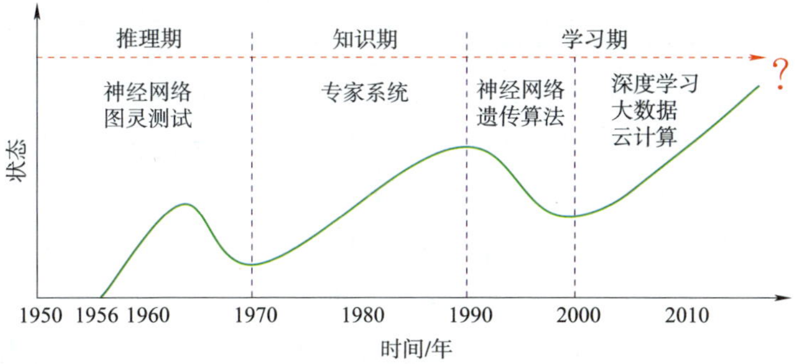

图 2-7 人工智能系统的演化过程

2.1.9 系统的模型

将实体进行必要的简化,用适当的表现形式将其主要特征描绘出来,得到的仿真品称作模型。有很多种模型可以用来描述系统特征,其中最重要的就是数学模型,而计算机模型近年来发展迅猛。

(1)数学模型

数学模型是指描述系统内部相互作用,以及系统与环境相互作用的数学表达式。数学模型是对系统进行定量分析的工具,除了常用的方程形式外,诸如几何图形、代数结构、拓扑结构等也可以作为数学模型使用。如交通网络模型、社会网络模型就是一类以图论为工具的模型。系统输入与输出关系也是一类广泛使用的定量分析模型。

在工程系统中,常用的数学模型仍然是各种方程。其中代数方程主要用于静态系统建模,如杆件结构的分析。微分方程和差分方程主要用于连续系统和动态系统的建模,如路面静力学模型和动力学模型都采用偏微分方程建模,是否可以采用差分方程,值得研究。

对于一个具体工程问题,如何建立模型是非常关键的,要针对主要矛盾,大胆简化,切忌面面俱到。当然,如何做到精准简化,与基础知识和专业知识的积累密不可分。

需要注意的是,不是所有问题都可以转换为数学问题,还存在许多无法直接采用明确的数学公式表达的问题。对于这类问题,也许计算机模型是一条解决的途径。

(2)计算机模型

计算机已经成为不可或缺的工具了。利用计算机建模已经成为系统方法中的热门话题。通常把利用计算机程序定义的模型称作基于计算机的模型。专家系统、神经网络等都是计算机模型。

所有数学模型都可以转化为计算机模型。其他无法直接建立数学模型的系统,也可以通过计算机来建立模型。另外,对于一些无法用真实实验来检验的复杂系统,还可以通过计算实验进行检验,称作数字实验技术。近年来兴起的虚拟现实技术(VR)、信息物理系统(CPS)等也属于这个范畴。采用计算机仿真技术,用少量的实验可以取得较理想的结果,这已被多个行业所证实,在智能建设中应格外重视计算机模型。

2.2 系统基本问题

不同系统的具体特性都是不同的。但作为系统,其基本问题却有一致性,这对我们掌握某一学科的知识或科研工作具有指导意义,能使我们快速厘清头绪,切入主题,明确所面对问题的实质。这里所言的系统主要是指人工系统,如交通基础设施系统、人工智能系统和智能建设系统等。

如果将系统看作是一个产品,那么就会有产品的设计、制造(加工与生产)、销售、使用和服务(维修)等基本问题。受此启发,系统的基本问题也可以类推。

如图 2-8 所示,若已知系统、激励、响应三者之中的任意两个,则可以按照一定方法求取另一个。由此引出三个基本问题——系统分析、系统识别和系统控制。系统的这三个基本问题是贯穿系统科学的主要任务,是由系统、激励、响应三者决定的,也是控制理论中的主要问题。如果从系统结构的清楚程度出发,还可以引出所谓的“白箱、黑箱和灰箱”问题,后面将单独讨论。

对于人工系统,还要加上系统设计和制造问题。因此,人工系统有

图 2-8 系统—输入—输出的关系

五个基本问题，分别为系统设计、制造、分析、识别和控制，涵盖了设计、制造、服役三个阶段，见表 2-1。如果再仔细考虑，还可以将系统维护问题加进来，当然，维护阶段也可看作是另一次制造阶段。除此之外，还有系统管理问题等。

表 2-1 系统基本问题与实例

问题	一般系统		道路结构系统		阶段
	已知	求解	已知	求解	
系统设计	激励，响应	新系统	荷载，位移	道路结构设计	设计
系统制造	系统要素	新系统	各种材料	道路结构体	制造
系统分析	激励，系统	响应	荷载，道路结构	应力，应变，位移	服役
系统识别	激励，响应	系统	荷载，位移	模量，密度	服役
系统控制	系统，响应	激励	道路结构，响应	控制荷载（超载问题）	服役

对于一个具体系统而言，系统的基本问题并不是同等重要的，要根据其特点和要求确定其重点问题。例如，对于既有的道路结构系统，系统分析问题应该是最主要的。下面以道路结构系统为例，做进一步的说明。

(1)设计问题

在已知行车荷载的情况下，通过对道路结构（包括材料）参数的合理选择，设计出满足要求的结构体，这就是设计阶段的主要任务。另外，系统优化也包含在这里面，即通过优化设计来使系统达到最优状态。

(2)制造问题(施工问题)

道路结构系统的制造,就是根据设计资料制造道路结构体这种“产品”的过程。道路施工主要就是摊铺碾压,智能压实就是针对这一阶段而提出的新技术。

(3)分析问题

如果已知道路系统的参数(模量、密度、泊松比以及结构层厚度等)和车辆荷载,就可以根据有关力学理论求解应力、应变以及位移等响应,了解道路结构的性状。

(4)识别问题

所谓参数识别,就是在已知荷载输入和响应输出的条件下,如何求解道路结构的属性参数(如模量、密度等)。这项工作属于反问题,难度很大。施工过程的填筑碾压质量控制就属于这类问题,各种无损检测也属于这一范畴。

(5)控制问题

控制问题的实质是根据已知的道路结构特性和允许的位移响应,反过来控制它的输入类型和大小。铁路上由于车辆荷载相对固定,问题并不突出。但在公路运输中却问题严重,控制超载就属于这类问题。

通过以上简单的分析可以看出,系统方法对于我们掌控全局,厘清问题属性是非常有帮助的。培养系统思维方式,对于研究和应用智能建设技术也会有很大的帮助。

2.3 黑箱方法用途多

系统方法是一种方法论,可以帮助我们从不同的角度和视野分析问题,具有普遍意义。在实际工作中,有一种所谓的“黑箱”方法,不但对我们处理很多问题有用,也对于我们掌握新技术有帮助,值得关注。下面结合实例来说明这一方法。

设一个系统的结构为二次函数型($y=ax^2+bx+c$),输入为 x,输出为 y。现在根据我们对这个系统的了解程度来说明什么是黑箱方法,如图 2-9 所示。

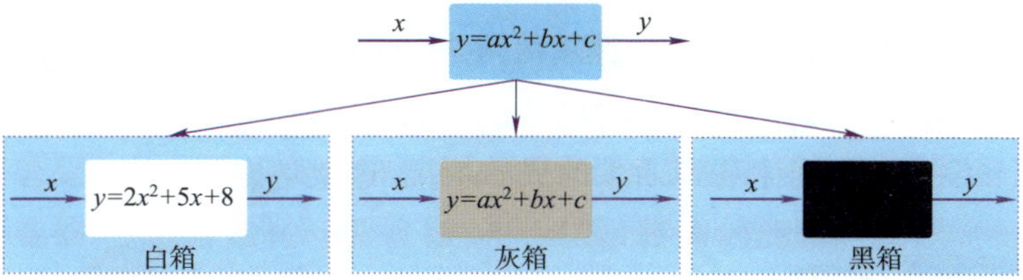

已知函数形式和系数　　已知函数形式，系数未知　　函数形式和系数均未知

图 2-9　根据系统属性已知程度采用不同方法分析

如果我们对系统非常了解，例如对其结构（二次函数形式）和参数（系数 a、b、c）都是知道的，那么就称这个系统为“白箱”。这类系统是最容易掌握的，也是我们最希望得到的。此时可以根据输入，直接得到输出。如：$y=2x^2+5x+8$，若输入 $x=5$，那么可以得到输出 $y=83$。

如果我们对系统只有一定的了解，例如仅仅知道系统的结构为二次函数，但其系数并不知道，那么就称这个系统为“灰箱”。对于灰箱问题，首先需要确定系统的参数（即系统识别中的参数估计），然后求解输出。关于参数估计，最常用的方法就是统计学中的最小二乘法，根据一组输入和输出数据来求解二次函数的系数。此外，也可以采用人工智能方法，此时不必求解参数，人工智能模型将直接给出结果。灰箱问题在工程中普遍存在，利用 FWD 反算道路结构模量就是典型的例子。

如果我们对系统一无所知，例如对上述系统的结构和参数都是不清楚的，那么就称这个系统为“黑箱”。黑箱问题也具有普遍性，我们面对的很多未知问题，都可以归结为黑箱。例如人的大脑、宇宙星球、密封的仪器等，都可以看作是黑箱。人工智能也是属于这类问题，神经网络的内部运行机制就是典型的黑箱问题。

面对黑箱（也称作黑匣子）问题，有一种普遍适用的分析方法——黑箱方法，也称作“黑箱系统识别法”。这种方法就是在不打开黑箱的情况下，通过观测黑箱的输入与输出之间的对应关系，来识别黑箱的属性——功能、特性、构造和机理等。

生活中的典型例子就是挑选西瓜，如图 2-10 所示。西瓜可以视作一个黑箱系统，拍打是输入，输出是西瓜发出的声音。有经验的人根据拍打和发出的声音来识别西瓜的成熟情况，这就是黑箱识别。

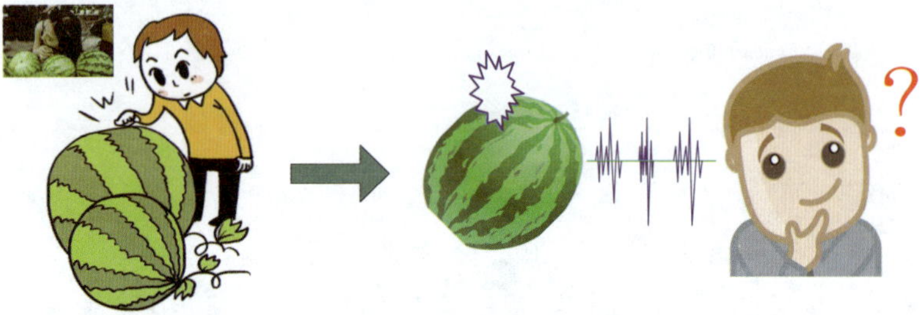

图 2-10　黑箱方法识别西瓜的成熟度

深入分析这个例子会发现，这不但是一个黑箱识别问题，也是一个学习问题和大数据问题，还有动力学的激振问题等，包含了众多的科技知识。

我们知道，并不是每个人都能够通过拍打西瓜来识别成熟情况。只有经验丰富的人才会挑选。这个“经验丰富”是通过大量拍打练习即学习获得的。“大量拍打”对于挑选西瓜来讲就是样本训练，“经验丰富”必然需要大量的拍打数据（大数据）作为支撑。机器学习和训练数据就是这样的概念，后面会有详细的叙述。

黑箱方法依据输入和输出数据，对系统进行识别。这种方法对数据的依赖性非常严重，数据越多、类型越丰富、范围越广，就越能得到更好的结果。这一点与人工智能很相似。另外还有一种思路可供参考，就是相似模拟方法。如果能设计出一个系统，在同样的输入下，它的输出和黑箱的输出相同或相似，那么这个系统就实现了对黑箱的模拟。一个成功的例子就是采用电学中的振荡电路来模拟力学中的振动方程。

——1956年，英国的威廉姆·罗斯·艾什比在他所写的《控制论导论》中对黑箱方法做了比较系统的阐述。他认为“黑箱问题是在电机工程中出现的。给工程师一个密封箱子，上面输入接头和输出接头。给箱子通上一定的电压，再进行观测，由此可以推测密封箱里面的情况”。

黑箱方法除了上述用途外，还有多种用途。如果我们拓展思路，可以借鉴这种方法来学习和掌握新技术，特别是智能建设中的现代信息技术。因为智能建设包含了太多的新技术，涉及多个专业，对于土木专业来讲，完全掌握确实存在较大困难，对于普通技术人员来说也是不必要的。那么如何快速掌握新技术呢？下面的实例会有启迪作用。

电视机是大家都熟悉的电器产品，包含了微机在内的各种电子技术。对于普通用户而言就是一个黑箱，基本上对电视内部构造是一无所知的，但这些并不影响使用，只要会操作遥控器就可以了。手机和计算机对于绝大部分用户而言也是一个黑箱。尽管这些电子设备的内部构造和性能对普通用户来讲是黑箱，但其功能却是容易被掌握的，只要清楚各种功能和操作就可以使用了。由此可以受到启发，按照这种方法学习和掌握智能建设中的新技术，可以快速达到应用的程度。

学习新技术有两种方法，第一种是熟悉该技术领域相关知识，做到融会贯通；第二种就是采用黑箱方法，只关心问题的输入和答案的输出。智能建设中的新技术分为两大类，第一是硬技术，如各种电子量测和控制设备，第二是软技术，如各种软件等。不管是硬件还是软件，我们都可以将其视作一个系统。对于精通电子设备（如各种芯片、检测仪器等）和软件（如大型计算软件、人工神经网络软件等）的人来讲，可能是一个白箱，他们清楚系统内部结构并会设计该系统，但对于大部分土木专业的人来讲却是黑箱。采用黑箱方法学习和掌握新技术的核心是，只关心新技术这个黑箱系统的性能和功能，而不追究其内部构造（硬件的电子线路、软件的程序结构等），知道如何输入问题和会输出什么样的答案，答案是否可靠，如图 2-11 所示。

图 2-11　用黑箱方法学习新技术

实际上，黑箱方法存在于各行各业，只是人们没有从系统的角度重新认识而已。对于普通用户，各种检测仪器、CAD 绘图软件等都是按照黑箱方法掌握的。在判定检测仪器好坏时也经常用到这种方法。

现代检测仪器都是电子设备，完全可以看作是一个黑箱。通过向仪器输入信息（如标准正弦波），再根据输出的信息（是否为标准正弦波）来判断仪器的好坏。当然，如果我们能掌握这些电子信息技术，自己可以打开查看，黑箱可能就变成白箱了，最次也是灰箱问题。

2.4　道路结构系统

系统方法是从全局角度看待和解决问题的。道路工程是我们比较熟悉的领域，下面以构建道路结构系统（铁道工程结构系统可类推）为例，分析一下如何采用系统方法看待传统问题。

道路是交通基础设施的主体之一，其结构由路基、基层和面层三部分组成，如图 2-12 所示。如果按照系统观点，道路结构系统 S_R 的要素就为路基、基层和面层这三种，其关联方式为路基与基层、基层与面层连接，也就是道路的结构。道路结构系统可以表示成如下形式：

S_R＝＜（路基，基层，面层），（路基与基层连接，基层与面层连接）＞

这里，（路基，基层，面层）就是式（2-1）中的 A，（路基与基层连接，基层与面层连接）则是式（2-1）中的 R。这样就构成了道路结构系统，它的输入为车辆荷载，此外还受自然因素（水和温度）的影响，输出就是道路结构受力后的应力、应变等。按照这样表示，系统、输入和输出三者就非常清楚了。根据表 2-1，很容易确定其基本问题，前面已经进行了分析。

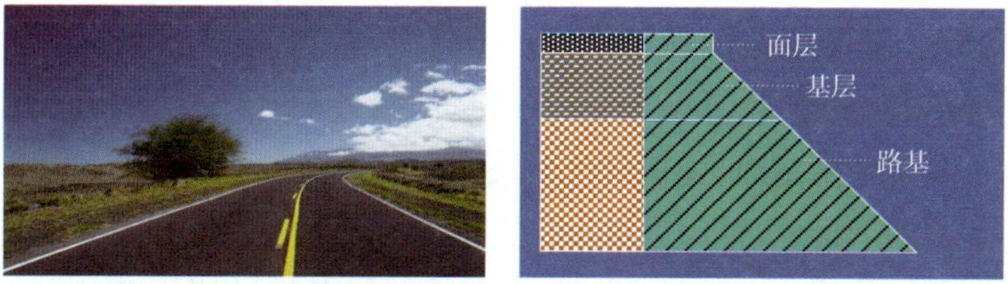

图 2-12 道路结构系统组成

图 2-13 给出了道路结构系统五个基本问题的图示。以系统设计为例，这里的系统设计主要是指道路的结构设计，当然还应该包含线形设计、材料设计和排水设计等。

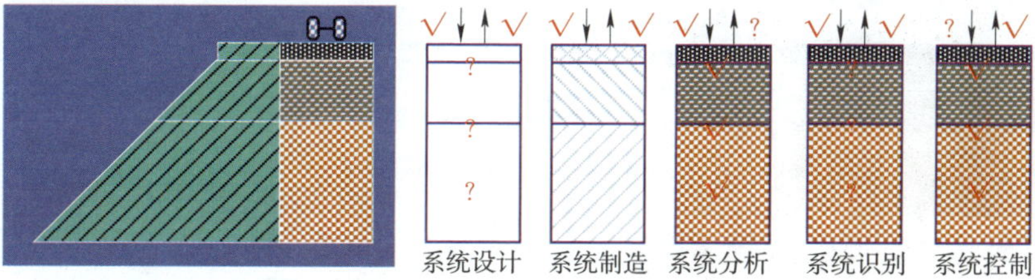

图 2-13 道路结构系统五个问题

从系统角度来看，道路的线形设计为几何设计，这是选线的主要任务，包括平面设计、纵断面设计和横断面设计等。道路结构设计是确定路基、基层和面层三个子系统的类型及其关联方式。道路的材料设计是确定组成要素以及关联方式，具体又可分为路基、基层和面层三个子系统组成要素的设计。道路结构系统设计的划分如图 2-14 所示。

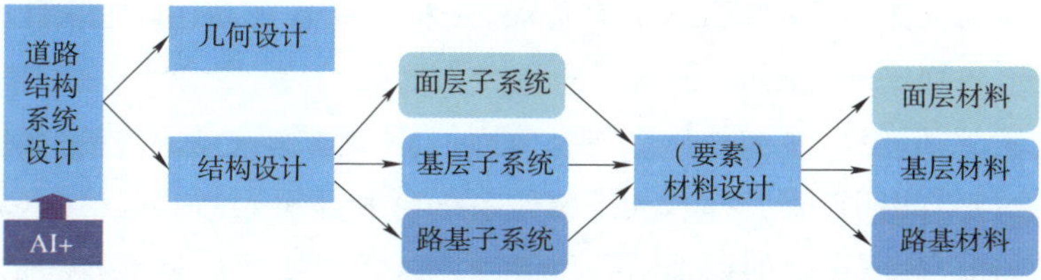

图 2-14 道路结构系统设计的划分

采用系统方法重新审视道路系统的设计问题，所有问题都是清清楚楚的，这样就有利于我们从全局的角度去把握、分析问题。同时，对于如何实现设计的智能化也大有好处，引导我们从那些地方入手来引入智能技术。道路结构系统其他问题的智能化可以依此类推。

需要说明的是，系统方法对于子系统以及系统要素也是适用的，只是需要将它们看作是另外的一个系统。例如，路基子系统也是有五个基本问题，路基结构系统的设计、制造(施工)、分析、识别和控制，详见文献[4]。对于材料设计，仍然可以采用系统方法进行，如沥青混合料的设计，可以将其视作一个材料设计系统，可能会涉及微观设计，也会有基本问题。如何实现道路结构系统各个问题的智能化，是智能建设必须要研究的课题。

对于铁道工程，完全可以仿照上述方法构建系统。例如有砟轨道系统的要素为路基、碎石道床、轨枕、钢轨；无砟轨道系统的要素为路基、混凝土底座板、轨道板、钢轨。感兴趣的读者可自行构建。

2.5 人工智能系统

目前的人工智能是一个软硬件的集合体，可以看作一个系统。组成人工智能系统的要素为计算机和程序两部分，其关联方式主要体现在机器(硬件)与程序(软件)、程序与程序之间。可以按照以下方式表示：

$$S_{AI}=<(\text{硬件},\text{软件}),(\text{机器与程序},\text{程序与程序})>$$

人工智能系统的主要问题是如何进行系统设计和系统制造，涉及选择算法、程序编写、测试、学习等步骤，后面会有具体阐述。目前关于人工智能系统方面的参考资料非常丰富，感兴趣的读者可以深入研究。

人工智能系统的核心(主要功能)是根据给定的输入信息，自主地做出正确判定或预测(实际就是系统分析问题)。尽管设计这样的系统十分复杂，但使用并不复杂，只要掌握人工智能系统的基本特性就能应用。如人脸识别(图 2-15)，人工智能系统会根据输入的人脸信息，对其进行判定，输出正确的识别结果。但设计这样的系统却是不容易的，主要取决于系统的学习能力和分析推理能力的强弱，而这背后的核心是数据、算法和计算能力(算力)。

图 2-15　人脸的识别

人工智能系统有很多种,其性能和功能都不完全相同,如国际象棋系统、语音识别系统、图像识别系统等。智能建设系统则是针对交通基础设施建设而提出的一类特殊人工智能系统,将融合多种技术,具有特定的性能和功能,如何构建这样的系统将富有挑战性。

另外,对于普通用户,可以按照黑箱方法来使用人工智能系统。越是高级的人工智能系统,使用起来就会越便捷。

2.6　智能建设技术系统

智能建设涉及很多专业技术的融合,又划分为几个阶段,这是一个规模大、要素多的复杂系统。构建这样的系统也需要抓住主要矛盾,先从主干架构开始,再逐渐完善,添加新技术(要素)和增加新功能。

交通基础设施建设涉及的因素是很多的,如人员、技术、设备、物料、信息、资金和建设模式等,而"人、财、物"将是建设的根本。现在让我们采用系统方法看一下建设问题,构建一个建设系统,以便整合为一个有机的整体。

从系统角度看,完整的建设系统应该包含人员、技术、设备、物料、信息、资金和建设模式等要素,关联方式则是这些要素的相互联系,即

$S_{IC}=<$(人员,技术,设备,资金,……),(要素之间的相互联系)$>$

这是一个非常庞大而复杂的非线性系统。输入为土地,输出则为交通基础设施如公路、铁路等,如图 2-16 所示。构建和运营管理这样的建设系统一般都是政府行为,已经超出本书范畴,此处不再多述。下面仅从技术角度出发,构建一个智能建设技术系统。

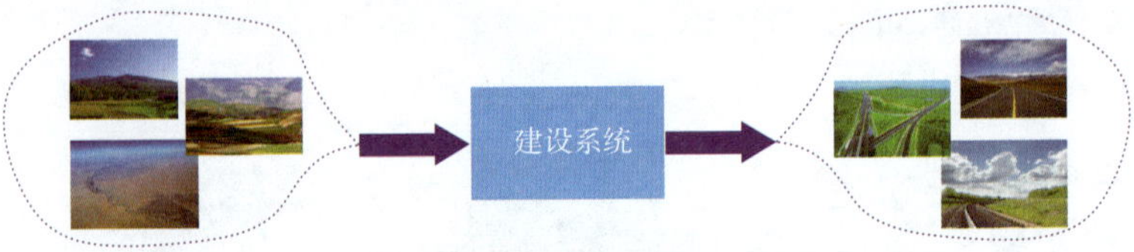

图 2-16　根据输入的土地得到交通基础设施

2.6.1　智能建设技术系统组成

智能建设技术包括了传统建造技术、计算机技术、传感与测试技术、自动化与控制技术、网络技术和人工智能技术等，这些技术构成了智能建设系统的要素，它们之间都是相互关联的（这就是所谓的学科交叉），形成一个有机整体，如图 2-17 所示。

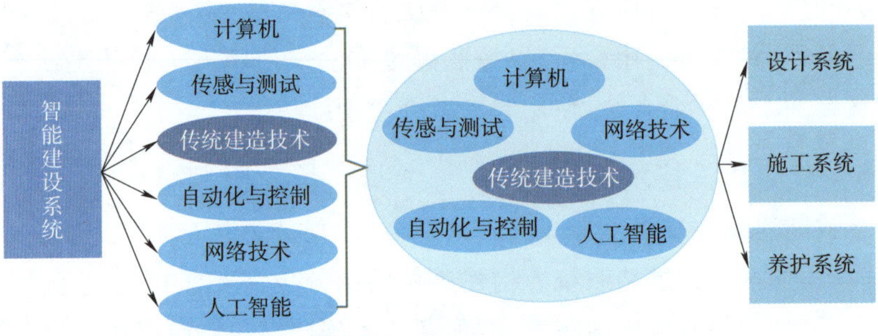

图 2-17　智能建设系统包含的要素与相互关联

——实际上，智能建设系统也是一个庞大的、复杂的技术系统，里面包含的技术涉及多个学科。在这里，学科之间的界限被打破了，已经没有什么专业之分了。正因为这些，构建这样的系统不是一件容易的事情，需要我们了解和掌握更多的知识，单凭某一个专业的知识是不够的，要学会综合运用多学科知识的本领。系统方法给我们一个启示，将新知识看成是一个系统，只要清楚其性能和功能，知道如何进行输入，输出会是什么，也就可以进行应用了。如传感器，使用者完全没有必要弄明白它是如何设计和制造的，只要清楚它的性能和功能，知道根据输入信息会得到什么样的输出信号，便可以利用它进行工作了。

面对复杂的智能建设技术系统，为便于分析，可以先将其拆分为三个子系统即智能设计系统、智能施工系统和智能养护系统分别进行。这些技术在这些子系统中都将得到综合运用，其中计算机技术起主导作用，如测试、控制、结构计算、绘图等都是以计算机为工具的，这也是统称为信息技术的原因之一。

根据1.7节中确定的内容，可以将智能优化、智能压实和智能决策作为智能建设技术系统的主要子系统，如图2-18所示。

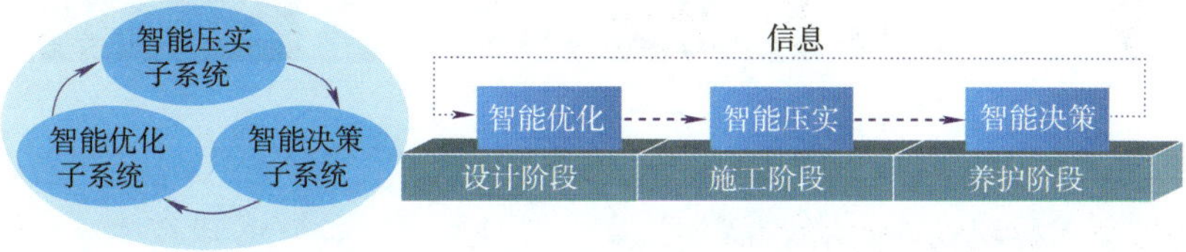

图2-18 智能建设技术系统的主要子系统

由于施工阶段是工程建设的主场，是产品的制造过程，因此施工过程的填筑碾压是关键环节也就成为必然，这也是为什么智能压实得到各国工程界普遍关心的一个重要原因。以智能压实子系统为中心，以信息流为媒介，分别向前拓展到设计、向后延伸至养护，便形成了智能建设技术系统的基本架构。

图2-18中的信息流，在不同阶段有不同的含义。设计阶段向施工阶段传递的信息主要为施工图信息，施工阶段的任务就是按照施工图要求进行施工。施工阶段向养护阶段传递的信息主要为结构体的性能数据，养护阶段的检测则是检查这些性能参数发生了什么样的变化，以便决定是否进行维修。

2.6.2 智能建设技术系统应具备的基本功能

构建智能建设系统的目的是将诸多技术整合为一个整体，希望它能够部分代替或辅助人类做一些事情。因此，智能建设系统具有什么样的功能是我们比较关心的问题。一个合格的系统应该具备哪些功能呢，或者说应该做些什么呢，1.4节对此进行了初步分析，这里再做一些阐述。

(1)感知能力

感知能力是获取数据和信息的关键。无论是人还是机械,都是通过某种感知方式来获取信息的。人类感知外界信息是通过视觉、听觉、触觉等方式进行的;而机械感知的主要手段是利用各种仪器进行的,即通过各类传感器与量测装置进行,如图 2-19 所示。

图 2-19 利用仪器感知外界信息

在工程建设中,从线路的测量到各种检测,都与感知技术密切相关。对于智能建设而言,感知技术是获取各种信息的主要手段。感知技术不但与传感器、数据采集器等电子设备有关,其背后还与相关专业知识密切相关,很多情况下还要建立感知技术所需要的数学模型。

(2)分析能力

分析和决策能力是智能建设系统的核心,也是智能的主要体现。分析技术根据感知到的数据进行智能分析,提取有用信息,为决策提供依据。

系统如何才能具备分析能力呢,这就涉及机器学习。一般情况下,智能建设系统只有在经过学习(训练),获得足够多的"知识"后才能对信息做出正确的分析和决策。在很多情况下,学习与分析是并存的,所谓"学中干、干中学"就是最好的写照。学习、分析和决策能力是所有智能系统特有的功能。

(3)决策能力

决策能力是指计算机参与决策活动、进行方案选择的技能和本领,也是智能建设系统的主要特征之一。决策的前提是根据感知得到的数据进行智能分析,提取有用信息,为决策提供支撑。决策的依据一般来自相关领域知识、相关规定以及一些先验知识。

(4)执行能力

系统在经过感知、分析和决策之后，就到了采取行动即执行的阶段。对于智能建设系统来讲，有多种具体称谓，如测量、设计、绘图、计算、检测、控制等。执行能力的高低反映了做事情的水平。

智能建设系统不但可以按照不同阶段划分为若干个子系统，也可以按照其功能的不同进行划分，如图 2-20 所示。其中，感知部分可以组建成量测子系统，基本要素包括传感器和数据采集器等，进一步可分为智能型和普通型；分析和决策部分可以合并组建为人工智能系统，其要素已在前面提及；执行部分可以组建为行动系统(如设计系统、碾压控制系统、路面管理系统等)，其要素视具体问题而定。

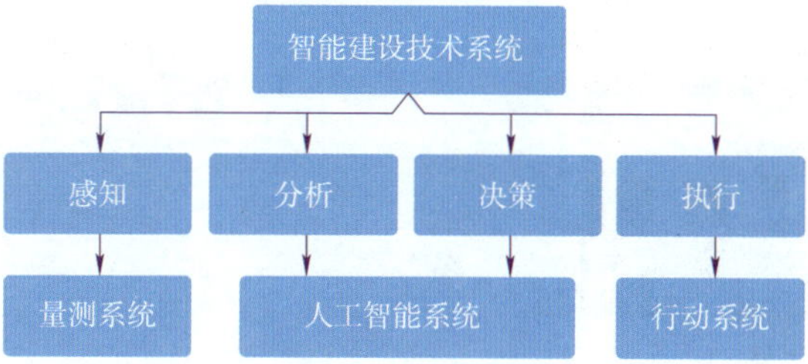

图 2-20　智能建设系统按照功能的拆分

智能建设技术系统除了上述基本功能外，还会有许多其他功能，但需要根据实际情况予以确定。对于应用者来讲，并不需要详细掌握如何构建这样的复杂系统，只要把握住系统特性，知道如何进行输入，以及会评价输出结果的可用性也就可以了。但对于开发者，如何构建一个符合要求的系统是最关键的，需要掌握多专业的知识和团队的协同攻关，才有可能取得成果。

2.7　互联互通的信息平台系统

系统方法强调的是联系和整体性。智能建设技术是一个复杂而庞大的系统，贯穿在工程建设的全过程和各个环节，其子系统呈分散式分布，需要一个调度中心，将这些子系统集成到一起，进行统一应用和统一管理。目前看来，可行的办法就是通过网络技术，将各个部分联系在一起，整合为一个互联互通的整体——信息平台系统，也可以称作智能建设管家系统。这是智能建设系统的表现形式，是工程物联网的雏形，也是发展信息物理系统(CPS)的基础。

互联网的本质是连接和分享。随着互联网技术的发展，万物互联更成为一种趋势。通过信息平台，可以实现智能建设系统的网络化和物联网化。这样就可以把分散的各种数据信息统一汇集到平台上，然后建立数据共享机制，在此基础上开展数据的综合利用，形成“1＋1＞2”的效果，即系统的整体效果。

这里所言的网络化，是指利用通信技术和计算机技术，把分布在不同地点的各种电子终端设备互联起来，按照一定的网络协议进行相互通信，以达到所有用户都可以共享软件、硬件和数据资源的目的，如图 2-21 所示。

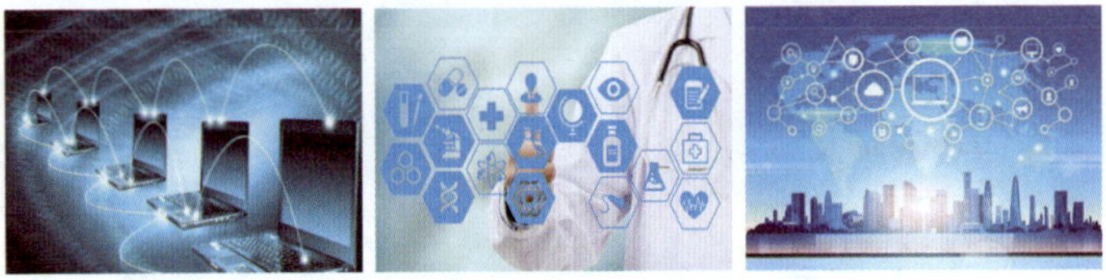

图 2-21　各种网络化

需要注意的是，这里所言的电子终端设备均应含有微处理器，都是某种形式的计算机(机器)，这样才能进行网络连接。对于智能建设系统而言，各种技术都与计算机进行了紧密结合，已经具备有了网络化和物联网的技术特征，为通过网络技术将它们整合在一起奠定了基础。

——网络技术已经形成了巨大的浪潮，使计算机的实际效用得到了很大的提高。网络化是综合运用现代通信技术、多媒体技术和现代网络技术实现各种信息如文字、图像、音频等方面的相互交流。计算机网络在交通、金融、企业管理、教育、邮电、商业以及家庭生活中都得到了广泛的应用。目前对于网络技术，不同群体和行业的称谓各不相同，其含义和内容也在不断变化中。

信息平台是一个很火的词汇，其实质就是信息的数字化和网络化的存在方式。在信息时代，对信息的理解通常是建立在信息平台意义上的。数字化对应的就是计算机化，网络化对应的就是互联网。因此，通俗地讲，信息平台就是计算机与网络的组合，是一种硬件与软件相结合的系统。

——数字化是一个被媒体泛用的词汇（数字经济、数字城市、数字地球、数字工地……）。信息的数字化实际上就是信息的计算机化。由于计算机只能识别 0 和 1 这两个二进制数字，所有信息在进入计算机之前都必须转化为可被识别的二进制代码，这个转化过程就是所谓的数字化过程。在工程测试领域，采用模数转换器（A/D）将模拟信号转换为数字信号，以便于计算机的识别。

信息平台有多种类型，其中云平台（Cloud Platforms）是信息平台的主流。“云”（也是一个被泛用的词汇）是网络、互联网的一种比喻说法，其概念缘于“云计算”。云平台能够实现各种终端设备之间的互联互通。用户享受的所有资源和应用程序全部由一个存储和运算能力超强的云端后台（计算机系统即云平台）来提供，如图 2-22 所示。

图 2-22　云平台的含义

图 2-22 形象地说明了信息平台的构成。主计算机系统（主机）具有强大的运算能力和存储能力，并且集成了所需要的应用程序。平台本身也是由程序构成，通过网络来驱动主机和各种终端（小型计算机、平

板电脑等)之间的联系。终端可以向主机申请各种云服务,如计算、咨询等。

对于智能建设系统,信息平台是沟通各个子系统和用户之间的桥梁,起到中介作用。所有终端(包括子系统和用户)都与平台之间相互交流信息。其中智能建设子系统向信息平台传递各种数据如设计资料、施工信息(材料、进度、质量等)以及各种检测数据等,由平台统一处理相关信息,如图 2-23 所示。用户则可以通过平台申请各种技术服务。

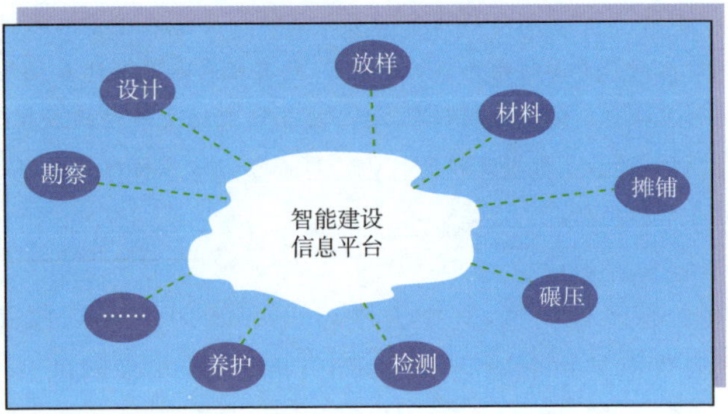

图 2-23 智能建设信息平台架构

从系统角度看,信息平台也是一个系统,具有一些共性的特征,这是构建包括智能建设信息平台在内的所有信息平台都要遵守的原则。

(1)层次性

信息平台一般由基本信息单元、中间信息单元和高级信息单元三个层次构成,具有自下而上的"套箱式"结构。这种结构便于平台的集成、拆分和管理。

(2)交互性

平台的交互性包含横向交互性和纵向交互性两个方面。横向交互性是指不同信息平台之间是互通互联的,纵向交互性是指不同层次的信息平台之间是交互的。

(3)统一性

平台应具有统一的信息格式、数据接口、文本协议、操作环境等,信息平台的使用和开发需要按统一标准进行，确保横向和纵向兼容，保证技术系统的可持续发展。

(4)开放性

平台的开放性是指信息平台系统的功能、结构和层次等都是可以变化的。随着平台建设水平的提高，其功能和信息处理能力都将得到拓展和提高。

随着科技的发展，需求的提高，发展智能化信息平台，形成全新的智能管家系统，让机器代替人的部分或全部工作将是信息平台的发展方向。

第3章 让机器具有学习能力

智能建设具备自主性的“感知、分析、决策、执行”能力的前提条件是具备学习能力，通过学习掌握本领。本章主要阐述如何做到自主性的“学习”——机器学习。机器就是我们熟知的计算机。让机器具备学习能力一直是人工智能关心的重点问题，这是机器具有智慧的前提条件。对于初次接触的人来讲，也许感觉很神秘。本章将初步揭开机器学习的神秘面纱，还原一个真实的人工智能。

3.1 电脑模拟人脑的思路

让机器像人那样思考和处理问题一直是人工智能追求的目标，尽管很遥远，但依然吸引着众多研究者去探索，其中一个重要研究问题就是电脑如何模拟人脑。如果有一台像人脑那样会思考的电脑，无疑是人工智能梦寐以求的。自从有了人工智能的概念后，已经出现过很多种电脑模拟人脑的思路了，但都无法达到像人那样思考的程度。究其原因，可能还是对人的思维问题没有搞清楚，弄不明白意识是怎样产生的。归纳起来，在人工智能发展历程中，主要有两种模拟人脑的思路，分别对应着不同的模型与算法。其一是基于知识的专家模拟系统，其二是仿照人脑生理结构进行的模拟，如神经网络等。这两部分构成了人工智能的主体。

3.1.1 模拟人脑的思路之一——基于知识的专家系统方法

有一种通俗的说法，人的知识越多越聪明（其实不一定）。如果真是这样，是否可以让机器也拥有这些知识，变得与人一样聪明呢。事实证明，让计算机具备某一领域的专业知识，确实可以让计算机在该领域变得“聪明”起来。因此，通过让机器获取更多的知识来模拟人脑便成为人工智能的一种选择，这就是专家系统的基本思路。

专家系统是一个程序系统，其开发过程也称作知识工程，基本特征是它的内部含有大量的某个领域众多专家的知识（知识就是人类认识的成果或结晶）。它的任务就是根据领域专家提供的知识进行分析、推理和判断，来模拟人类专家的决策过程，解决需要专家处理的复杂问题，是一种群体智能的表现。

——所谓专家，是指在某特定领域有深厚知识和丰富经验的人，能熟练做别人做不了的事情。专家一般都是指某特定领域而言的，如医学专家、工程专家等。专家系统通常以“规则”的形式来表达知识。

专家系统是早期人工智能中最重要的、也是最活跃的一个应用领域，它实现了人工智能从理论研究走向实际应用，从一般的推理探讨转向运用专门知识解决实际问题的重大突破。即使到现在，尽管存在各种缺点，它仍然是最实用、被得到广泛应用的人工智能分支。

在专家系统中，知识通常采用“规则”方式来表达（还有框架形式的知识）。规则采用“IF-THEN”语句来表达，IF 后面为条件，THEN 后面为采取的行动或取得的结论，中间可以插入 AND、OR、NOT 等逻辑运算。例如，“如果（IF）是绿灯，那么（THEN）可以通行”，就是一条交通规则，如图 3-1 所示。

基于规则的专家系统是最常见的，基本结构如图 3-1 所示。其中最关键的部分就是知识库，是一个包含解决问题的知识的集合，以规则形式存储。每一条规则表达一个关系、建议、指示、策略等。当某一规则的条件（IF 部分）被满足时，就执行 THEN 后面的行为。

推理机（也是软件而非机器）是另一个关键部分，是知识的处理器，负责把事实（信息）和知识库中的知识联系起来。通过人机界面，推理机将用户输入的信息（事实）与知识库中各个规则的条件进行匹配，得

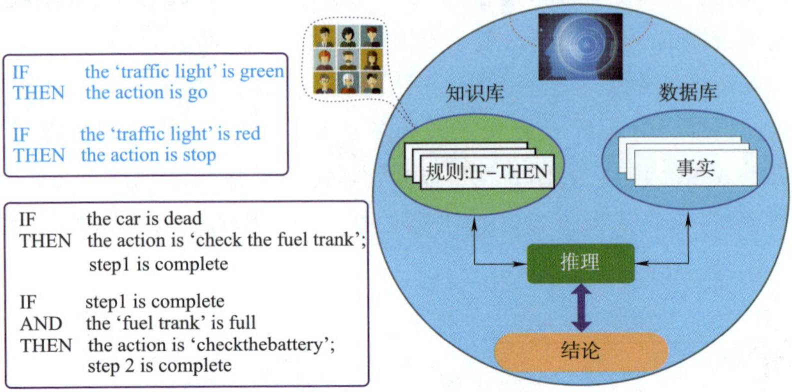

图 3-1　专家系统基本结构

出解决问题的结论。

数据库也称作事实库，用来匹配知识库中的 IF 部分。推理机把数据库中的信息与知识库中规则的 IF 部分进行匹配，若满足 IF 部分，则执行 THEN 部分(行为)。

例如，如果数据库的信息为"信号灯是红色"，那么推理机会匹配知识库中的相应规则，执行"停止"这种行为，如图 3-1 所示。

知识库中知识的质量和数量决定着专家系统的质量水平。知识获取是知识库是否优秀的关键，也是专家系统设计的"瓶颈"问题，知识获取依赖于感知技术和数据的质量。通过知识获取，可以扩充和修改知识库中的内容。如何将相关知识变为一条条规则，是需要仔细斟酌的，需要一个设计过程。这部分其实是很难的，涉及在给出的信息中，如何提取关键信息和知识的问题。

专家系统是一个基于知识的软件系统，是让机器具有知识(严格地讲，知识并不是智慧)，模拟人类专家的思维过程，解决复杂问题。存放知识和运用知识进行问题求解是它的两个基本功能。专家系统需要人工详细规定程序逻辑，这就导致编程工作非常繁琐。另外，由于规则之间的关系不透明，当规则非常多时，搜索起来就会很慢，并且没有自主学习能力，处于有知识没智慧的地位。到 20 世纪 80 年代中期，人们终于意识到,采用一个专家系统框架,往里面添加足够多的规则,并不足以构造一个普遍适用的模型,这就导致普遍应用专家系统技术的幻想破灭(专家系统对于某一具体领域仍然是有效的),于是又开始审视专家系统以外模拟人脑的技术了。

3.1.2 模拟人脑的思路之二——基于大脑生理结构的神经网络方法

生理学知识告诉我们,大脑是由数量庞大、相互连接的神经元组成的。模拟人类思维的另外一种思路就是基于对大脑生理结构仿真进行的,基于这个思路建立的方法称之为人工神经网络(Artificial Neural Network,简称 ANN)。虽然早在 1943 年就被提出,但直到 20 世纪 80 年代才得到真正的发展。

人工神经网络模型的基本观点为:大脑可以看作是由大量相互连接的神经元组成的网络,“智慧”源于众多神经元之间的连接而非单个神经元。图 3-2 给出了大脑～神经元～活动的示意图。信息从感觉系统的神经元单向传递到处理这些感觉信息的神经元,最终传递到控制动作的神经元。神经元之间的连接强度可以是零(无连接),也可以无穷大(强连接),改变某些神经元之间的连接强度,就会对结果产生不同的影响。这就是所谓的“连接主义”的主要思想(专家系统属于符号主义)。

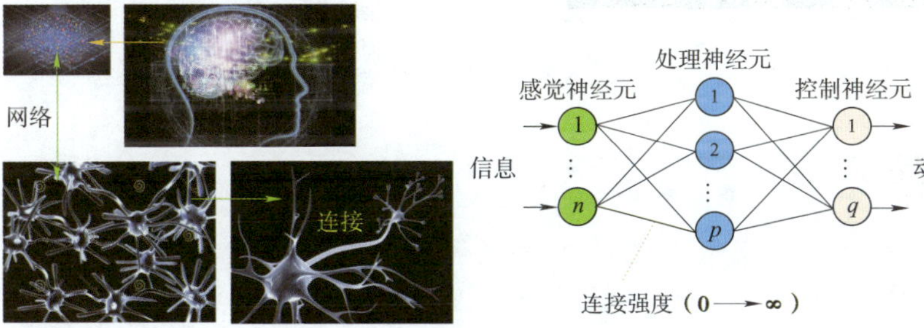

图 3-2 大脑～神经元～活动

需要注意的是,以上只是人工神经网络提出者的观点,至于大脑实际活动情况到底如何,是否真的按照上述设想进行工作,目前基本还是未知的。但是,按照上述观点设计的人工神经网络模型确实可以进行实际应用，取得的成功也是有目共睹的。实际上，人工神经网络模型完全可以抛开大脑生理结构，当成一种数学模型对待，只是最初受到了大脑生理结构的启发而已。

典型的人工神经网络结构如图 3-3 所示，这是根据大脑生理结构而重新设计的网络结构。一般分为三层神经网络结构，即输入层、隐含层和输出层，分别由不同数量的神经元组成。其中输出层神经元（n 个）接受外界的输入信息，然后传递给隐含层神经元（p 个），最后传递给输出层神经元（q 个），输入层神经元与隐含层神经元、隐含层神经元与输出层神经元之间的连接强度都是不同的，实际上就是分别赋予一个不同的连接系数，也称作权重。正是由于这些连接系数的调整，才能使网络整体做出与输入相匹配的正确输出，这也是其基本的工作原理，也是学习能力的体现。

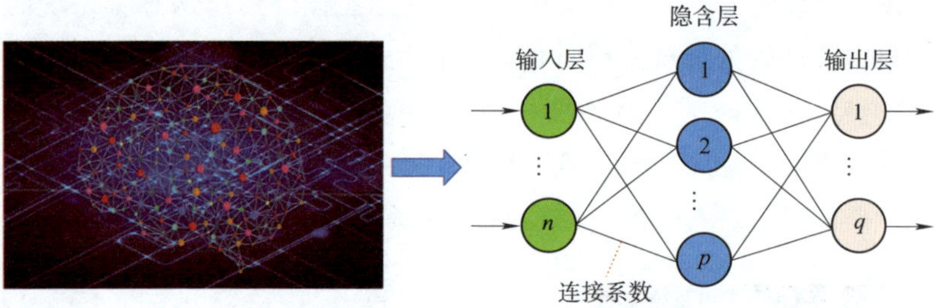

图 3-3　神经网络模型的基本结构

——神经网络最初得名，缘于在模拟人的大脑时，把每一个节点当作一个神经元，这些“神经元”组成的网络就是神经网络。由于计算机出色的计算能力和对细节的把握能力，在大量数据的基础上，神经网络往往有比人有更出色的表现。如果采用系统方法，那么就可以把神经网络当作一个黑箱（系统），只要告诉它输入和输出，神经网络就可以自主地学到输入与输出的函数关系（但我们并不知道具体表达式）。神经网络的理论基础之一就是三层结构的神经网络可以逼近任意的函数。只要数据量足够大，神经元数量够多，神经网络就可以学到你想要的东西。

此外，遗传算法(Generic Algorithm，简称GA)也是一类仿生模拟方法，模拟的是人类或生物的遗传—进化机制，常用于优化问题。目前ANN和GA都是比较成熟的算法，应用很广，特别是人工神经网络具有的学习能力，让机器模拟人脑的部分功能取得了初步成功，使机器学习得到兴起和很好的发展，也带动了人工智能技术的发展。

3.2 机器是如何学习的

机器学习是人工智能技术的核心之一。所谓机器学习，就是让计算机模拟人类的学习活动，具有像人那样的学习能力和行动能力，替代人类的脑力劳动，是一类算法的统称。需要注意的是，所谓机器学习并不是说“机器”真的学习了，只是在执行编写的程序代码而已，实质还是软件学习问题。“人写代码，机器运算”才是其要点。

——人工智能领域发明了很多时髦的术语，机器学习(Machine Learning)算是一个，当然还有更时髦的“深度学习(Deep Learning，简称DL)”一词。我们不应被这些术语所迷惑，要透过现象看清问题的本质，这样才不会随波逐流。如果仔细观察人工智能领域中的各种术语就会发现一个现象——大部分被认为是“硬件”的称呼，其实都是针对软件而言的，如“机器学习”指的是一类算法，“分类器(Classifier)”也是如此，“支持向量机(Support Vector Machine，简称SVM)”也不是一种机器而是算法。随着科技的发展，以后也许真的会出现以硬件来实现其功能的技术，如通过微电子技术构建硬件型的神经网络。据报道，已经有人开始考虑用100万个芯片(微处理器)构建人脑模型了，虽然还不知道结果会如何，但已经开始探索用硬件模拟人脑的新思路了，值得关注。

3.2.1 人类学习过程对比机器学习

学习是人类具有的一种重要智能行为，但究竟什么是学习，长期以来没有统一的定义，但并不妨碍使用这个词汇。深刻理解人类的学习方式和过程，可能会对人工智能的发展具有极大的促进作用。下面通过对比来进一步说明什么是机器学习。

我们知道，人类在成长和生活过程中积累了很多经验(这种积累一般是通过"观察"得到的)，定期地对这些经验进行"归纳"，便获得了"规律"(也是技能)。当人类遇到未知的问题时，就会使用这些"技能"进行"判断"或"推测"。可见人类是通过"观察"来积累知识的(如识别一只狗，就是通过大量观察而积累的经验)。因此，一个人从开始观察到获取技能的过程就是"学习"。

对于机器，则是通过"数据"的输入来积累知识的。如果机器能够运用学到的知识去完成指定的目标，则机器具有了"技能"。我们把计算机从大量数据中获取技能的过程称作"机器学习"。图 3-4 显示了人类学习和机器学习的对比。

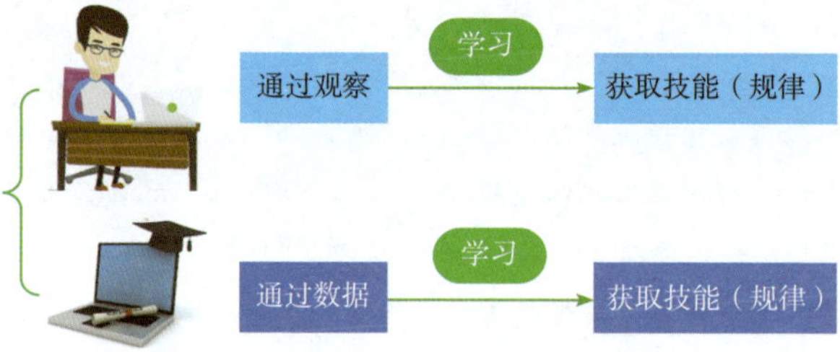

图 3-4 人类学习与机器学习对比

——从经验中学习，这个概念最早是由贝叶斯在 1783 年提出的，比人工智能的概念早了很多年。贝叶斯定理根据类似事件的历史数据得出事件发生的可能性，是一种从经验中学习的数学方法，这也是机器学习的基本思想。1950 年，图灵测试开启了 AI 的序曲。1956 年提出 AI 概念后，1959 年机器学习的概念正式提出。1997 年，IBM 的 Deep Blue 在国际象棋比赛中击败世界冠军，引起各界对智能技术的广泛关注。后来谷歌开发的 Alpha Go 专注于围棋，并最终在 2016 年击败了当时的围棋冠军，由此把人工智能推向高潮。

机器学习的核心思想就是让计算机随着数据样本的积累，自动获得精确的判断和预测的能力。机器学习的思想并不复杂，仅仅是对人类在生活中学习成长的一种模拟。机器学习的本质就是“重现人认识世界的过程”，具体到哲学中就是“认识论”讨论的范畴，更深入的讨论也许涉及人类意识问题，此处不做过多讨论。

需要注意的是，由于机器学习的一些优异表现，如围棋对弈等，使得原本非常专业领域的事情经大众媒体的炒作，变得越来越热，各行各业的人们都或多或少对机器学习产生了兴趣，同时对机器学习产生误解的群体也日益壮大——他们认为机器学习神秘且无所不能，盲目夸大了其功能。我们必须有清醒的认识，机器学习不是万能的，有它自己的适用范围。

3.2.2　机器学习原理与实现步骤

在了解机器学习原理之前，首先要清楚机器学习能做什么。如果从人工智能的愿望出发，当然是希望机器能够做人类能做的所有事情，如判断、推理、分析、决策、预测、优化、控制等。但从专业的角度看，机器学习的任务基本上可以归结为两件事情——分类与回归（图 3-5）。所谓分类就是对信息按照某种属性进行的分门别类（判断一个事物的类型，输出值一般是离散型的），如将猫和虎分开，人脸识别等；回归（也可称作预测）则是根据已有信息来寻找隐含的规律性（线性与非线性规律，输出值一般是连续型的），以便对新信息进行推测，如股票预测、道路寿命预测等。这里的信息是广义的，泛指事物、数据、行为等，在计算

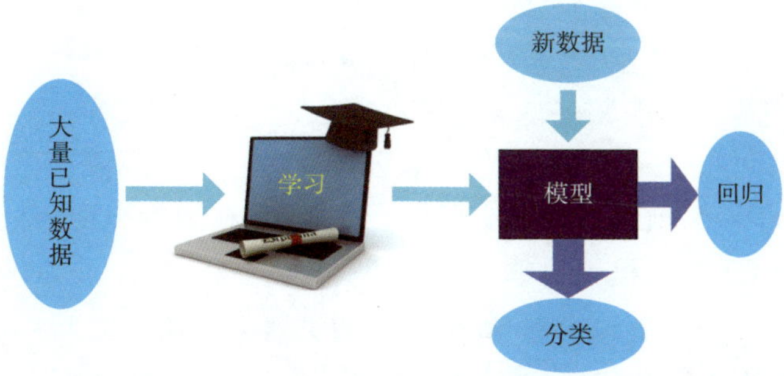

图 3-5　让模型学习，实现分类与回归

机里可以统称为"数据"。

既然机器学习的主要目的就是分类与回归，那么如何操作呢。编过程序的人都知道，传统的软件运行都是按照一系列程序代码的指令执行的，所用到的模型都是事先确定好的（如执行一个力学计算程序）。而机器学习却不是这样，它没有事先准备好的模型，只有大量的数据，通过对数据的训练（学习）而得到可用的模型。如果将新数据输到训练好的模型中，模型将自动对其进行分类或回归，如图3-5所示。

由图3-5可知，机器学习首先需要根据实际情况选择一种算法（如ANN），机器在接受大量已知数据（已知问题和答案）输入后，开始自我学习（训练），从数据中寻找规律（注意不是通过已知模型给出的规律），最终将形成一个机器学习模型。当再有新问题（数据）时，我们可以将新数据输入到这个模型中，获得正确的解答。机器的这种能力也称作泛化能力，也就是对新数据的适应能力。机器学习原理看起来简单，但实际操作起来并不简单，需要有大量知识的储备，如同人类的学习过程，不同的学习方法、选用不同的教材，其结果都有可能不相同。

——人工智能是智能机器所执行的、与人类智能有关的功能，其基本特征包括具有对外部世界的感知能力、记忆和思维能力、学习和自适应能力、行为决策能力、执行控制能力等。人工智能分为三个阶段。第一阶段为计算智能，即快速计算和记忆存储能力。第二阶段为感知智能，即视觉、听觉、触觉等感知能力。第三阶段为认知智能，即能理解、会思考。认知智能是目前机器与人差距最大的领域，但让机器完全学会推理和决策将是异常艰难的，可能仍然需要人类的辅助。

机器学习目前已经有了十分广泛的应用，在图像识别、自然语言处理、生物特征识别、搜索引擎、医学诊断、数据分析、证券市场分析、DNA序列测序、语音和手写识别、战略游戏和机器人运用等方面都得到了很好的发展，在工程建设领域也会有很好的发展，需要我们的共同努力。

机器学习的核心是数据、算法和计算能力（算力），目前的机器学习就是人类赋予机器的一系列运算，利用程序来处理数据并做出分析判断，其实质是程序员编写的程序在学习，这一点务必要有清醒的认识，否则会被时髦的术语误导。机器学习一般按照以下步骤进行。

(1)准备数据

数据在机器学习中占有非常重要的位置，相当于人类学习的教材。数据的多少和质量的好坏直接影响到模型的训练结果(这部分涉及对数据的处理问题，详见丛书其他分册)。一般而言，用于机器学习的数据至少有一部分应该是已知的，这样才能将训练结果与已知结果进行比较。这样的数据也称作标签数据(Label)，也就是提供正确答案的数据。

关于数据的获取，是一个很复杂的问题，需要用到感知技术，而获取数据付出的代价往往也是惊人的。

(2)选择合适的算法进行编程

机器学习的算法有很多，神经网络、遗传算法、支持向量机、最小二乘法、逻辑回归、决策树、贝叶斯和聚类等都属于机器学习。很多算法都是基于统计学的，这也是需要大量数据支撑的原因。每种算法都有其特点和适用范围，需要根据实际需求进行选择，有时可能需要几种算法混合使用。

在算法(模型)确定之后，就要选择一个合适的编程语言进行具体的编程工作。选择哪种语言进行编程，没有统一的要求，主要看编程者的偏好，C++、Java、Python、Matlab 等都是可以使用的。建议初学者从简单的 Python 或 Matlab 入手。

(3)让机器在数据中学习

机器学习的特点是从样本数据中学习隐藏的规律性。因此，准备大量的已知数据是非常必要的，这些用于学习的样本数据称作训练数据(样本)，也可以理解为培训教材。对应地，还有用于测试用的样本数据，称作测试数据。

让计算机学习这些训练数据，其实质就是让软件去学习。训练数据的特点是其输入和对应的输出都是已知的(标签的数据，也可称作有答案的教材)，这样机器就可以根据这些已知输入和输出的数据进行学习,建立反映数据内在联系的模型。如果得到的输出与已知的输出不一致,那么机器就要调整参数重新计算(这就是学习过程),以便得到与已知结果一致的结论。

(4)模型的测试与工作

模型学习完成后,需要对模型进行测试(相当于学习完之后的考试),这是衡量学习效果好坏的判定方法。模型测试采用样本数据中的另外一部分进行。如果测试结果不理想,说明存在问题。原因有两个,其一是样本数据存在问题,可能没有足够的代表性;其二是选用的模型(算法)有问题。需要针对具体情况进行处理,或者重新收集训练数据,或者选用其他算法。

模型测试通过后,当有新的数据输入后,训练好的模型就会自动对新数据进行正确的判断或预测,这样就可以替代人的一些脑力工作了,这也是机器学习的目的。图 3-6 给出了机器学习的步骤。

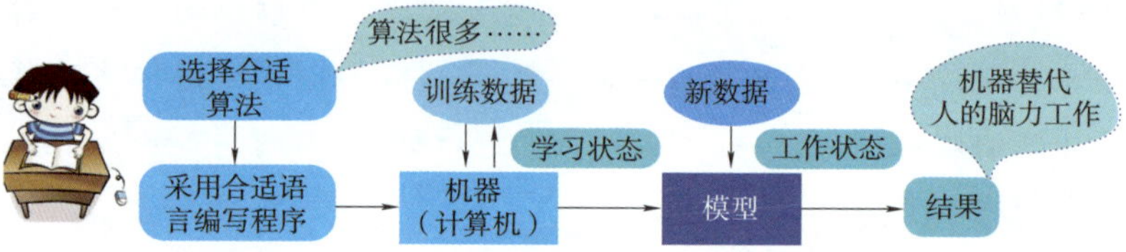

图 3-6　机器学习的步骤

——根据图灵测试,如果一台机器能够与人类展开对话而不能被辨别出其机器身份,那么称这台机器具有智能。1952 年,亚瑟·塞缪尔(Arthur Samuel)开发了一个跳棋程序。该程序能够通过观察当前位置,并学习一个隐含的模型,从而为后续动作提供更好的指导。塞缪尔发现,伴随着该游戏程序运行时间的增加,可以实现越来越好的后续指导。通过这个程序,塞缪尔驳倒了机器无法超越人类、像人类一样写代码和学习的模式的说法,创造了"机器学习"这一术语,并将它定义为"可以提供计算机能力而无须显式编程的研究领域"。

3.2.3 机器学习的方式

关于机器学习的方式，目前主要分为监督学习、无监督学习、半监督学习和强化学习。学习方式的不同，也代表了机器学习技术的不同，其算法也不完全相同。

(1)监督学习

监督学习是最常见的学习方式，是一种“有老师(老师就是标签)”的学习方法。这里的“老师”起到给出标准答案、纠正错误的监督作用，也可以理解为采用有答案的教材进行学习，如图 3-7 所示。

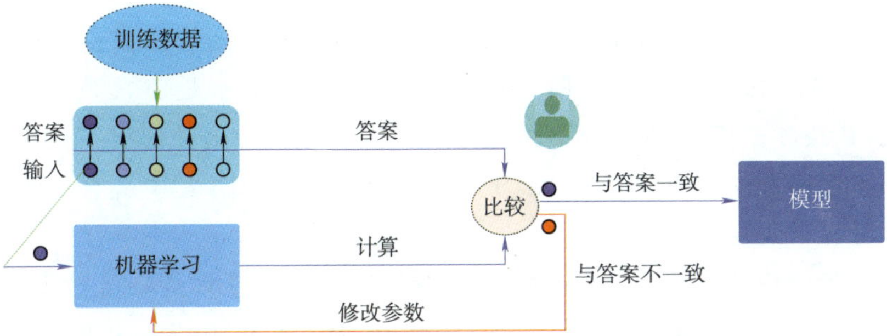

图 3-7 监督学习流程

在图 3-7 中，如果给机器输入的是蓝色球，那么正确输出的也应该是蓝色球，此时得到的模型就是正确的；如果输出是红色球，那么这个信息就要反馈给机器(这里的训练数据起到监督作用)，程序要自动修改参数继续计算，直到输出蓝色球为止。不难看出，这种监督学习与系统识别中的参数估计方法的步骤很相像。这里的“程序调整参数进行计算”，其实就是“学习”，至于具体怎么学习，可参考机器学习方面的书籍，本丛书的其他分册也有更详细的介绍。下面再举一个生活中的监督学习例子。

儿童认识动物(如猫和狗)的过程就是监督学习方式。如果没有大人(老师)告诉哪些是猫、哪些是狗，那么小孩最初是很难区分这些动物的。当小孩把狗当作猫时，老师就会指出错误并予以纠正，这就是“监督学习”。小孩子认识世界、获取知识的过程也是监督学习，如图 3-8 所示。儿童对世界的认识过程是由父母、老师等不断教授知识的过程，完成这些以后，孩子才有可能具备自己学习和创新的能力。深刻思考儿童的成长过程，也许对于理解和发展机器学习有很大的帮助。

图 3-8　儿童成长是一种监督学习过程

(2)无监督学习与半监督学习

监督学习需要大量已知答案的样本数据，但得到这些数据也并非易事，需要大量的人工去标注这些数据的答案，成本是非常高的。因此，在实际工作中，常常面对的是没有答案的数据。这种情况下也就无法采用监督学习方式了。由此产生了其他学习方式，其中就有无监督学习和半监督学习。

无监督学习是一种“无老师”的学习——没有已知的训练数据，直接利用数据进行建模，机器需要自行学习，探索数据中的内在规律。这是一种自学模式，需要无师自通，也可理解为采用没有例题、没有答案的教材、更没有老师指导的学习方式，显然这种机器学习方式的难度要高于监督学习方式。

无监督学习需要从给定的数据中挖掘出潜在的规律性。比如让计算机识别猫和狗的图片。如果是有监督学习方式，就需要依靠人工将很多猫和狗的图片打上标签，成为训练样本，然后机器通过学习，就会自动认出猫和狗。如果是无监督学习方式，则不需要事先将猫和狗的图片进行标记，而是让机器自己通过学习，将猫和狗的图片区分开来，但机器并不知道哪些图片是猫、哪些是狗。

还有一种半监督学习方式，在输入的数据中有一小部分是已知数据(标注数据)即训练数据。图 3-9 给出了三种学习方式的差异对比。

(3)强化学习

强化学习是基于马尔可夫决策过程而发展起来的机器学习方法。

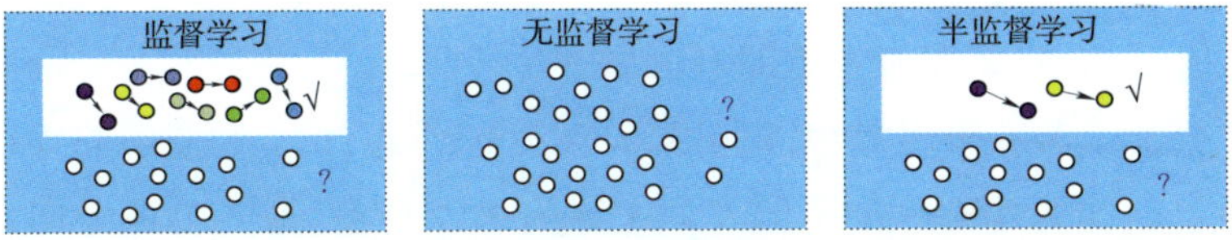

图 3-9 三种学习方式差异对比

这是一种在行动过程中学习的方式，不需要已知的训练样本，输入数据直接反馈到模型中，模型对此会做出调整，经过不断的反馈调整，模型会变得越来越好。这种学习方式早在 20 世纪 50 年代就有了，但它的兴起则是近些年的事了，特别是在 2016 年，AlphaGo 击败围棋高手，从而得到了前所未有的重视。

强化学习来源于心理学中的行为理论，其本质是让机器学会自主决策。通过尝试做出一些行为(动作)，然后判断结果的对与错，利用反馈来调整行为。通过不断地调整和试错，能够学会如何选择行为，才会得到最好的结果。

目前强化学习的各种算法还在发展中，典型的应用是在游戏领域(下棋就是一种人机大战游戏)。此外，在机器人、工业控制、无人车、市场决策等领域也都有一些应用。后面会有进一步的阐述。

——启示：机器学习模拟了人类的学习方法。反过来，机器学习的很多理念也对我们人类的学习有启发作用，如强化学习强调在行动中学习，这也是人类倡导的“干中学，学中干”的一种体现，而无监督学习方式则会促使我们深入挖掘数据，寻找其中潜在的规律。

3.3 剖析一个智能算法

目前关于 AI 或机器学习方面的入门资料很多，但大部分并没有涉及具体算法，致使阅读完之后仍然是雾里看花，搞不清目前“人工智能”的本质。为了对 AI 有一个更深入的了解，我们来剖析一个算法，看看它的具体工作机理。目的有两个，其一是通过公式推导掌握计算方法，其二是认清 AI 的本质到底是什么。

机器学习有很多算法，但引起大众关注的是 2006 年发展起来的深度学习。这类算法旨在模仿人类大脑的思维过程，是人工神经网络算法的进一步发展。为此，我们从神经网络开始，了解一下它的工作机理。

神经网络的模型现在有 30 多种，有关书籍也多如牛毛，详细的介绍请参见这些书籍。这里从最简单的一元线性回归（预测问题）入手，剖析一个神经网络模型的工作机理，并介绍一些常用概念，同时也说明与普通计算程序的不同之处。

3.3.1 线性回归的普通算法

一元线性回归在工程建设中有许多应用，例如对两种试验结果建立联系时就常常采用。一元线性回归是统计学中最基本的预测方法，其回归方程的形式是确定的，即 $y=ax+b$，根据 x 来预测 y。由于系数 a 和 b（也称作权重）是未知的，所以需要根据已知数据（就是机器学习的训练样本）求取这两个系数（权重），可以采用最小二乘法进行。这里所谓的“二乘”就是平方的意思，“一元”是指一个自变量而言，对应地，“多元”就是指多个自变量，如多元线性回归。

如图 3-10 所示，已知有 5 组数据（x_i，y_i），图(a)为散点图（数据可视化的一种方法），根据初步判定，可以采用直线拟合。

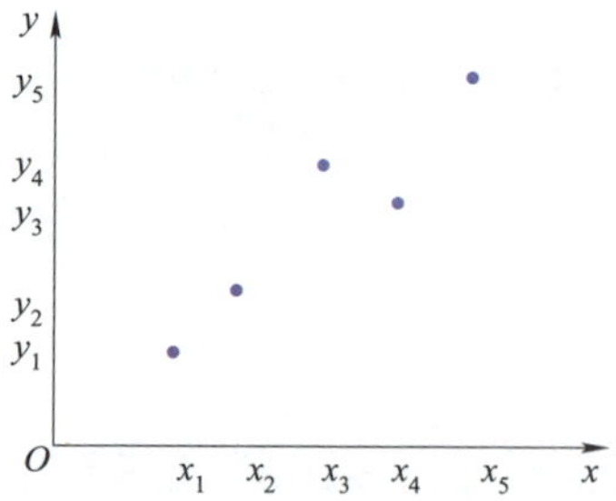

(a) 散点图

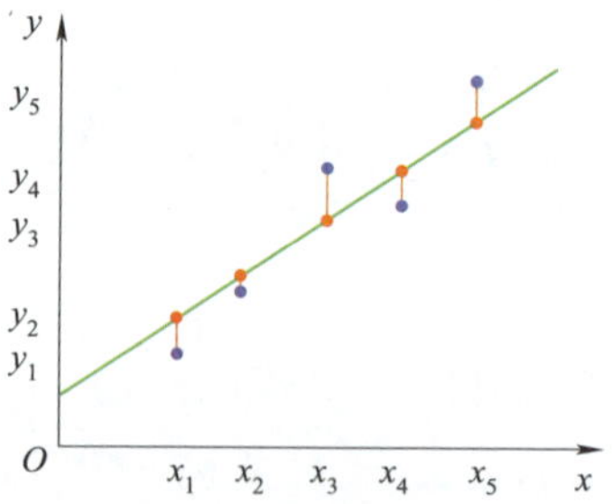

(b) 拟合图

图 3-10 散点图与拟合图

在进行直线拟合时，直线位置如何摆放是最大的问题。如果相关系数为1，那么这5个点都在一条直线上，不存在误差问题。但实际情况不是这样，这些点都是离散的，不会在一条直线上，这就存在与直线的误差问题，如图3-10(b)所示。最小二乘法采用样本点与对应的直线点的差值平方和来表示误差，当误差最小时，拟合达到最佳效果。回归方程中系数 a 和 b 可以按照式(3-1)计算。

$$a = \frac{\sum_{i=1}^{5}(x_i - \bar{x})(y_i - \bar{y})}{\sum_{i=1}^{5}(x_i - \bar{x})^2}, b = \bar{y} - a\bar{x} \tag{3-1}$$

其中，$\bar{x} = \frac{1}{5}\sum_{i}^{5} x_i$，$\bar{y} = \frac{1}{5}\sum_{i}^{5} y_i$。在求得系数之后，便可以得到回归方程的具体表达式了。如果再有新的数据 x_k，便可以根据这个方程预测 y_k 了。

按照计算机语言来讲，式(3-1)也是一种算法。这种算法的程序非常容易编写，或者利用普通计算器也能计算出来。可以看到，一元线性回归就是这么简单，但要完全理解，还需要微积分等知识，感兴趣的读者可以参考相关资料。

3.3.2　智能算法

同样是上述那组数据。如果采用智能算法，则完全不需要事先判定属于哪种相关关系（直线还是曲线规律），可以交给机器自行完成判断，这就是智能计算的魅力所在。

由机器学习原理可知，首先选择某种智能算法（如神经网络），然后用这5组数据训练机器，让它学习某种规律。当输入 x_1 时，应该得到 y_1，如果不是 y_1，则机器会自动调整内部参数，直至输出与 y_1 一致（有监督学习）。所有数据训练（学习）完毕后，机器会自动建立一个预测模型（外界并不清楚具体是什么样的模型）。当给这个模型输入 x_k 时，机器会自动输出 y_k，如图3-11所示。

由以上分析可以看出，对于同样的问题，普通算法和智能算法的实现方式是不相同的。普通算法需要我们事先确定基本模型（规律），然

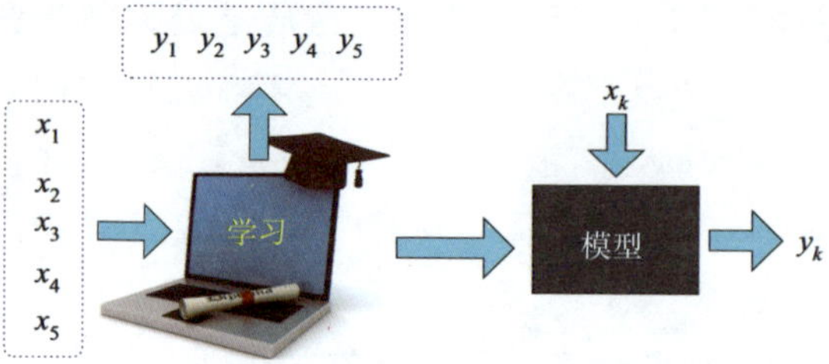

图 3-11 智能算法的预测模型

后求解其中的参数。智能算法则只要求有足够的数据即可，寻找规律的工作交由机器自动完成。那么机器到底是如何工作的呢？下面以神经网络算法为例，说明其中的机理。

3.3.3 神经元的基本原理——生物学的启示

人工神经网络是在 1943 年提出的，经历了曲折的发展历程，随着深度学习的兴起而再次引起广泛关注。为了理解人工神经网络的工作原理，有必要首先了解一些生物学中的神经网络知识。

实际的神经网络结构看起来是比较乱的。为了方便理解，将其简化为示意图，如图 3-12 所示。一个神经元由一个细胞体、多个树突、一个轴突和轴突末端的多个突触组成。其中，树突接收其多个其他神经元的突触传递过来的信号（也称作信息），属于输入端；轴突通过突触向多个其他神经元的树突输送信号，属于输出端。一个神经元可以和成千上万个其他神经元相连（人类大脑大约有 1 000 亿个神经元）。

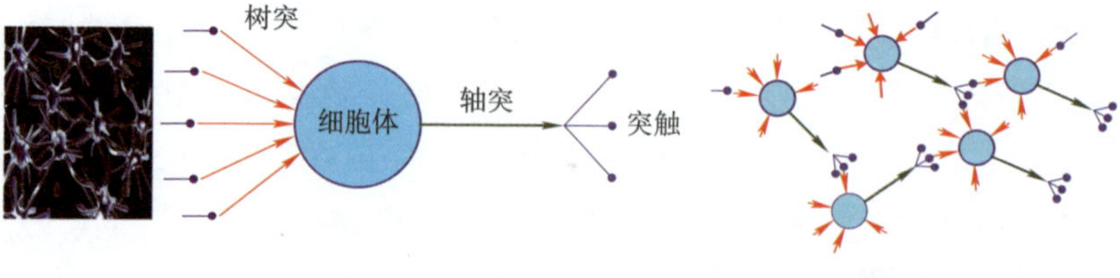

图 3-12 神经元示意图

一个神经元有两种工作状态——“活跃”与“不活跃”。当神经元通过树突接收其他神经元的信号后，会将所有信号进行汇总累加，然后与该神经元固有的“阈值”进行比较。若信号的累加之和等于或高于阈值，则神经元被激活，处于“活跃”状态，可以向其他神经元传播（传递）信号；反之则处于“不活跃”状态，无法向其他神经元传递信号，如图 3-13 所示。

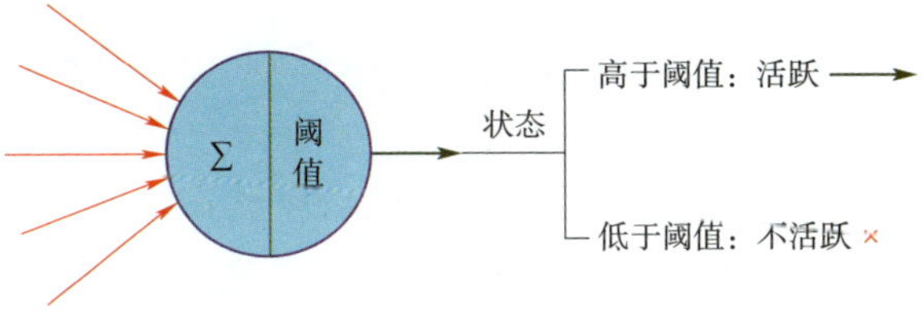

图 3-13 神经网络的工作状态

根据上述神经元结构，我们可以构造一个简化的数学模型来表达这种思想，这就是人工神经元（ANN）。在不混淆的情况，也简称为神经元或单元。至此，关于生物学上的神经网络介绍算是告一段落了，后面涉及的神经元问题只是借用了这些名词而已，与人脑并无直接联系，都是数学问题了。但需要注意的是，神经网络理论确实是在生物学的启发下建立起来的，这种不同学科之间的交叉、碰撞，有利于创新。

现在我们来建立一个多输入、单输出（只能是单输出，但可以同时传递给不同神经元）的人工神经元模型。为简便计，这里仅考虑2 个输入的情况。按照图 3-13 的要求，设人工神经元（数学模型）的输入为 x_1、x_2，输出为 y，阈值为 θ。除了这些设置外，还要考虑神经元与每一个输入之间连接的重要程度，可以用连接强度 w_1 和 w_2 表示，称作权重，实际上就是连接系数（修正系数），一般取小数，正负皆可。这样我们就初步建立了一个人工神经元模型，如图 3-14 所示。

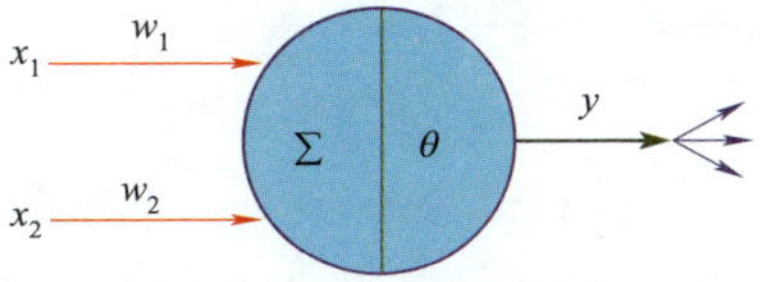

图 3-14 人工神经元模型

图 3-14 所示的这种神经元模型，也称作感知器(Perception)或感知机(并不是某种机器，只是一个数学模型而已)，主要用于分类，具有以下特点：

(1)输入信号为其他多个神经元输入的信号加权之和，每个输入信号都需要用不同的权重进行修正；

(2)如果输入信号大于或等于阈值，则神经元被激活，向外输出信号；

(3)“活跃”状态用数字“1”表示，“不活跃”状态用“0”表示。

根据神经元的工作原理，神经元的输入总和为 $(x_1w_1+x_2w_2)$，当 $(x_1w_1+x_2w_2)\geqslant\theta$ 时，神经元被激活，$y=1$，有信号输出；当 $(x_1w_1+x_2w_2)<\theta$ 时，神经元没有被激活，$y=0$，无信号输出。整理一下，可以得到如下表达式：

$$\begin{cases} z=[(x_1w_1+x_2w_2)-\theta]\geqslant 0, & y=1 \\ z=[(x_1w_1+x_2w_2)-\theta]<0, & y=0 \end{cases} \tag{3-2}$$

为了加深理解，我们可以将有关参数赋值进行计算，如令 $w_1=5$，$w_2=2$，$\theta=20$。将两个输入分别赋予不同的数值，计算结果及图像如图 3-15 所示，这是一个典型的单位阶跃函数。因此，神经元的输入与输出的关系可以考虑采用单位阶跃函数的形式表示。

x_1	x_2	z	激活	y
2	3	$-4<0$	×	0
3	5	$5>0$	√	1
0	1	$-18<0$	×	0
3	4	$3>0$	√	1
6	0	$10>0$	√	1

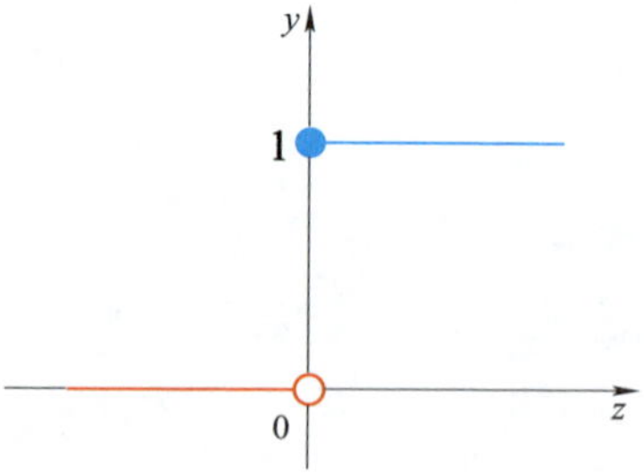

图 3-15　激活函数之一：单位阶跃函数

一般情况下，将 $z=[(x_1w_1+x_2w_2)-\theta]$ 称作神经元的加权输入。神经元的输入与输出的关系可以采用式(3-3)的形式。

$$y = u(z) = \begin{cases} 1 & (z \geqslant 0) \\ 0 & (z < 0) \end{cases} \tag{3-3}$$

我们将这个单位阶跃函数 $u(z)$ 称作神经元的激活函数，有时也称作传递函数或激励函数，后面将统一表示为 $h(z)$。它的作用是决定如何激活输入信号的加权总和，这是一个非常重要的概念。

上述"0-1"型函数只有两个值，"0"和"1"分别代表了"有"和"无"两种状态，主要应用在分类问题上(目前已经很少使用了)，$(x_1w_1 + x_2w_2) = \theta$ 也称作分割线。除了这个激活函数外，还有其他形式的激活函数。

为了以后处理问题的方便(主要是矩阵表示)，可以将 z 表达式中的阈值 θ 换一个符号，令 $b = -\theta$，则有

$$z = x_1w_1 + x_2w_2 + b \tag{3-4}$$

其中，b 称作偏置，控制神经元被激活的难易程度。这个偏置参数也可以看成是一个输入，输入值为 1，权重为 b(一般为负数)。这样做的好处是，表达式得到了统一，在多个输入的情况下，可以表示为矩阵形式，便于编程计算。

"0-1"型激活函数只能表示神经元的"活跃"和"不活跃"两种状态，属于离散取值型函数。在实际工作中，经常需要连续取值的激活函数，表示"活跃程度"的变化大小。比较典型的连续型激活函数为 Sigmoid，也称作逻辑回归函数，可用于分类和回归问题，其表达式如下：

$$\mathrm{S}(z) = \frac{1}{1 + \mathrm{e}^{-z}} = \frac{1}{1 + \exp(-z)} \tag{3-5}$$

Sigmoid 函数的特点是连续可导，并且是非线性的。当输出值接近 1 时，表示神经元的活跃度高，反之则低，这样就可以模拟一些连续取值的量了。它的图像如图 3-16 所示。Sigmoid 函数是神经网络中最常用的激活函数。引进激活函数的目的是增加神经网络的非线性。

每个神经元的工作过程都可分为"求和与激活"两个运算步骤。下面把神经元模型的工作过程再归纳一下，这些将是神经网络和深度学习的基础，需要很好地理解。

图 3-17 给出了神经元的工作过程。一个神经元有 n 个输入(x_1，

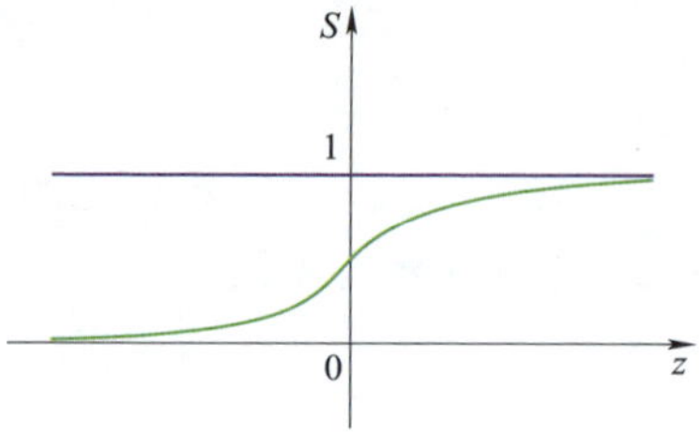

图 3-16 激活函数之二：Sigmoid 函数

x_2，$\cdots x_n$)，首先将这些输入与相应的权重相乘再求和，得到加权输入的线性表达式 z，然后再将 z 放到激活函数中运算，得到输出 $y=h(z)$。实际上，"求和与激活"代表的正是"线性与非线性"这两种运算，一种是线性求和，另一种是非线性变换。

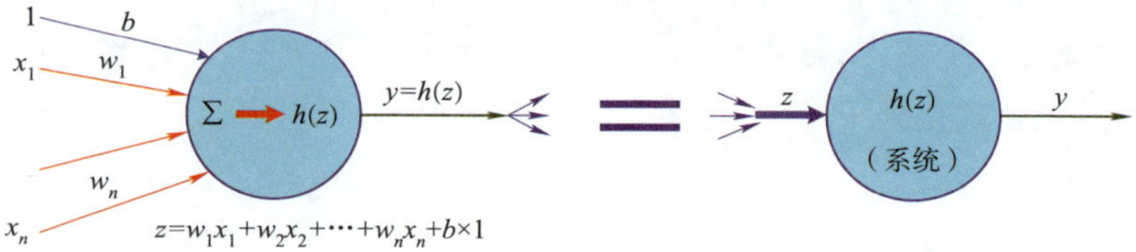

图 3-17 一个神经元的工作过程

需要注意，每个神经元的输出只有一个，但可以同时传递给不同的神经元，不同的神经元会对这个输入有不同的修正。此外，这个神经元也可以看成是一个系统，它的加权输入为 z，系统函数为 $h(z)$，输出为 y。由于 $h(z)$ 是非线性函数，因此这是一个非线性系统。如果是大量的神经元相连，神经元之间的非线性作用是很强烈的，将变成复杂系统，这也正是神经网络系统的特点。

以上介绍的是一个神经元的工作原理。尽管一个神经元的计算并不复杂，但大量的神经元组成网络系统后，相互之间的联系就变得非常紧密和复杂了，计算结果也会相互影响，并最终体现在输出的结果是否正确上。

3.3.4 神经网络的工作过程（正问题）

由多个神经元（简称为单元）相互连接而成的网络称作神经网络

（连接主义由此得名）。有关神经网络的结构在3.1节已经进行了初步介绍（参见图3-2和图3-3）。典型的神经网络结构为三层，分别为输入层、隐含层和输出层。输入层单元的数量由输入数据的数量决定，隐含层的单元数量依据体情况而定，没有统一要求，输出层单元数量由需要答案的数量决定。外来数据（信号）通过输入层进入网络，经过隐含层的传递，最后由输出层传出。除了输入层不对数据进行变换外，其他各层都对数据进行非线性变换。

现在让我们构建一个如图3-18所示的神经网络（也称作全连接型网络），以隐含层（层2）和输出层（层3）中的单元①为例，分析一下它的工作过程。可以看到，仍然按照“求和与激活”这两个步骤进行工作。

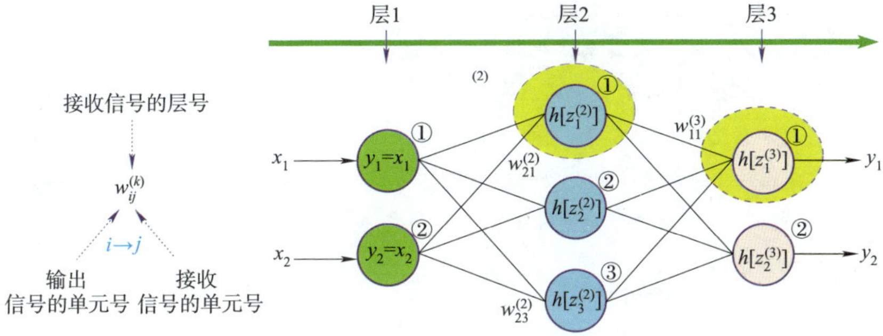

图3-18　神经网络组成与编号

图3-18所示的神经网络包含2个输入单元，3个隐含单元和2个输出单元，激活函数采用Sigmoid函数，数据由输入端向输出端传递。另外，一般假设每个单元的激活函数都相同（实际也可以不相同，但很复杂）。

由于单元很多，需要对各种符号的排序号作出规定，其中接收信号的层号放在上角，单元排序号放在下角。第一个下角标是前一层与之相连的单元号（输出信号的单元），第二个下角标是本层的单元号（接收信号的单元），如图3-18所示。有些资料中的符号排序与此正好相反，阅读时需要注意。

符号规定很重要，如果单元非常多时，不编号就会造成混乱。图3-19显示了层k的单元i的各符号的表示方法（输入层除外），是对图3-17的另一种表示，应熟练掌握这种表示方法，为以后的推导和编程打好基础。

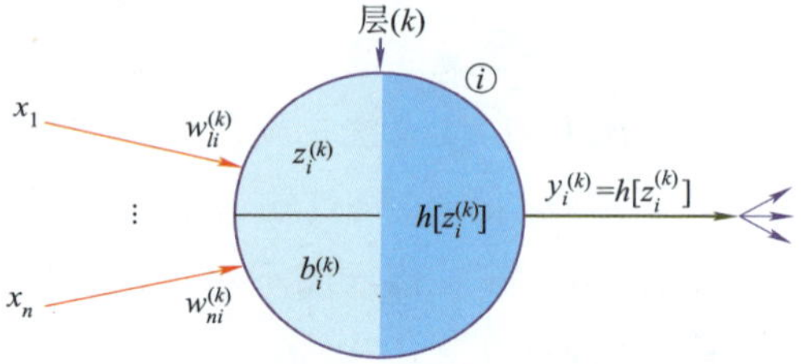

图 3-19　神经网络符号的通用表示方法

在构建完神经网络后，下面我们开始分析信号（数据）从神经网络的输入端进去、由输出端出来的整个传递过程，也就是它的工作过程。

——如果对上述采用生物学术语的表示方法仍然不习惯，可以完全抛弃上述术语，采用第 2 章的系统方法表述，如图 3-20 所示。其中，每个神经元都是系统的一个要素，它们之间的相互连接构成了系统结构。系统模型则是由一套复杂的、非线性的数学表达式构成的，如 $y_1=f(x_1,\cdots,w_{11},\cdots,h(z),\cdots)$。其中需要确定参数就是多个权重（包括偏置），可以通过参数识别的方法进行。

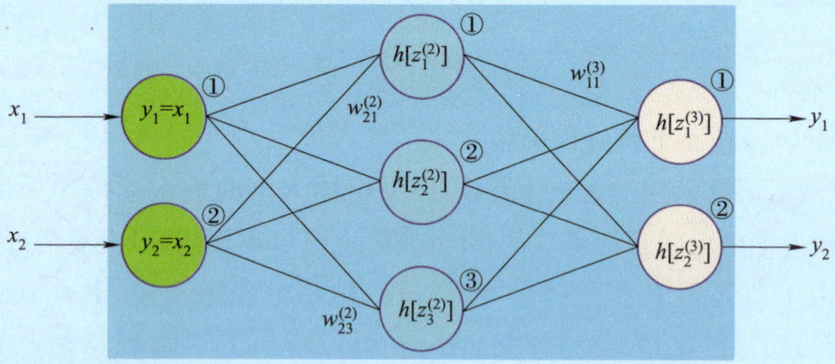

图 3-20　系统方法表示的神经网络

如果从系统角度看待这个问题，有助于人们正确对待这种机器学习算法，破除神秘感。但是，当初生理学关于大脑生理结构的论述，启迪了研究者的思维，对创造这种算法起到了决定性作用，这一点非常重要，这就是创新！

(1)输入层(层 1)

输入层负责读取数据,再直接原样输出。如图 3-21 所示,2 个神经单元对应着 2 个输入(x_1,x_2)。单元的任务是将输入数据输出到隐含层的各个单元,例如单元①将 x_1 分别传递给隐含层的①、②、③单元。输入层各单元在传递过程中不对数据做任何运算。

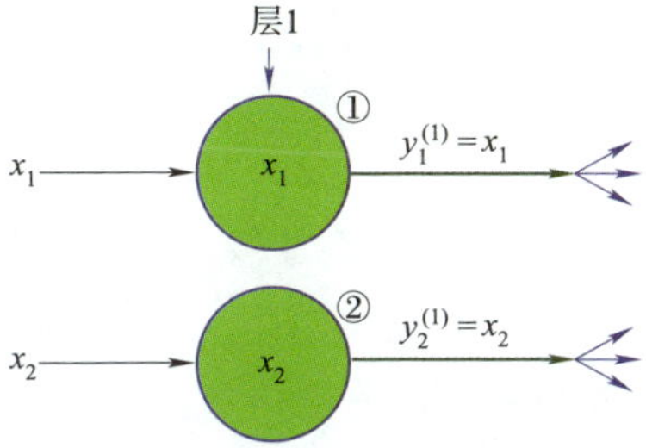

图 3-21　输入层(层 1)的输入与输出关系

(2)隐含层(层 2)

隐含层是神经网络的核心,负责对数据进行线性与非线性处理。首先,神经元进行"求和"的线性运算。隐含层(层 2)的 3 个单元分别接受来自输入层各个单元传递过来的信号,并且每个单元对不同的输入都有不同的权重修正。以单元①为例,输入有 2 个,则加权输入为

$$z_1^{(2)} = w_{11}^{(2)} y_1^{(1)} + w_{21}^{(2)} y_2^{(1)} + b_1^{(2)} \times 1 \tag{3-6a}$$

式中,$w_{21}^{(2)}$ 表示输出信号的单元②与层 2 的接收单元①之间的权重,依此类推;$b_1^{(2)}$ 为层 2 的单元①的偏置,也可以看成是一个输入,其输入值为 1、权重为 $b_1^{(2)}$ 。

其次,神经元进行"激活"的非线性运算。单元①对输入信号的加权求和是一种线性运算,需要将其放到激活函数 $h(z)$中进行非线性转换。单元①的输出如下:

$$y_1^{(2)} = h[z_1^{(2)}] = h[w_{11}^{(2)} y_1^{(1)} + w_{21}^{(2)} y_2^{(1)} + b_1^{(2)} \times 1] \tag{3-6b}$$

图 3-22 形象地给出了层 2 的单元①的输入和输出之间的关系,以及求和与激活的结果。同理可以得到其他几个单元的输出。

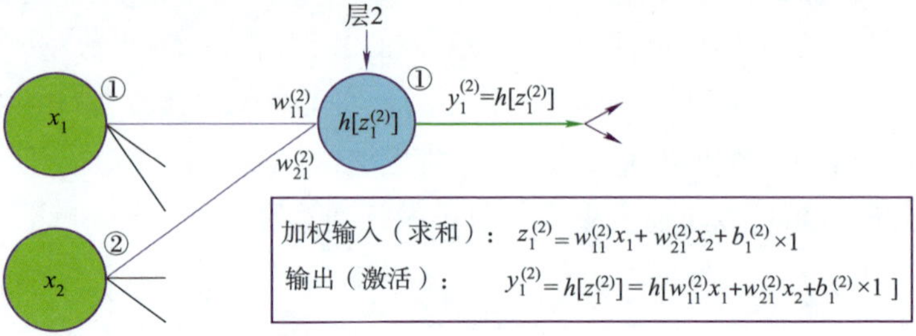

图 3-22 隐含层(层 2)的输入与输出的关系

隐含层的各个单元将把输出信号传递给输出层(层 3)。需要注意的是,由于各连接的权重不同,输出给下一层各单元的信号仍然会被修正。如层 2 单元①把输出的 $y_1^{(2)}$ 分别传递给层 3 的单元①和单元②,但接收单元①得到的输入却是 $w_{11}^{(3)}y_1^{(2)}$ 而不是 $y_1^{(2)}$,单元②得到的是 $w_{12}^{(3)}y_1^{(2)}$,也不是 $y_1^{(2)}$,这就是权重的修正作用,如图 3-23 所示。

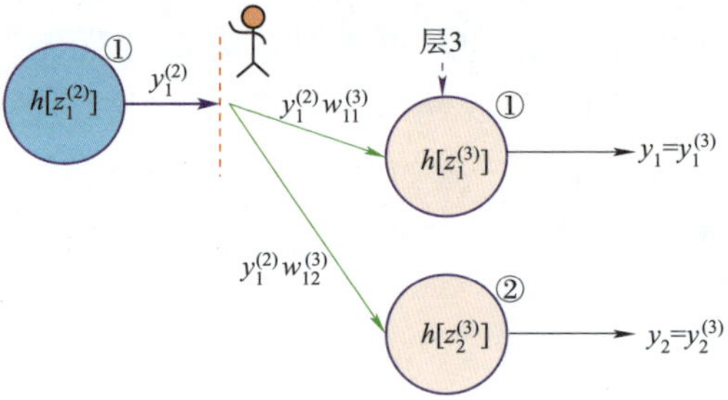

图 3-23 接收单元对输入信号的修正

(3)输出层(层 3)

输出层负责整个网络的输出。各单元数据处理的操作与隐含层的相仿,也是先对输入信号进行加权求和,然后再带入相应的激活函数中,得到对应的输出。仍然以单元①为例进行说明。

单元①接收来自第 2 层(隐含层)3 个单元的信号,因此它的输入为 3 个,其加权输入为

$$z_1^{(3)}=w_{11}^{(3)}y_1^{(2)}+w_{21}^{(3)}y_2^{(2)}+w_{31}^{(3)}y_3^{(2)}+b_1^{(3)}\times1 \tag{3-7a}$$

将上述计算结果(加权输入)带入到激活函数 $h(z)$ 中进行激活运算,可以得到单元①的输出为

$$y_1 = y_1^{(3)} = h[z_1^{(3)}] = h[w_{11}^{(3)} y_1^{(2)} + w_{21}^{(3)} y_2^{(2)} + w_{31}^{(3)} y_3^{(2)} + b_1^{(3)} \times 1] \tag{3-7b}$$

图 3-24 给出了层 3 的单元①的输入和输出之间的关系,以及求和与激活的结果。同理可以得到第 2 个单元的输出,这样就完成了一次计算。可以看出,输出层各单元的输出包含了前面两层(隐含层和输入层)所有相关单元对它的综合作用,包括线性运算(加权求和)与非线性运算(激活)。神经网络就是这样一种非线性的耦合结构,可谓牵一发而动全身。

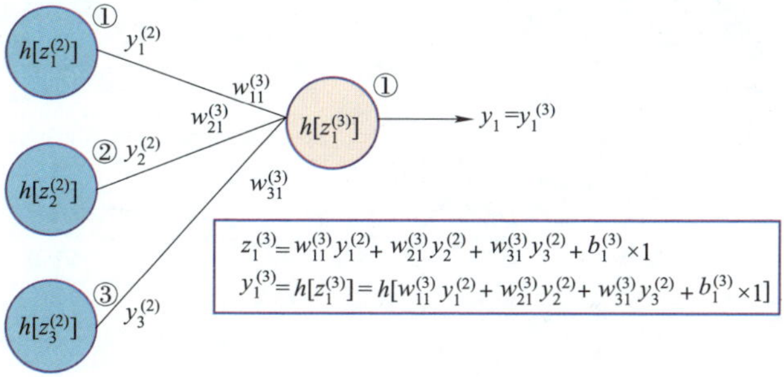

图 3-24 输出层(层 3)的输入与输出关系

以上对神经网络的信号传递问题进行了阐述。除了输入层之外,其他层各单元的传递信号的过程都是相同的,都是按照"求和与激活"的步骤进行。激活函数的计算结果就是该单元的输出,然后再传递给下一层的各个单元,如图 3-25 所示。其中 $k=2, 3$,表示输出层(层 3)

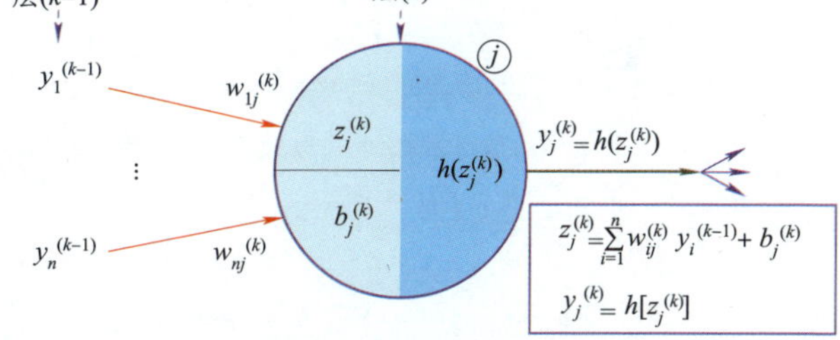

图 3-25 每个单元的两种运算

和隐含层(层 2)。

从系统角度看,神经网络是一个系统,神经元就是系统要素,输入和输出关系决定了要素之间的相互关联,权重就是关联的强弱。实际上,神经网络是一个复杂的非线性动力学系统,完全理解还需要学习很多知识。

——神经网络信号传递的矩阵表示法(不熟悉矩阵的读者可略过)

通过上述推导可以发现,如果神经网络的单元很多,上述操作写起来是很麻烦的,为了简化书写和计算机编程的需要,可以采用矩阵形式表示。矩阵或线性代数是现代数学的基本语言,它的实质并不复杂。下面给出上述过程的矩阵形式。

根据图 3-18,对于隐含层(层 2),输入矩阵为输入层(层 1)的输出矩阵 $Y^{(1)}$,加权输入(求和)矩阵为 $Z^{(2)}$,输出矩阵为 $Y^{(2)}$,权重矩阵为 $W^{(2)}$,偏置矩阵为 $B^{(2)}$,各表达式如下:

$$\boldsymbol{Y}^{(1)}=\begin{bmatrix}x_1\\x_2\\x_3\end{bmatrix},\boldsymbol{Z}^{(2)}=\begin{bmatrix}z_1^{(2)}\\z_2^{(2)}\\z_3^{(3)}\end{bmatrix},\boldsymbol{Y}^{(2)}=\begin{bmatrix}y_1^{(2)}\\y_2^{(2)}\\y_3^{(2)}\end{bmatrix},$$

$$\boldsymbol{W}^{(2)}=\begin{bmatrix}w_{11}&w_{12}&w_{13}\\w_{21}&w_{22}&w_{23}\\w_{31}&w_{32}&w_{33}\end{bmatrix}^T,\boldsymbol{B}^{(2)}=\begin{bmatrix}b_1^{(2)}\\b_2^{(2)}\\b_3^{(2)}\end{bmatrix}$$

根据矩阵相乘的运算规则,隐含层(层 2)的加权求和矩阵为

$$\boldsymbol{Z}^{(2)}=\boldsymbol{W}^{(2)}Y^{(1)}+\boldsymbol{B}^{(2)}$$

隐含层的输出为

$$\boldsymbol{Y}^{(2)}=h[\boldsymbol{Z}^{(2)}]$$

对于输出层(层 3),也可以用矩阵表示,其表示方法与层 2 的相同。参照层 2 的表示方式,可以直接写成结果。

$$\boldsymbol{Z}^{(3)}=\boldsymbol{W}^{(3)}\boldsymbol{Y}^{(2)}+\boldsymbol{B}^{(3)}$$

$$\boldsymbol{Y}=\boldsymbol{Y}^{(3)}=h[\boldsymbol{Z}^{(3)}]$$

式中各矩阵如下：

$$\boldsymbol{Z}^{(3)}=\begin{bmatrix}z_1^{(3)}\\z_2^{(3)}\end{bmatrix},\boldsymbol{Y}^{(3)}=\begin{bmatrix}y_1^{(3)}\\y_2^{(3)}\end{bmatrix},\boldsymbol{W}^{(3)}=\begin{bmatrix}w_{11}&w_{12}&w_{13}\\w_{21}&w_{22}&w_{23}\end{bmatrix}^{\mathrm{T}},\boldsymbol{B}^{(3)}=\begin{bmatrix}b_1^{(3)}\\b_2^{(3)}\end{bmatrix}$$

可见采用矩阵形式表示神经网络的工作过程是非常简洁的，也是非常清晰的，并且特别适合编程。

根据上述推导，我们可以总结出通式。对于第 k 层而言，按照“求和与激活”的步骤，加权输入矩阵和输出矩阵分别可以写成下列形式。

$$\boldsymbol{Z}^{(k)}=\boldsymbol{W}^{(k)}\boldsymbol{Y}^{(k-1)}+\boldsymbol{B}^{(k)}$$
$$\boldsymbol{Y}^{(k)}=h[\boldsymbol{Z}^{(k)}]\qquad(3\text{-}8)$$

其中，$k=2,3$，表示输出层（层 3）和隐含层（层 2）。式中各矩阵的表达式内容需要根据具体情况而定，只要记住符号规则，便可以方便地写成具体表达式。例如，对于权重矩阵 $\boldsymbol{W}^{(k)}$，第 i 行的各个元素就是第 k 层单元 i 的对应的各个权重。

式(3-8)给出了上一层和本层之间的关系。上一层的输出，经过加权修正与求和运算后，形成本层的加权输入，经过激活函数的作用，形成本层的输出（对于下一层就是输入）。这种信号传播形式，对于多层神经网络也是适用的。

3.3.5 神经网络的学习过程（反问题）

构建完神经网络系统之后，接下来的任务就是训练这个网络，以便揭示数据中隐藏的、无法用明确数学公式表达的规律性（对于预测问题，这种规律性往往表现为某种相关性），使之成为一个可以应用到其他数据中的模型（ANN 系统）。图 3-26 给出了神经网络的训练过程，也就是学习过程。

首先将训练数据输入到神经网络系统，然后按照前面给出的步骤进行计算，最后得到网络的输出。如果输出结果（计算值）与已知结果（实际值）不一致（误差大），则神经网络就会改变包括偏置在内各个权重（这就是机器的学习过程），重新按照上述步骤进行计算（这种重复计

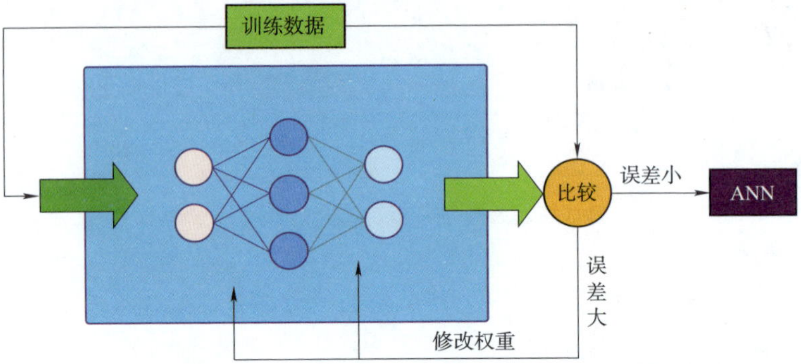

图 3-26 神经网络的训练(学习)过程

算的过程也称作迭代运算),直到输出结果与已知结果一致(误差小),此时得到正确的神经网络模型。关于误差大小的判定和权重的调整,后面将会具体介绍。

在机器学习领域,利用样本数据来确定模型参数(如权重)的过程称作学习,数学上则称作参数的优化问题,也可以称作"反问题"。观察上述过程可以发现,这个训练过程与系统识别中确定参数的过程是非常相似的,都是通过调节模型参数,使计算值与实际值误差达到最小。尽管确定参数过程相似,但系统识别可以得到一个确定的数学模型,而机器学习则不能。

上述神经网络的学习过程是一个典型的监督式学习,需要强大的样本数据作为支撑。当然,训练完的神经网络要有泛化能力——适应其他未知新数据的能力,这是机器学习的终极目标。

3.3.6 调节权重的方法

神经网络的重点是确定网络的结构参数即权重(包括偏置),这是一个多次迭代计算过程,其更新原则为"新权重=旧权重+变化量",其中关键问题是如何表示这个变化量。这方面涉及数学中的优化问题,需要熟悉导数,特别是复合函数的导数推导(链式法则)、斜率和梯度等概念。这里简要介绍一下比较成熟的误差反向传播学习法，简称 BP(Back Propagation)算法。采用这种方法的网络也称作 BP 神经网络。

(1)误差的表示——损失函数

误差就是神经网络系统的输出值(计算值)与训练样本提供的已知值之间的差值。前面所说的“误差小”和“误差大”只是定性的说明，实际操作时需要有一个明确的定义。在神经网络系统中，采用“损失函数”来做这件事。损失函数也称作误差函数，一般采用输出层各单元输出误差的平方和表示。

$$E = \frac{1}{2}\sum_{i=1}^{m} e_i^2 = \frac{1}{2}\sum_{i=1}^{m}(y_i - t_i)^2$$

$$e_i = (y_i - t_i) \tag{3-9}$$

式中，m 为输出层的单元数量；y_i 为单元 i 的输出值(也称作计算值或预测值)，t_i 为对应的样本数据已知值(或期望值)；e_i 为单元 i 的输出误差。

注意，将误差定义为 $e_i = (y_i - t_i)$ 还是 $e_i = (t_i - y_i)$，对后面的计算结果不会产生影响。式(3-9)中出现 1/2，只是为了推导公式时消去系数。

在式(3-9)中，t_i 是已知数据，不需要过多的研究，但 y_i 就不一样了，根据前面的单元输出计算公式，它含有各层相关单元的权重(包括偏置)的信息，可以将权重视作损失函数 E 的变量，表示为$E(w)$，这是一个具有很多变量(权重)的函数。神经网络最重要的任务之一就是如何根据损失函数来调节权重，也是它的学习任务。

(2)权重更新的梯度下降法

理论上，当神经网络系统的输出值与对应的已知值相等即误差为 0 时，各单元的权重就是所要寻找的最佳值。但事实上，误差总是存在的，要求误差为 0 是不现实的。为了解决这个问题，可以要求误差达到规定的最小值即可，此时的权重就是最优估计值。在数学上，这是一个参数优化问题。

根据数学原理，对于损失函数 $E(w)$，只要导数为 0，E 便可取极值

(最小值),对应的权重就是最优值。由于权重有多个,所以需要采用偏导数的形式。

$$\frac{\partial E(w)}{\partial w_{ij}} = 0 \rightarrow w_{ij} \tag{3-10a}$$

式(3-10a)是一个通式,代表了损失函数对所有的权重(包括偏置)的导数。可以将式(3-10a)具体化,以各个导数为分量,组合成向量形式,如式(3-10b)。这个向量称作损失函数在点(w_{11}, w_{21}, …, b_1, …)处的梯度。

$$\left(\frac{\partial E}{\partial w_{11}}, \quad \frac{\partial E}{\partial w_{21}}, \quad \cdots, \quad \frac{\partial E}{\partial b_1}, \quad \cdots\right) \tag{3-10b}$$

式(3-10a)的导数为 0 的含义是指式(3-10b)中的每个分量为 0。这些分量实际上就是我们熟悉的斜率的概念(梯度是向量,斜率是标量)。对于一个变量来讲,梯度和斜率不严格区分(将斜率看作有方向的向量时就是梯度)。有些读者不习惯偏导数符号,可用 K_{ij} 替代偏导,如 K_{12} 代表损失函数在权重 w_{12} 处的斜率(导数)。

如果能够采用解析方法求出 $E(w)$的导数,那么就可以一次完成对权重的求解任务。但遗憾的是,随着神经网络单元数量的增加,损失函数的表达式将会越来越复杂,采用解析方法求出导数是非常困难的。在这种情况下,只能采用数值方法,通过慢慢移动图像上的点进行摸索,逐步逼近损失函数的最小值,这就是优化理论中的梯度下降法。损失函数最小值对应的权重就是我们要寻找的最优值。

梯度下降法相当于一个人在黑夜中打着手电筒,从山顶沿着山坡(梯度)走向山脚。如果不知道下山路线,只能大致顺着下坡方向(梯度方向)摸索前行,每走一步,都要判断从哪个方向下是最陡峭的。通过不断调整方向和步长,修正下山路线,直到最后抵达山脚下(最低点),如图 3-27 所示。这里的梯度就是山坡的坡度,也就是导数,步长就是 η,沿着最陡方向走无疑是最好的选择。

梯度下降法是一种数值方法,与人下山的方式一样,沿着梯度(坡度)最大方向下降,通过不断调整步长进行优化,一点一点地接近最小值的位置,这样就能找到最优权重。由于损失函数的构成非常复杂,在

图 3-27 梯度下降法相当于下山的探索过程

不能进行解析求解的情况下，这种近似方法应该是比较实用了。它不需要求导数，直接采用简单的方式进行求解。

梯度下降法有两个关键点，其一是如何计算损失函数的关于各个权重的斜率（梯度分量），其二是如何更新权重。为了使读者更好地把握重点，下面我们首先给出权重的更新公式（也称作学习规则），然后再解决斜率的计算问题。

（3）更新权重

更新权重实际上就是在上一次（第 p 次）权重值的基础上做出的改变，以便让损失函数更接近最小值。根据梯度下降法原理，可以得到权重的更新量为

$$w_{ij}(p+1)=w_{ij}(p)+\Delta w_{ij}$$

$$\Delta w_{ij}=-\eta\cdot\frac{\partial E(w)}{\partial w_{ij}}=-\eta\cdot K_{ij} \tag{3-11}$$

式中，η 为学习因子，称作学习率，起到调节权重大小的作用，相当于人下山时的“步长”，一般为 $0<\eta<1$。权重的改变量 Δw 与其梯度（斜率 K_{ij}）直接相关。在计算出所有权重的斜率后，便可以组成式（3-10b）形式的梯度，梯度下降法就是沿着这个梯度最大变化方向寻找最优权重的。

式（3-11）中取负号的原因与斜率的正负有关，如图 3-28 所示。如果 $K_{ij}>0$，希望减小权重，新权重要比旧权重小，w_{ij} 向左移动；如果 $K_{ij}<0$，希望增大权重，新权重要比旧权重大，w_{ij} 向右移动。w_{ij} 移动的幅度由 η 控制，η 在这里起到调节大小的作用。

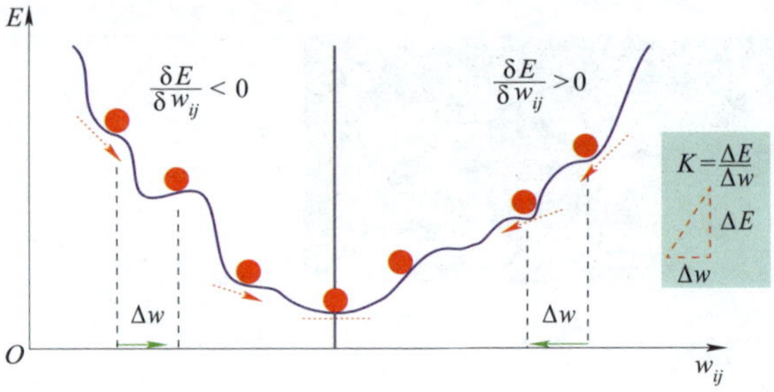

图 3-28 斜率与增量的关系

(4)计算斜率

①输出层(层 3)各权重的斜率

由权重更新公式(3-11)可知,关键问题是如何确定斜率。本着从特殊到一般的原则,先以图 3-18 中输出层(层 3)的单元①为例进行推导,然后给出一般表达式。

如图 3-29 所示,隐含层(层 2)传递过来的信号有 3 个,加上偏置形式的输入,可以认为共有 4 个输入,对应着 4 个权重。对于输出层的单元①来讲,损失函数 $E(w)$可以看成中间变量为加权输入 $z_1^{(3)}$ 的复合函数($E\rightarrow z\rightarrow w$),于是 $E(w)$对各个权重的导数都可以按照复合函数的链式法则写出。以 $w_{11}^{(3)}$ 为例,其导数的表达式如下。

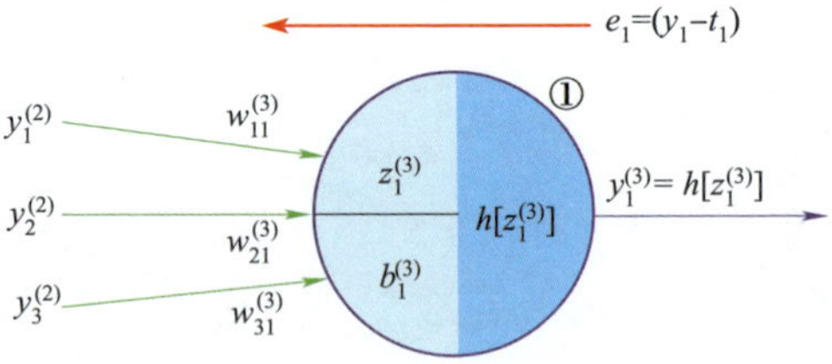

图 3-29 输出层(层 3)单元①的计算模式

$$\frac{\partial E(w)}{\partial w_{11}^{(3)}}=\frac{\partial E(w)}{\partial z_1^{(3)}}\cdot\frac{\partial z_1^{(3)}}{\partial w_{11}^{(3)}} \tag{3-12a}$$

式(3-12a)分为两部分,第一部分为损失函数对加权输入的导数,定义为神经元的加权输入误差(有资料称作误差梯度),用 $\delta_1^{(3)}$ 表示;第二部分为加权输入对权重的导数，推导如下。

$$\frac{\partial z_1^{(3)}}{\partial w_{11}^{(3)}}=\frac{\partial}{\partial w_{11}^{(3)}}[w_{11}^{(3)}y_1^{(2)}+w_{21}^{(3)}y_2^{(2)}+w_{31}^{(3)}y_3^{(2)}+b_1^{(3)}\times 1]=y_1^{(2)}$$

于是有：

$$K_{11}^{(3)}=\frac{\partial E(w)}{\partial w_{11}^{(3)}}=\delta_1^{(3)}\cdot y_1^{(2)} \qquad (3\text{-}12\text{b})$$

同理可以求出其他几个斜率表达式。

$$K_{21}^{(3)}=\delta_1^{(3)}\cdot y_2^{(2)},K_{31}^{(3)}=\delta_1^{(3)}\cdot y_3^{(2)},\frac{\partial E(w)}{\partial b_1^{(3)}}=\delta_1^{(3)}\cdot 1$$

可以看出，各权重的斜率为加权输入误差与对应输入的乘积。由于第2层各单元的输出是已知的，因此，关键是确定加权输入误差 $\delta_1^{(3)}$ 。

根据图3-29，单元①的输出 $y_1^{(3)}=h[z_1^{(3)}]$，损失函数 $E(w)$ 可以看成中间变量为 $y_1^{(3)}$ 的复合函数（$E\to y\to z$），仍然按照复合函数的链式求导法则进行推导。

$$\begin{aligned}\delta_1^{(3)}&=\frac{\partial E(w)}{\partial z_1^{(3)}}=\frac{\partial E(w)}{\partial y_1^{(3)}}\cdot\frac{\partial y_1^{(3)}}{\partial z_1^{(3)}}\\&=\frac{1}{2}\frac{\partial[(y_1^{(3)}-t_1)^2+(y_2^{(3)}-t_2)^2]}{\partial y_1^{(3)}}\cdot\left.\frac{\partial h(z)}{\partial z}\right|_{z=z_1^{(3)}}\end{aligned}$$

化简可得：

$$\delta_1^{(3)}=e_1\cdot h'[z_1^{(3)}]$$

同理可得单元②的加权输入误差 $\delta_2^{(3)}=e_2\cdot h'[z_2^{(3)}]$。加权输入误差的通式如下：

$$\delta_j^{(3)}=e_j\cdot h'[z_j^{(3)}] \qquad (3\text{-}13)$$

式中，j 为单元的序号。可以推出，输出层（层3）各权重斜率的通式如下：

$$K_{ij}^{(3)}=\frac{\partial E(w)}{\partial w_{ij}^{(3)}}=\delta_j^{(3)}\cdot y_i^{(2)}=e_j\cdot h'[z_j^{(3)}]\cdot y_i^{(2)} \qquad (3\text{-}14)$$

式中，i 表示输入信息的单元号（层2）；j 表示接收信息的单元号（层3）。

当选择 Sigmoid 函数作为激活函数时，即 $h(z)=S(z)$，可以得到激活函数导数的具体表达式，$S'(z)=S(z)[1-S(z)]$，将其带入式(3-14)，便可以计算各个斜率了。

图 3-30 给出了单元①的误差传播过程和斜率公式。通过输出误差 e_1 与激活函数导数 $h'[z_1^{(3)}]$ 的乘积，便将输出误差反向传递给了单元的输入端，再与对应的输入相乘，便可以得到斜率。

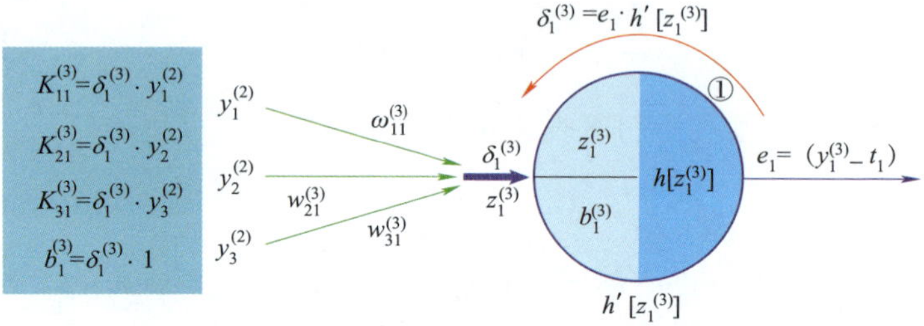

图 3-30　输出层单元①的输出误差反向传递给了加权输入

以上推导了损失函数关于输出层(层 3)各权重的导数(斜率)表达式，其过程是很简单的。如果用文字表述，可以简单写成如下形式：

斜率＝加权输入误差×输入＝(输出误差×激活函数导数)×输入

输出层(层 3)各权重的斜率求出之后，可以继续求解隐含层(层 2)各权重的斜率(导数)。思路就是根据第 3 层的结果反向推出第 2 层的结果。

②隐含层(层 2)各单元权重的斜率

对于隐含层(层 2)，权重的斜率表达式与式(3-13)相仿，只不过是将角标换成了第 2 层的。下面以层 2 的单元①为例进行推导。损失函数对 $w_{11}^{(2)}$ 的导数表达式如下：

$$\frac{\partial E(w)}{\partial w_{11}^{(2)}}=\frac{\partial E(w)}{\partial z_1^{(2)}}\cdot\frac{\partial z_1^{(2)}}{\partial w_{11}^{(2)}}=\delta_1^{(2)}\cdot y_1^{(1)} \tag{3-15}$$

关键问题仍然是如何确单元①的加权输入误差 $\delta_1^{(2)}$ 。为了推导方便，首先给出层 2 单元①的加权输入 $z_1^{(2)}$ 与层 3 各单元输入之间的关系，如图 3-31 所示。

根据图 3-31，层 2 单元①的加权输入 $z_1^{(2)}$ 经过激活函数的变换，分别传递给层 3 的单元①和②，是层 3 两个单元加权输入 $z_1^{(3)}$ 和 $z_1^{(3)}$ 的一部分。现在我们反向按照复合函数求导法则进行推导。

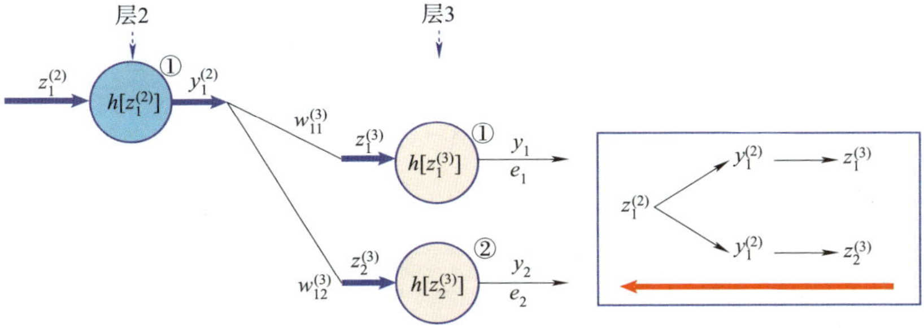

图 3-31　由输出层向隐含层反向传播误差

$$\delta_1^{(2)} = \frac{\partial E(w)}{\partial z_1^{(2)}} = \frac{\partial E(w)}{\partial z_1^{(3)}} \cdot \frac{\partial z_1^{(3)}}{\partial y_1^{(2)}} \cdot \frac{\partial y_1^{(2)}}{\partial z_1^{(2)}} + \frac{\partial E(w)}{\partial z_2^{(3)}} \cdot \frac{\partial z_2^{(3)}}{\partial y_1^{(2)}} \cdot \frac{\partial y_1^{(2)}}{\partial z_1^{(2)}}$$

仔细观察上式各部分和符号的含义，结合前面给出的各种表达式，经过推导，可以得到如下形式。

$$\frac{\partial E(w)}{\partial z_1^{(3)}} = \delta_1^{(3)}, \frac{\partial z_1^{(3)}}{\partial y_1^{(2)}} = w_{11}^{(3)}, \frac{\partial E(w)}{\partial z_2^{(3)}} = \delta_2^{(3)},$$

$$\frac{\partial z_2^{(3)}}{\partial y_1^{(2)}} = w_{12}^{(3)}, \frac{\partial y_1^{(2)}}{\partial z_1^{(2)}} = h'[z_1^{(2)}]$$

故有：

$$\delta_1^{(2)} = [w_{11}^{(3)} \cdot \delta_1^{(3)} + w_{12}^{(3)} \cdot \delta_2^{(3)}] \cdot h'[z_1^{(2)}]$$

令 $e_1^{(2)} = [w_{11}^{(3)} \cdot \delta_1^{(3)} + w_{12}^{(3)} \cdot \delta_2^{(3)}]$，称之为第 2 层单元①的输出误差。于是有：

$$\delta_1^{(2)} = e_1^{(2)} \cdot h'[z_1^{(2)}] \tag{3-16}$$

可以看出，与输出层一样，隐含层(层 2)单元①的加权输入误差也是输出误差与激活函数导数的乘积，而输出误差则是下一层各单元的加权输入误差与对应权重的乘积之和，图 3-32 给出了误差之间的这种关系。实际上，误差是正向传播的，由隐含层传递到输出层的输出端，即 $e_1^{(2)} \to e_1^{(3)}, e_2^{(3)}$，如图中的蓝色箭头指向。

将式(3-16)代入式(3-15)中，便得到第 2 层单元①的权重 $w_{11}^{(2)}$ 的斜率。

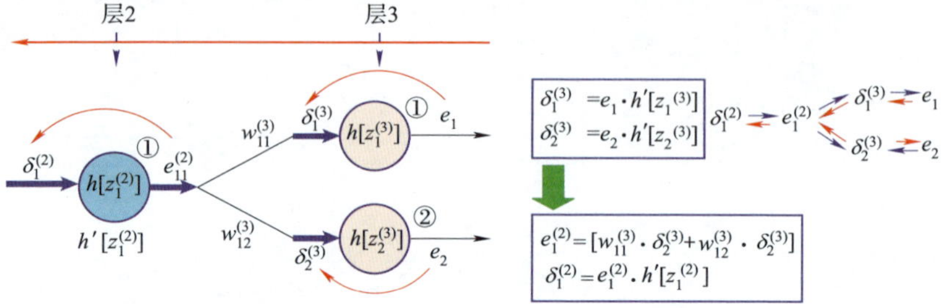

图 3-32　由层 3 到层 2 的误差反向传播规律

$$K_{11}^{(2)}=\frac{\partial E(w)}{\partial w_{11}^{(2)}}=\delta_1^{(2)}\cdot y_1^{(1)}=e_1^{(2)}\cdot h'[z_1^{(2)}]\cdot y_1^{(1)} \tag{3-17}$$

与式(3-14)比较发现，除了角标不同之外，其他都是相同的。同理可以推导出其他几个斜率表达式。

$$K_{21}^{(2)}=\delta_1^{(2)}\cdot y_2^{(1)},\frac{\partial E(w)}{\partial b_1^{(2)}}=\delta_1^{(2)}\cdot 1$$

反向传播法避免了直接求解导数的问题，极大地简化了计算，在神经网络的发展过程中，起到了推进作用，功不可没。

下面给出适用于层 3 和层 2 所有单元的误差传递表达式。第 k 层第 j 个单元的加权输入误差如下：

$$\delta_j^{(k)}=e_j^{(k)}\cdot h'[z_j^{(k)}] \tag{3-18a}$$

其中，输出误差的表达式如下：

$$e_j^{(3)}=(y_j-t_j)$$

$$e_j^{(2)}=[w_{j1}^{(3)}\cdot\delta_1^{(3)}+w_{j2}^{(3)}\cdot\delta_2^{(3)}+w_{j3}^{(3)}\cdot\delta_3^{(3)}+\cdots] \tag{3-18b}$$

根据式(3-14)，可以直接写出适用于隐含层(层 2)和输出层(层 3)所有斜率表达式的通式。对于第 k 层的单元 j，损失函数对各权重的斜率表达式为

$$K_{ij}^{(k)}=\frac{\partial E(w)}{\partial w_{ij}^{(k)}}=\delta_j^{(k)}\cdot y_i^{(k-1)} \tag{3-19}$$

式中，i 为第$(k-1)$层的单元编号；k 为层号；$h'[z_j^{(k)}]$ 为第 k 层单元 j 的激活函数的导数值；K 的上下角标含义与权重的相同。图 3-33 给出了

误差从第 3 层单元①输出端传递到第 2 层输入端①的过程，并给出了求各个权重斜率的表达式。

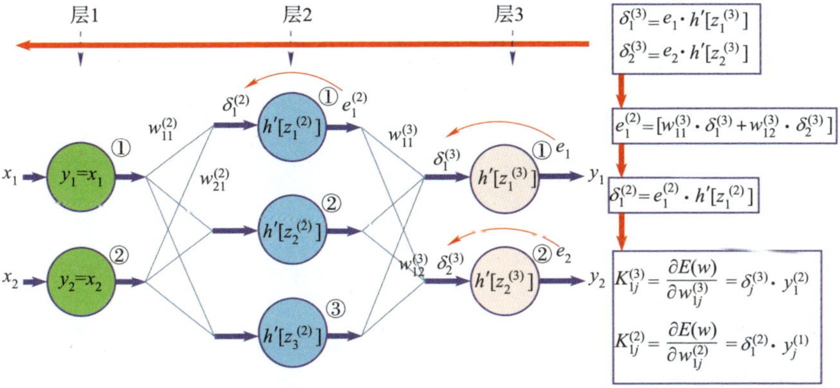

图 3-33 误差反向传播规律示意图

将式(3-19)带入式(3-11)，可以得到完整的权重更新公式（学习法则），与式(3-11)的含义一致，只是采用上角标将各层表示出来了，表达更清晰一些。

$$
\begin{aligned}
w_{ij}^{(k)}(p+1) &= w_{ij}^{(k)}(p)+\Delta w_{ij}^{(k)}(p) \\
\Delta w_{ij}^{(k)} &= -\eta\cdot\delta_j^{(k)}\cdot y_i^{(k-1)}
\end{aligned}
\tag{3-20}
$$

3.3.7 步骤与示例——用神经网络解决一元线性回归问题

作为一个示例，现在回到本节开始提到的线性回归问题。这是一个很简单的数学问题，实际上不需要神经网络就可以很好地解决。这里只是说明统计回归和神经网络在处理同一问题时的差异，同时也熟悉一下神经网络的实施步骤。

如前所述，已知 5 组数据(x_i, y_i)，希望建立它们之间的相关关系（假设我们不知道是线性关系）。现在尝试着建立一个如图 3-34 所示的神经网络结构。其中输入层 1 个单元，隐含层为 3 个单元，输出层 1 个单元，激活函数采用 Sigmoid 函数。

下面按照神经网络的学习（训练）步骤，简要说明操作过程。需要提醒的是，真正的神经网络训练都是编程进行的，人工是不可能完成

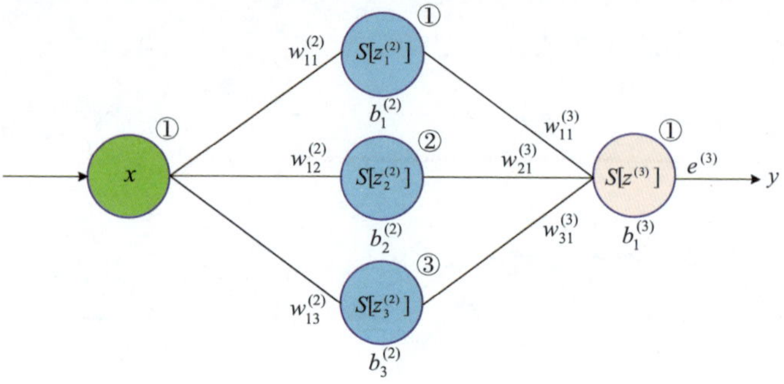

图 3-34 神经网络解决线性回归问题

的，因为计算量太大了。

(1)网络初始化

网络初始化内容包括将训练数据进行归一化处理，采用随机小数对权重和偏置进行初始化，学习率的设定等内容。

首先，将训练数据(样本数据)进行归一化处理。由于 Sigmoid 函数取值在 0 到 1 之间，所以要对输入数据进行预处理，将其转换到(0,1)范围内，这种处理称作归一化，在很多领域都有应用。由于 Sigmoid 函数在[0.1, 0.9]区间上对输入的变化比较敏感(图3-15)，因此可以将训练数据转换到[0.1,0.9]区间上(数学上称作映射)。归一化公式如下：

$$s_i = s_{\min} + \frac{(x_i - x_{\min})}{(x_{\max} - x_{\min})}(s_{\max} - s_{\min}) \tag{3-21a}$$

式中，x_i 为第 i 个原始数据；$x_{\max}$、$x_{\min}$ 为原始数据的最大值和最小值；s_i 为归一化后的数据；$s_{\max}$ 和 $s_{\min}$ 相应的最大值和最小值，可以取值为 0.9 和 0.1。计算完后还需要变换成原来的数据，按照式(3-21a)求解 x_i 即可。除了以上的归一化公式外，也可以采用下式进行处理。

$$s_i = \frac{(x_i - x_{\min})}{(x_{\max} - x_{\min})} \tag{3-21b}$$

表 3-2 给出了对 5 组数据(x_i, y_i)归一化的结果。实际上，训练一个神经网络，仅仅依靠 5 组数据是远远不够的，需要大量的数据才能得

到更好的训练模型。

表 3-2　训练数据

编号	1	2	3	4	5
x	0.11	0.32	0.57	0.76	0.85
y	0.21	0.25	0.67	0.66	0.89

其次，将学习率设为 η=0.3。关于设置权重和偏置的初值，一般按照随机方式设置即可，如图 3-35 所示。

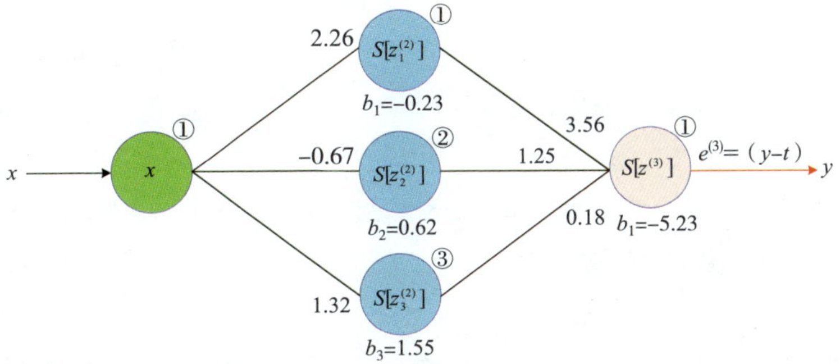

图 3-35　标注初始参数的神经网络

以上是对神经网络系统的初始化。根据本例特点，训练数据为 5 组，但输入层有一个单元，这样每次只能计算一组，需要计算 5 次才能完成一次训练。将 5 次计算的误差与斜率进行求和，得到总的误差和斜率，然后再进行权重值的更新。

下面首先输入 x_1=0.11，按照步骤(2)～(5)进行第一次计算。然后再依次计算 x_2、x_3、x_4 和 x_5。此处只给出计算步骤，感兴趣的读者可自行完成具体计算。

(2)计算输出与误差

向神经网络系统输入训练数据后，按照“求和与激活”的计算方法，逐层计算，最后得到输出层的输出计算值，再根据 $e=(y-t)$ 计算输出误差和均方差。

例如，隐含层（层 2）3 个单元的加权输入、输出和导数值可按下列各式计算。

$$\begin{cases} z_i^{(2)} = w_{1i}^{(2)} x_1 + b_i^{(2)} \times 1 \\ y_i^{(2)} = S[z_i^{(2)}] = \dfrac{1}{1+\exp[-z_i^{(2)}]} \\ S'[z_i^{(2)}] = S[z_i^{(2)}][1-S(z_i^{(2)})] \end{cases} \quad (i=1,2,3)$$

（3）计算加权输入误差

按照误差反向传播规律，从输出层的输出误差开始，反向逐层计算各单元的加权输入误差 δ。

例如，第 2 层 3 个单元输入端的加权输入误差按下式计算。

$$\delta_i^{(2)} = [w_{1i}^{(3)} \cdot \delta_1^{(3)}] \cdot S'[z_i^{(2)}] \quad (i=1,2,3)$$

（4）计算斜率

输出层（层 3）有 1 个单元，3 个输入，另外还有 1 个偏置，所以斜率有 4 个。斜率按照下式计算。

$$K_{1j}^{(3)} = \delta_1^{(3)} \cdot y_j^{(2)} \quad (i=1,2,3)$$

隐含层（层 2）有 3 个单元，每个单元有 1 个输入，另外还有 1 个偏置，所以斜率有 6 个。各斜率按照下式计算。

$$K_{i1}^{(2)} = \delta_i^{(2)} \cdot x_1 \quad (i=1,2,3)$$

至此，完成了第 1 个输入的计算。然后输入第 2 个数据，重复步骤（2）～（4），直至算完第 5 个数据。

（5）更新权重

将 5 次计算得到的均方差和各个斜率进行相应的相加，得到一次训练的均方差和各个斜率，即 $E=\sum E_i$，$K=\sum K_i$ 。然后再按照权重更新公式，将各权重沿着梯度方向进行微小的更新。

输出层（层 3）都有 4 个权重（含一个偏置），按照下式更新。

$$(w_{1j}^{(3)} - \eta \cdot K_{1j}^{(3)}) \rightarrow w_{1j}^{(3)} \quad (j=1,2,3)$$

隐含层（层 2）的 3 个单元，有 6 个权重（含 3 个偏置），按照下式更新。

$$(w_{i1}^{(2)} - \eta \cdot K_{i1}^{(2)}) \rightarrow w_{i1}^{(2)}, (b_i^{(2)} - \eta \cdot K_{i1}^{(2)}) \rightarrow b_i^{(2)}$$

$$(i = 1, 2, 3)$$

(6)迭代运算

按照上述权重和偏置，更新网络的参数，然后重新从第 1 个输入开始计算。重复进行步骤(2)～(5)，直到损失函数(均方差之和)达到充分小为止(理论上应该为 0)。

以上是对 5 组训练数据进行的学习。如果有新的训练样本，完全可以在此基础上追加数据，进行新的学习，以便达到更好的学习效果。

另外，隐含层的单元数量会影响训练的精度和速度。单元数量太多，会出现“过拟合”问题——神经网络只记住训练样本，无法适应新数据，泛化能力差；反之，会出现“欠拟合”——无法得到正确的预测结果。

神经网络在学习完成之后，还要经过测试阶段的检验，通过之后才能工作——根据输入的新数据，输出预测值。需要注意，所采用的测试样本必须严格独立于训练样本。

可以思考一下，如果一个人只用大脑观察这些数据，是否能进行预测？答案应该是否定的，即使再聪明的人，如果不借助任何工具，是做不到根据一组数据就进行预测的，而机器却非常容易做到。在某些方面(如数据预测)，人不容易做到事情，计算机却很容易做到；而在另外方面(如识别猫和狗)，情况正好相反。

从以上示例可以看出，对于同样的一元线性回归(预测)问题，神经网络方法和回归分析方法解决的途径是不相同的。回归分析的数学模型是明确的一次型，只有线性运算，并且只有未知的 2 个参数(斜率和截距)。而神经网络方法则没有明确的数学模型，包含非线性运算，未知参数(权重和偏置)有 10 个，需要多次的叠加运算。因此，对于一元线性回归这样的简单问题，神经网络确实并不是一个最佳选择，这里只是举例说明其原理而已。

3.3.8　分类问题的解决方案

神经网络不但可以用于回归，对于分类问题也是适用的。在实际应用上，分类比回归更具有普遍性。各种图像识别、视频(以24 幅/s播放的图像)、语音识别等都属于分类问题,工程建设中也存在许多分类问题。分类问题也是目前人工智能研究的热点。采用神经网络解决分类问题,其运算步骤与回归问题的完全一致,只是在输入和输出方面有所不同而已。下面以图像识别为例进行简要的说明。

(1)图像在计算机中的存储形式

为了更好地理解图像在神经网络中的输入形式,首先需要了解图像在计算机中的存储形式。构成图像的基本元素为像素(点),其值为数字(数字图像的由来),代表了不同颜色和明亮程度。一幅图像包含有许多的像素点,通常以分辨率的形式出现,如分辨率为 40×30,表示这幅图像的像素点有 120 个(数据维数为 120)。在计算机中采用矩阵形式存储像素值,如图 3-36 所示。其中每个小方格里的数字就是一个像素值,代表不同的颜色。

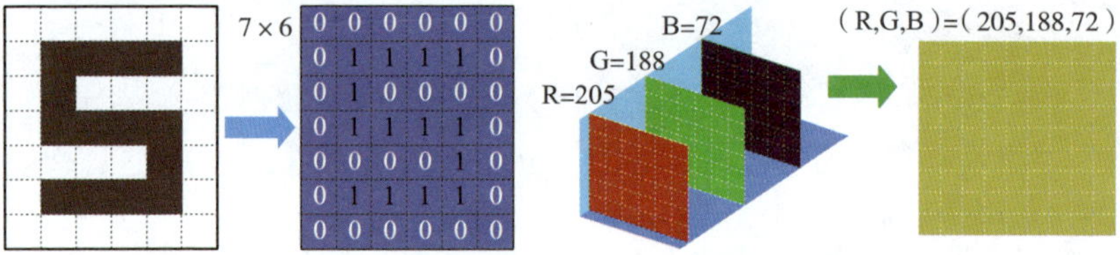

图 3-36　图像在计算机里的数据形式

图 3-36 显示的是黑白图像和彩色图像。对于黑白图像,一般以数字“0”代表白色,“1”代表黑色,这也是称作二值图像的缘由。图像“5”在计算机中存储的就是 7×6 矩阵,也代表了它的分辨率为 7×6,其像素点共有 42 个。

对于彩色图像,表示起来要复杂一些。一般用三原色红(R)、绿(G)、蓝(B)的组合表示一个颜色,每种颜色代表的数字都是从 0 到 255 间变化,表示明暗程度。像素点用(R, G, B)表示。图 3-36 中的(R, G, B)=(205, 188, 72),表示明暗程度不同的 3 个原色合成为橘黄色。彩色图像在计算机存储的是由数字组成的三维立体阵列,其中长和宽为图像的分辨率,高度(厚度)称作通道数。彩色图像的通道数为 3,对应着3个矩阵，每个像素都是这3个矩阵对应元素的组合。黑白图像的通道数则为1，对应1个矩阵。

(2)输入

将一幅图像输入到神经网络中，实际上输入的是图像背后的数字。对于一幅二值图像(黑白或灰度)，有多少个像素点(分辨率大小)，就设置多少个输入神经元。对于彩色图像，输入神经元的数量应该是分辨率的3倍(3个通道)。图3-37是为了识别数字“5”和“7”而设计的神经网络，图像的分辨率为7×6。

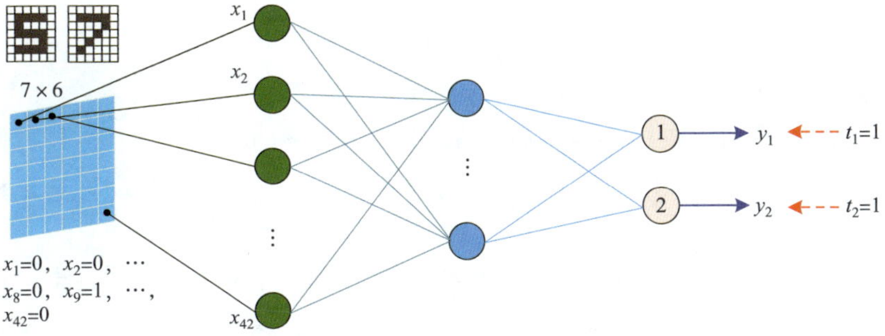

图3-37 图像识别的输入与输出

在图3-37中，图像的像素点为42个，像素值为7×6矩阵，神经网络按照一定顺序读取像素值，需要有42个输入单元与之对应。如果是彩色图像，如分辨率为1 000×1 000(非高清的)，加上3个颜色通道，那么一幅图像将有3×10^6个数据(高维数据)，需要将神经元的输入单元设置为3×10^6个，其权重的数量就更多了。

(3)输出

回归问题的输出值是连续型的，而分类问题的输出则是离散型的，属于“非此即彼”。现以识别数字“5”和“7”的图像为例进行说明。图中给出的是印刷体，很容易识别，但对于手写体，就没有那么容易了，读者可自行练习。

如图3-37所示，由于需要将图像“5”和“7”分别识别出来，所以应设置2个输出单元，单元1对应数字5，正确答案为“1”；单元2对应数字

7，正确答案为"1"。如果使用 Sigmoid 函数作为激活函数，那么单元 1 和单元 2 的正确输出都应该是接近 1 的数字（正确答案都是 1）。如果输出是接近 0 的数字，说明识别结果不对，应该调节权重，重新进行计算。

采用神经网络进行图像识别的计算步骤与回归问题的一致。其损失函数按照式(3-9)进行。如果存在多幅图像，则误差应该是所有输入图像数据的误差之和。

识别数字是属于比较简单的分类问题。对于复杂一点的图像（如猫和狗），神经网络是根据它们的某些特征进行识别的，但如何提取图像的特征一直是一个难点。人可以轻松地将猫和狗区分开来，但机器是否能区分，取决于人工提取的特征是否合适。

以上我们比较详细地剖析了 BP 神经网络的工作过程和学习原理，可以看到，它的本质就是一种数值计算方法，反向传播法并没有真正模拟人脑的学习过程。

原则上，三层神经网络可以模拟任意复杂的函数。因此，对于一般的回归问题，不管是线性的还是非线性的、一元的还是多元的，采用相对简单的三层网络结构和数量不太多的参数（权重）就足够了。对于分类问题，如果是数据量比较小的情况，三层神经网络也完全可以解决。如识别车牌号就是一种图像识别型的分类，只涉及如何将车牌中的字、字母和数字正确区分开，这种简单的分类采用神经网络完全可以解决。对于数据量非常大的问题，情况就比较复杂了，采用上述神经网络就不一定适用了，需要一些新的技术与之结合。

神经网络是深度学习的基础，熟练掌握这一技术，对于开发和掌握其他算法是有很大帮助的。同时，三层神经网络存在的局限性也是明显的，特别是在处理分类方面，如果输入量很大，将导致神经元数量和权重数量的急剧增加，给迭代计算带来灾难。通过增加一些新的功能（导致隐含层数增加）来改善神经网络性能是很自然的想法，深度学习就这样登场了。

3.4 深度学习并不神秘

深度学习(Deep Learning)是一类多层神经网络算法的统称,其隐含层数至少在2层以上,有时可达10多层,如图3-38所示。多层神经网络很早就存在了,但并没有引起广泛的关注。自从2006年将其赋予一个崭新而时髦的名称——“深度学习”之后,这种算法的知名度大涨。当然,之所以称作深度学习,可能是由于这种神经网络的隐含层比较“深”、更接近大脑的生理结构的缘故吧。深度学习在数学上是一类多层非线性网络结构,比三层神经网络要复杂得多,目前主要用于分类问题。

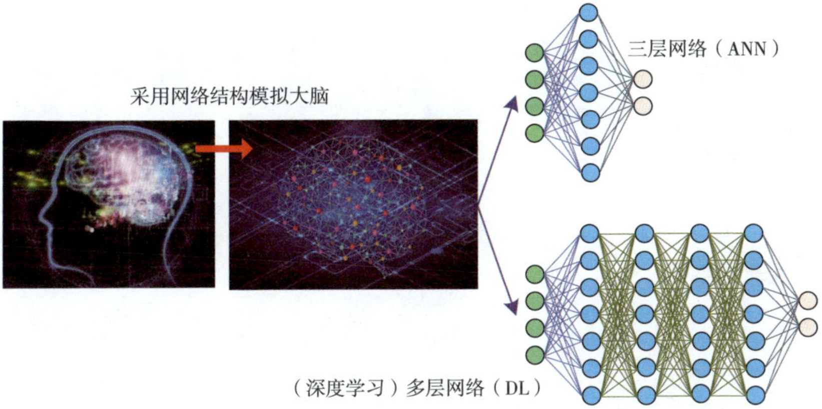

图3-38 三层与多层网络结构模拟大脑

深度学习是近年来人工智能领域最热门的话题之一,这与媒体的热捧有很大的关系。特别是在2016年,谷歌公司的阿尔法狗(AlphaGo)战胜世界围棋冠军之后,人工智能几乎达到了巅峰之地。无可否认,深度学习是一类很好的机器学习算法,在很多领域所表现出来的成绩比其他算法要好(目前主要集中模式识别方面,如图像与语音识别等),但却不是万能的。深度学习其实并不神秘,特别是在熟悉了神经网络的工作过程和原理之后。

从数学本质上看,深度学习与传统机器学习方法并没有实质性的差别,都是希望将不同类别的对象区分开来(分类)。但与传统机器学习相比，深度学习能够捕捉到数据中的更深层次的联系，从而能够得到更精准的模型。目前已经发展了多种深度学习模型，如卷积神经网络(最早应用在图像识别领域)、递推神经网络等，被应用在计算机视觉和语言理解等领域，获取了很好的效果。

尽管深度学习源于神经网络，与神经网络相比似乎只是多了一些隐含层，但实际上已超越了神经网络框架，对应的数学处理方法也有很大的不同。图 3-39 给出了这两种算法在识别图像(压路机)时的区别，特别是在特征提取方面。

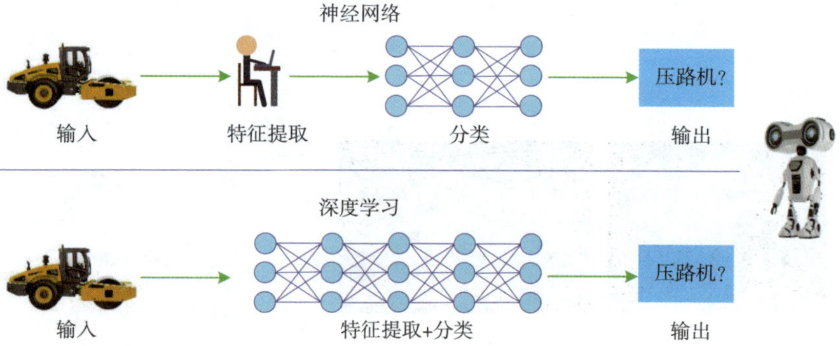

图 3-39 深度学习与神经网络的差异

如果采用神经网络识别压路机，首先要做的事情就是人工提取图像(压路机)特有的一些技术特征，目前主要是外形特征，包括胶轮、钢轮和驾驶室等(如何让机器通过物品的外表再认识一些内在的特性也许是一个研究方向)，然后将这些特征提供给机器进行分类训练。人类一眼就能认出压路机和汽车的区别，但计算机不一定能区分开，因此提取有别于其他物品的特征是很关键的。神经网络需要人工提取特征，而深度学习则是机器自动提取特征。下面结合图像识别这个话题，以卷积神经网络为例，来了解深度学习。

3.4.1 卷积神经网络的基本结构

卷积神经网络(Convolutional Neural Networks，CNN)属于深度学习的一种，是在三层神经网络基础上发展起来的一种算法。尽管在 20

世纪 80 年代就被提出，但引起更多关注则是在深度学习这一名词出现之后。在此之后，卷积神经网络随着计算机硬件（如图形处理器 GPU）的进步而开始了快速发展。目前这类算法主要用于分类问题，特别是图像这种输入量和权重数量都非常巨大的问题，它能自动提取图像的特征，避免人为因素的干扰。下面首先认识一下这种网络的基本结构。

由于三层神经网络在识别图像时遇到输入量巨大而引起的参数（权重）数量剧增的问题，自然想到能否先对图像做一些预处理工作，以便降低后期的计算量。卷积神经网络就是这样的一种分阶段、分步骤处理图像信息的思路。

在神经网络中，“分阶段”对应着不同的隐含层，“分步骤”对应着不同的处理单元。由于首先是对输入数据进行卷积运算，因此这种网络被命名为卷积神经网络。这种网络在原来三层网络的基础上增加了不同功能的隐含层。其中有两层是必不可少的，其一是卷积层，用于提取图像（物体）的特征（如轮廓），其二是压缩层（AI 界起了一个奇怪的名字——池化层，Pooling），用于将图像进行必要的压缩，以减轻计算量。

图 3-40 给出了卷积神经网络基本结构的两种示意图。由于这种网络结构的神经元数量太多，无法直接画出来，所以一般采用多个平面的方式表示，每个平面都布满了相互独立的神经元，右图就是其中的一种表示方法。

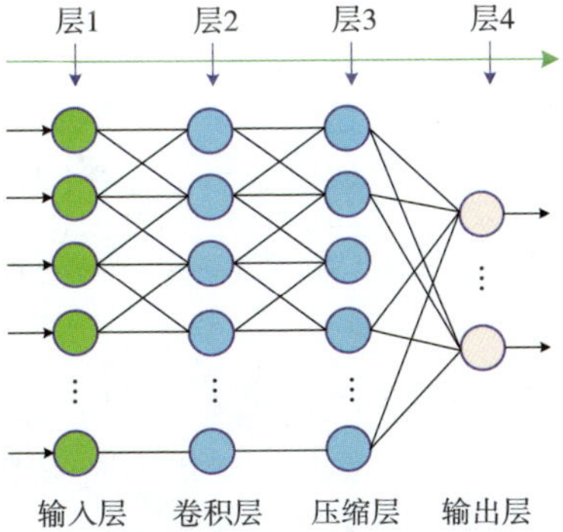

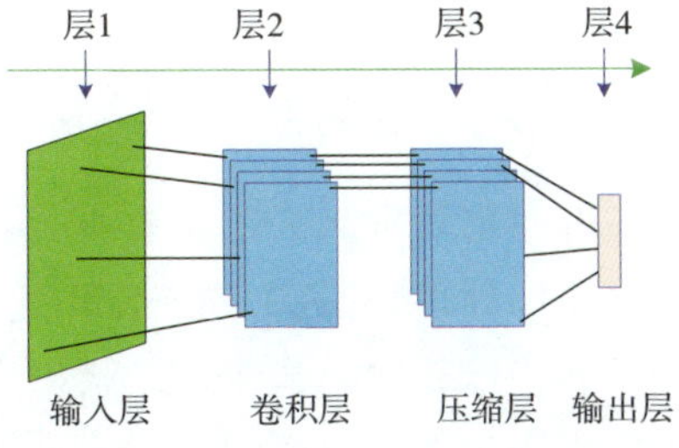

图 3-40　卷积神经网络基本结构的两种示意图

——与神经网络受生物学启发一样，卷积神经网络也是受 1958 年生物学研究猫(注意是猫不是人)的瞳孔区域与大脑皮层神经元对应关系的成果启发而提出的。生物学家在研究瞳孔区域与大脑皮层神经元的对应关系时发现，从原始信号(例如气球)摄入开始，对信号的处理是由不同神经元分阶段进行的。首先，大脑皮层部分神经元发现物体的边缘(轮廓)；其次，神经元经过再抽象，判断这个物体是圆形的；最后，经过进一步的抽象，判断为气球。

需要注意的是，图 3-40 给出的只是基本结构，实际使用时的结构更为复杂，可以有多个卷积层和压缩层存在，对图像信息进行多次处理。

卷积神经网络最初为解决图像识别问题而提出，目前广泛应用于图像、视频、音频和文本数据，几乎成了深度学习的代名词。

3.4.2 卷积运算

卷积的概念来源于数学，是通过两个函数 $f(x)$和 $g(x)$的运算，生成第三个函数 $y(x)$的一种数学变换(称作算子)，即

$$y(x) = f(x) * g(x) = \int_{-\infty}^{\infty} f(t) \cdot g(x-t) \mathrm{d}t \tag{3-22a}$$

当采用计算机计算时，“积分”形式要变成“求和”形式，卷积就变成了两个数字序列在某范围内相乘后再求和的结果。因此，可以将上式改写为

$$y(n) = f(n) * g(n) = \sum_{i=-\infty}^{\infty} f(i) \cdot g(n-i) \tag{3-22b}$$

上述公式看起来还是有点抽象，但实际操作非常简单。下面我们结合图像处理，看一下如何操作这种运算。

卷积运算实际是两个形状相似的矩阵之间的运算。两个矩阵的卷积定义为每个对应位置的数字乘积之和。由于图像在计算机中是以数字形式存储的(图 3-36)，可以看成是一个数字表格(矩阵)。如果对这个数字序列(数字表格)做卷积，还要建立另外一个数字序列(矩阵)，称

作卷积核(信号分析领域称作滤波器)。然后用这个卷积核与代表图像的矩阵进行卷积运算。下面以图 3-41 为例,具体说明这种方法。

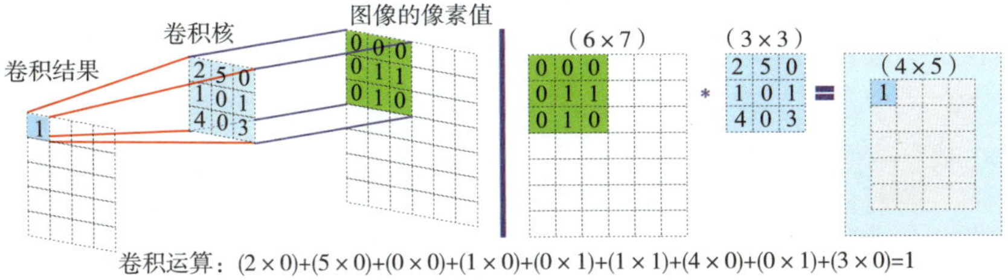

图 3-41　卷积的运算

卷积运算是一种求和运算,是用一个形状较小的矩阵(卷积核/滤波器)与原图像矩阵做卷积运算,得到一个新矩阵,代表一幅新图像。新图像比原图像更清楚地表达了某些性质,是原图像的一个特征(如外形、轮廓)。卷积核的元素可以是任意实数(理解为赋初始值,实际就是权重的概念)。

卷积核一般取 5×5 或 3×3 矩阵,矩阵中的数字可以任意。做卷积时,需要将卷积核(小矩阵)沿着大矩阵的横向和纵向两个方向滑动扫描,对应元素相乘再相加,得到一个数字,作为新矩阵(新图像)的一个元素,以此类推,最后得到一个新矩阵。

卷积在信号分析中是一种常用的方法,其实质是对信号的一种滤波。对图像做卷积运算,就是对图像(信号)进行的滤波,可以提取图像外形特征,没有什么神秘之处。

——我们观察一个物体时,首先映入眼帘的是什么?答案是物体的轮廓——外形。对图像进行卷积运算,目的就是获取图像中物体的外形特征,也就是边缘识别——首先要找到图像中物体的“边缘”和“轮廓”,而“边缘”和“轮廓”只与相邻的像素有关,利用卷积核这个小矩阵,对图像进行扫描和卷积计算,便可以实现边缘识别。

3.4.3 卷积神经网络的工作过程

卷积神经网络的工作过程也是从输入层开始，经过各个隐含层的处理，最后由输出层得到输出结果。它的工作过程与三层神经网络相似，只不过增加了许多对图像的处理过程（也可以理解为是一种预处理过程）。下面我们仍然以图3-36中识别数字“5”和“7”的图像为例，简要说明其工作过程，如图3-42所示。

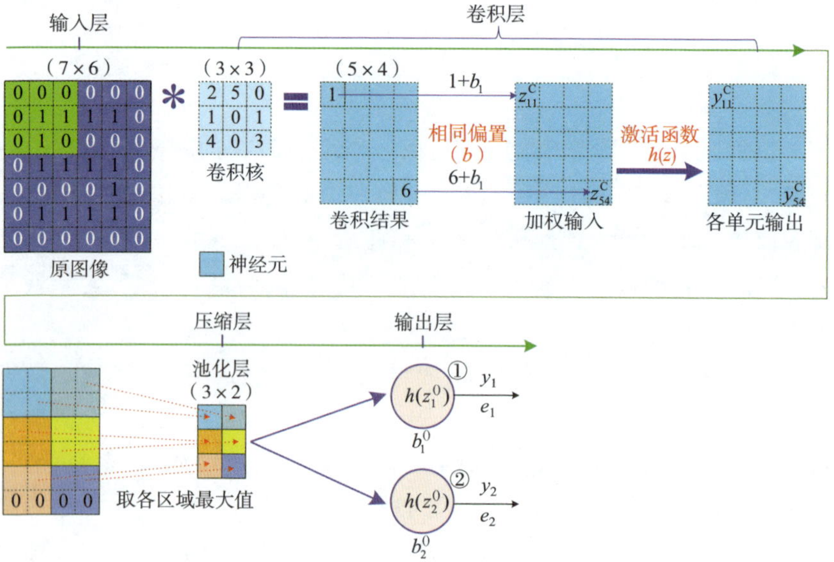

图3-42 卷积神经网络的工作过程

（1）卷积计算

以图像“5”为例，输入层表现为7×6矩阵，有42个神经元（单元）。卷积层的作用是提取图像的轮廓特征，设卷积核为3×3矩阵，各元素任意给定，如图3-42所示，然后利用这个小矩阵对原矩阵进行逐行扫描与求和计算。

经过卷积计算后，原来的7×6矩阵缩减为5×4矩阵，神经元个数由42个变为20个，数量明显减少（但图像外形信息仍然被保留下来）。接下来的操作是对卷积结果（5×4矩阵）进行的。

(2)加权输入(求和)

与三层神经网络一样,多层网络也存在加权输入(求和)与激活的过程。首先看一下加权求和的问题。

如图 3-42 所示,由于卷积结果为 5×4 矩阵,因此加权输入共有 20 个单元,将它们分别加上相同的偏置(b_1^C),得到各个加权输入。下面给出其中两个单元的加权输入表达式。

$$z_{11}^C = [(2\times0)+(5\times0)+(0\times0)+(1\times0)+(0\times1)+(1\times1)+(4\times0)+(0\times1)+(3\times0)]+b_1^C = 1+b_1^C$$

……

$$z_{54}^C = [(2\times0)+(5\times1)+(0\times0)+(1\times1)+(0\times1)+(1\times0)+(4\times0)+(0\times0)+(3\times0)]+b_1^C = 6+b_1^C$$

式中上角标“C”表示卷积层,如果采用符号表示,则可以表示成如图 3-43 所示形式。

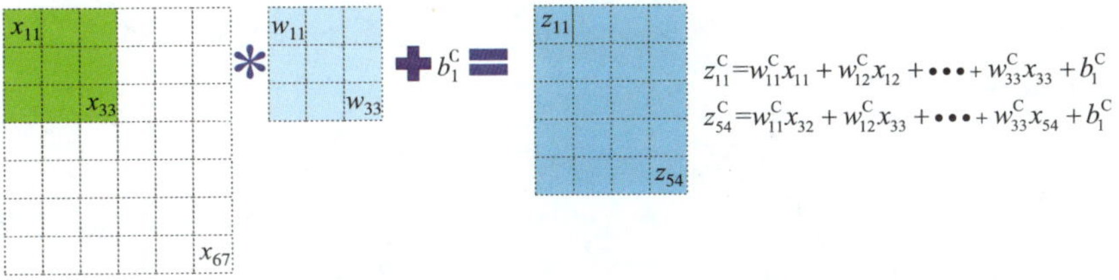

图 3-43 加权求和的一般表示

如果表示成上述形式,则可以清楚地看出,卷积核矩阵各元素($w_{11}^C, w_{12}^C, \cdots, w_{33}^C$)就是卷积层的权重。这就解释了为什么卷积核矩阵的值可以任意设置的问题。

(3)激活(非线性变换)

将各个加权输入分别代入到激活函数中,便得到各单元的输出。激活函数可根据具体情况进行选择,不一定选择 Sigmoid 函数。z_{11}^C 和 z_{54}^C 的两个输出分别如下。

$$y_{11}^{C} = h(z_{11}^{C}), y_{54}^{C} = h(z_{54}^{C})$$

至此，卷积层的任务就算完成了。接下来需要对这 20 个输出单元组成的图像做进一步的简化处理，使单元数量再降下来一些。

(4)信息压缩(池化)

本例给出的图像分辨率很低，是为了说明其工作过程。一般来讲，输入图像的分辨率都是很高的，意味着输入数据量很大。经过卷积处理过的图像，其数据量并没有减少太多，需要进行压缩处理(一种降维操作)。压缩的方法很简单，将卷积层的单元划分为不重叠的2×2矩阵(不足的填 0 补齐即可)，然后取每个小矩阵的元素的最大值，组成压缩层单元。这个压缩层也叫池化层或者采样层，如图 3-44 所示。

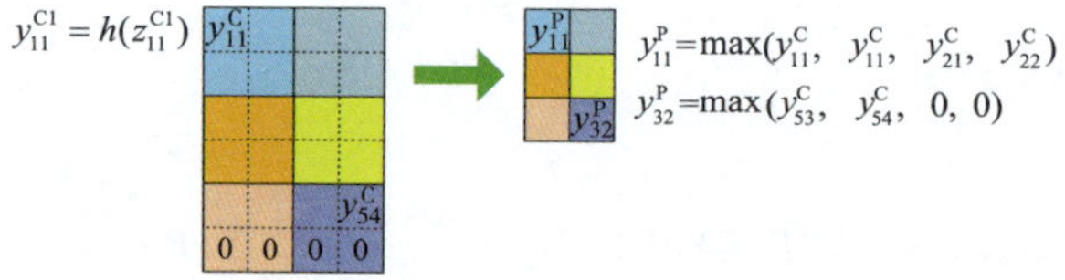

图 3-44　图像信息的压缩方法

经过压缩处理后的神经元只有 6 个了，比原始输入的 42 个单元大幅度减少，这样就减少了计算量。

(5)输出结果

压缩层的输出只有 6 个单元，可以表示成图 3-45 的形式，其处理方法与三层网络的全连接处理方法相同，不再详细叙述。

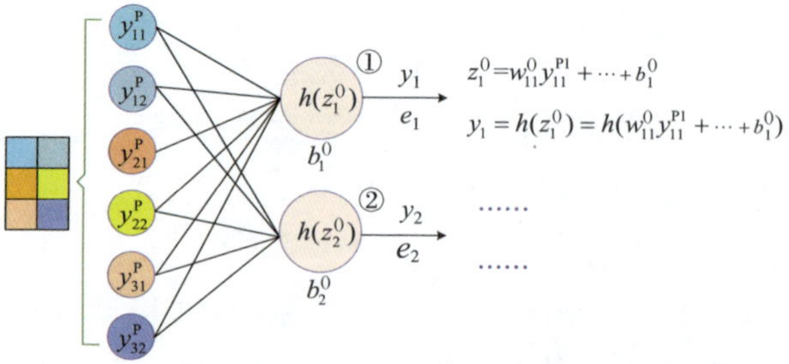

图 3-45　输出层的处理方法

以上就是卷积神经网络的工作过程。卷积网络的基本思想就是分层、分阶段进行信息的处理。在实际应用时，可以根据具体情况，设置多个卷积核进行处理（同一个卷积核在图像上滑动提取同一种特征，如果想要提取多个特征就使用多个卷积核），这样就形成多个卷积层，同时压缩层的数量也会相应增加，但无论增加多少，最后在输出层都需要按照全连接方式进行处理。

与三层神经网络相比，卷积神经网络有以下特点。其一，采用卷积核对输出信息的预处理，提取图像的外形特征。卷积核矩阵的元素看作是一组权重，而这组权重是共享的（如上述卷积层中的 9 个权重），这就降低了神经网络的计算量。其二，采用重新采样方法对图像进行的压缩处理，进一步减少了神经元数量和计算量，这一过程也称作“池化”。压缩后的图像大小显著缩小，但仍保留了原来的特征。这种操作是对人类视觉神经的模拟，一张图片即使被压缩到很小，也不会影响我们对它是识别。

3.4.4　权重的调整——误差反向传播

从卷积神经网络的工作过程中可以看出，卷积层中的卷积核矩阵由一组权重组成，压缩层到输出层之间也存在一组权重。存在权重就存在如何调节的问题，调节的方法与前面的三层网络方法相同，仍然以梯度下降法为原理，采用误差反向传播法进行具体操作。限于篇幅，本书不再详细展开说明，感兴趣的读者可参考深度学习方面的资料。

3.4.5　其他多层网络算法

深度学习是一类多层神经网络算法的统称。除了上述卷积算法外，主要还有其他算法，如自编码神经网络和深度置信网络（DBN）等。

总的来讲，多层神经网络的特点是含有多个隐含层，进行多次的线性与非线性运算（运算方式与具体问题有关），然后进入到输出层进行求和与激活，最后输出结果，如图 3-46 所示。

深度学习需要大量的训练数据作为支撑，是伴随着大数据的兴起而盛行的，同时还与计算机计算能力（算力）的提升密不可分。

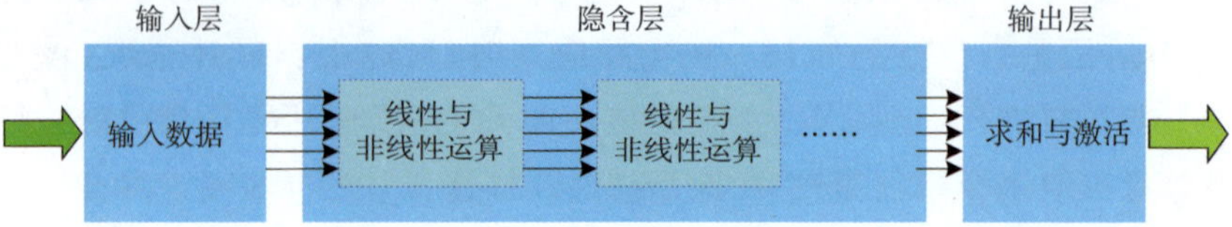

图 3-46 多层神经网络工作过程示意图

——不管是学习BP神经网络还是卷积神经网络，其目的是要理解其工作原理和实现过程，不要局限于会应用，要学会如何改进神经网络以提升性能。目前各种工具箱很多，用起来也很方便，但是却阻断了我们对神经网络结构和算法实现的认识。因此，不要过多依赖工具箱，在理解原理的基础上要自己动手学会编写代码，经过这样一个过程，相信对神经网络的认识会达到一个新的高度。

深度学习是目前最热门的一类算法，在诸如图像识别、语音识别等领域取得了较好的效果。而卷积神经网络起到了主力作用，在人工智能的发展中有着非常重要的地位。目前深度学习比较关注分类问题，其中计算机视觉（实质是图像识别即分类）更是重中之重。如果智能机器人对周围事物都认识，用处就非常大了（在工程领域对材料的识别、结构裂缝损伤识别等），其中关键就是图像识别技术。对于这类问题，其输入数据（图像信息）一般都非常大，还有特征如何提取等，这些都是普通三层网络无法胜任的。

3.5 不可忽视的其他算法

机器学习有许多种算法，前面介绍的三层和多层神经网络只是其中的一类，其他一些机器学习算法也是不容忽视的。

广义地讲，凡是利用计算机对数据进行某种训练，获取数据隐含的规律性，得到计算机模型的技术都属于机器学习。这类方法的背后都是数学在起关键作用。

机器学习还处于发展之中，已经出现很多的不同算法，并且随着科技的发展，还会出现新的算法，感兴趣的读者可以自行查阅，也可参见丛书其他分册。

目前，很多统计学方法都被纳入机器学习的分类中，但这些基于统计学的算法并不具备多少“智慧”，大部分都是数据处理的一些方法，并非所谓的智能算法。下面按照学习方式的不同，对机器学习的一些算法进行简要说明。

3.5.1 监督学习算法

监督学习是目前机器学习的主要方式，对应的算法最多，主要是根据输入数据来判定或预测出输出数据的某种特征（回归或分类）。除了前面介绍的神经网络算法外，诸如线性回归、逻辑回归、决策树、朴素贝叶斯、K-近邻、随机森林、支持向量机等都属于监督学习类算法，它们都是基于统计学原理而提出的。

监督学习算法的共同特点是需要大量已知数据的支撑，有明确的目标，清楚想得到什么样的结果（如图 3-39 中的识别压路机）。下面简要介绍K-近邻算法和支持向量机。

（1）K-近邻算法

K-近邻（K-Nearest Neighbors，KNN）是最简单的机器学习分类算法，适用于多分类问题。例如，用橙色圆形和绿色正方形代表两类已知样本点，现有一个未知属性的样本（蓝色三角形表示），现在需要判定它属于哪一类，如图 3-47 所示。

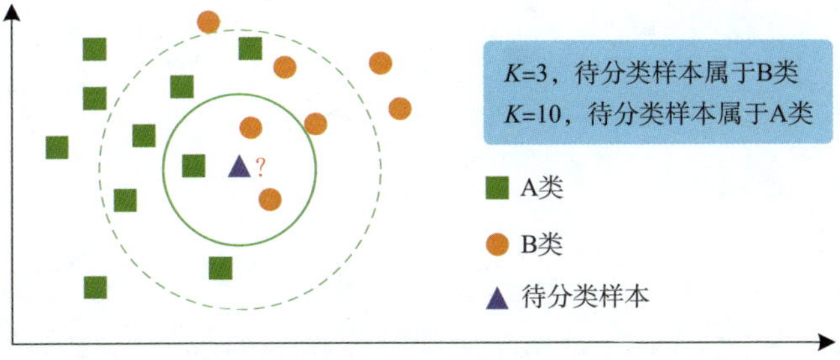

图 3-47 KNN 算法示意图

KNN 的核心思想(规则)是“近朱者赤,近墨者黑”。按照已知样本和待分类样本的距离大小,划分出待分类样本点的 K 个邻居(样本点),哪类已知样本点多,待分类样本就属于哪一类。

如果 $K=3$,距离待分类样本最近的有 3 个邻居,2 个是 B 类,按照少数服从多数的原则,判定三角形这个待分类样本点属于 B 类。如果 $K=10$,则 6 个是 A 类,待分类点属于 A 类。

KNN 算法的分类是有规则的,与前面的神经网络原理不同。其最大优点是简单易行,支持多分类,不需要进行训练,可以直接采用训练数据实现分类,但缺点也是明显的,选择不同数量邻居时(即 K 值不同),可能会得到不同的分类结果。如何克服这一缺点,有待研究。

(2)支持向量机

在深度学习盛行之前,最热门的机器学习算法是支持向量机(Support Vector Machine,SVM)而不是神经网络。这项兴起于 1995 年的计算技术,以其严格的数学理论基础和卓越的性能成为当时机器学习的主流,并掀起了 2000 年前后统计学习的高潮。现在以二维平面上两类特征点(A 类和 B 类)的分类为例进行简单说明,如图 3-48 所示。

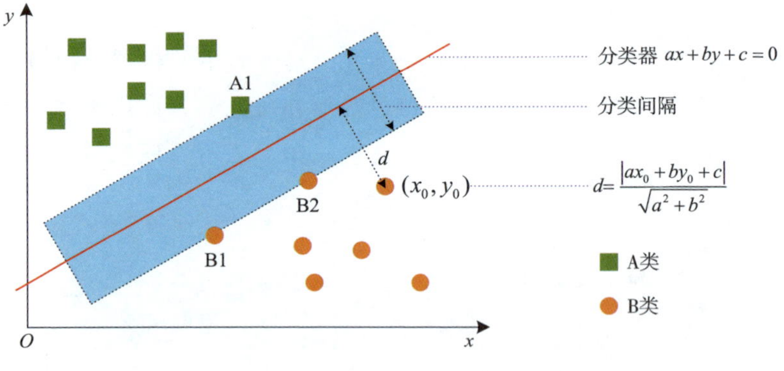

图 3-48 SVM 算法示意图

图 3-48 中的横、纵坐标代表了 A 类和 B 类的两种特征,样本点 (x,y) 看作是二维向量,这是一个特征平面。如果特征是多维的,特征点将构成特征空间。如何提取特征是非常关键的,是决定分类好坏的

关键。下面结合图 3-48,对这一算法做进一步的说明。

区分 A 类和 B 类的直线称作分类直线,也称作分类器,图中直线 $ax+by+c=0$ 就是一个分类器。在 A 类和 B 类中,距离分类直线最近的样本点到该分类直线的距离之和称作分类间隔,分类间隔的大小反映了分类的可信程度,间隔越大,分类的可信度越高(图 3-49)。其中,分类间隔最大的分类器称作支持向量机,而距离分类直线最近的几个样本点称作支持向量,如图 3-48 中的 A1、B1、B2 点就是支持向量。

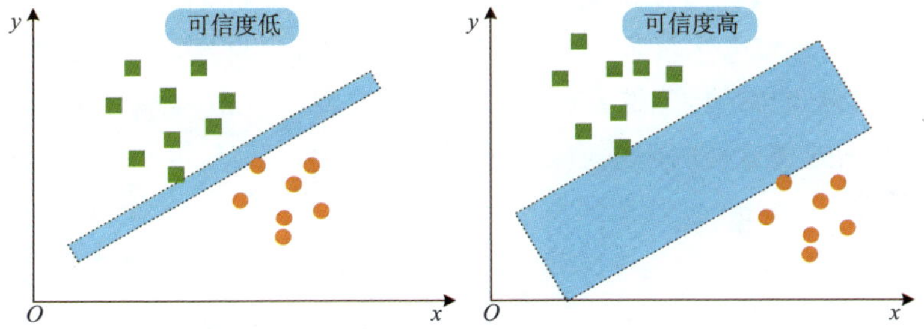

图 3-49 分类的可信度高低示意图

对于二维数据,分类直线存在很多条,SVM 的目标就是要找到分类间隔最大的那条直线(支持向量机),其实质就是如何确定分类器 $ax+by+c=0$ 中的系数(a,b,c),使分类间隔最大;对于三维数据,分类器为一个平面;对于多维数据,分类器就是一个"超平面",其中的待定系数更多。如何寻找待定系数,仍然需要采用已知数据进行训练,有一套完整的数学理论方法可供参考,读者可参考相关资料进行系统学习。

3.5.2 无监督学习算法

非监督学习算法还在发展之中,其数量比有监督学习的少很多。常见的有高斯混合模型、限制玻尔兹曼机、K-均值聚类和最大期望算法等,其共同特点是在数据中自动发现潜在的规律性,对数据进行有效的归纳总结,在本质上也是一类统计方法。其中典型的算法当属 K-均值(K-Means)聚类算法(1956),这是最重要的无监督学习算法。

聚类也称作聚类分析,是一种将一堆数据自动划分为若干组(统计学中称作类别)，保证同一组的数据具有相似特征的方法，如图3-50所示。这种方法源于统计学，是数据挖掘分析中的常用方法。作为一种无监督学习方式，聚类算法不需要已知的训练数据，是一种非常实用的数据分析方法，在很多领域如金融、医疗和数据挖掘等都有重要应用。

如果数据是二维数据(有两个特征)，那么通过二维可视化图便可以确定集中在几个区域，根据集中程度就可以大概分出几个类别。如图 3-50 所示，对于一堆二维特征数据，如果差异明显，只要将它们放到坐标系中，用肉眼便可以将其为分类，非常直观。但如果数据特征有多个，特别是超过 3 个之后，就无法直观展示出来了。另外，如果数据之间差异不是非常明显，也无法用肉眼进行分类。因此，需要一套通用的科学方法处理这样的问题，*K*-均值聚类方法在一定程度上可以解决这个问题。

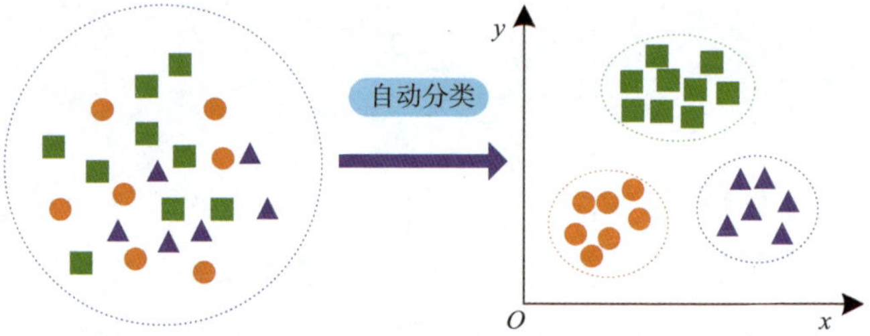

图 3-50　*K*-均值聚类的结果

K-均值聚类算法的思想和实现都比较简单。为了直观显示分类过程，我们仍然以二维数据为例，说明其工作过程，如图 3-51 所示。

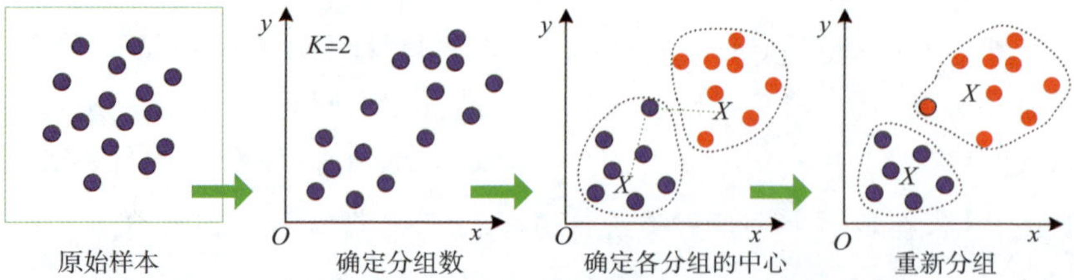

图 3-51　聚类的迭代计算过程

(1)确定数据的分组个数,也就是拟分类的个数 K。如何确定类别个数,没有统一规定,只能根据实际情况而定。本例取 $K=2$,即分为 2 个类别。

(2)确定每一分组(类)的初始聚类中心(共有 2 个)。可以将每一分组的所有数据的横纵坐标平均而得到。

(3)分别计算各数据点对 K 个聚类中心的距离(简单的几何问题)。根据样本点距离某个分组中心越近,就越可能属于该分组的原则,重新划分 2 个类别。

(4)计算每一类内所有点的新中心(所有点坐标的平均值),重复(3),直至划分不再发生变化为止。

除了上述聚类方法外,还有其他类型的神经网络算法也可用于无监督学习,称作自组织神经网络,基于 Hebb 规则的网络以及基于竞争学习规则的网络就是这类算法的代表。

聚类是一种对数据进行自动分类的方法,不依赖于人类的知识,但得到的分类具体代表什么却是未知的(监督学习的分类是清楚分类结果代表什么的),也没有什么智慧。尽管如此,这种方法却有很多实际的应用。最重要的一个应用就是发现数据的异常点。例如在银行卡消费过程中,通过对用户信息和消费行为的聚类分析,可以找出异常用户,进一步判定是否是欺诈犯罪。在医疗诊断中可以通过对异常点的研究,帮助确定病情。对于工程建设,异常数据的判定也是非常重要的,如错误数据、假数据的识别等。

3.5.3 强化学习算法

监督学习的目的是让机器对数据进行判断或预测,无监督学习的目的是让机器自动寻找数据内在的某种规律性。除此之外,还有很多处理某种“行动过程”的问题,属于过程决策或控制范畴,这是一类与时间有关的动态问题。这类问题关注的是在行动过程中能否带来最大好处(收益),为此需要在所有可能的行动方案中经过不断试错,找到一套最佳方案,以便获得最大收益。

在强化学习中,所有行动方案的集合称作策略,其中的最佳方案称作最佳策略。在下棋游戏中，机器需要自己寻找赢棋的最佳下棋方案；汽车导航则是寻找最佳驾驶路线；在工程建设领域，设计、施工和养护也都是在寻找最佳方案。诸如这类问题，都可以尝试采用强化学习算法予以解决。

(1)基本思想与术语

强化学习是基于马尔可夫决策过程而发展起来的方法，其算法的基本思想很简单。如果在行动中采取某种策略能够获得较好的收益，那么就进一步"强化"这种策略，以期望继续取得更好的收益，反之就改变策略。经过反复不断的探索，最终会得到最佳行动策略。强化学习就是这样一类在行动中不断学习、纠正错误的算法。

强化学习与前面的两类学习方式相比，其基本思想有明显的差异，为我们提供了一种可以进行交互式的机器学习框架。凡是与过程决策和控制相关的问题都可以采用这种方法。下面结合图 3-52，先熟悉一些术语，它们大都源自马尔可夫决策过程。

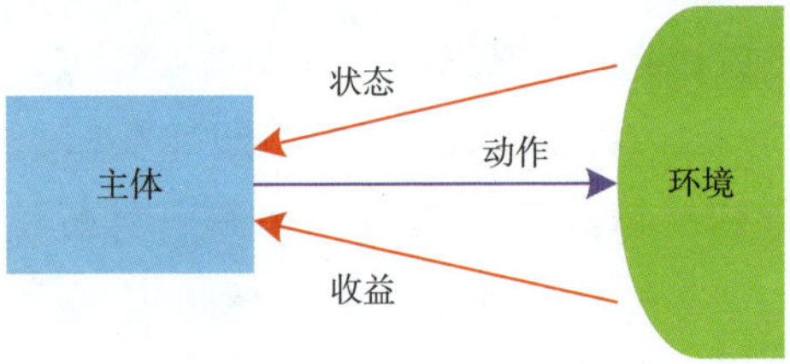

图 3-52 强化学习的基本思想

在强化学习中，发出动作的实体称作主体。主体中都含有计算机软硬件，在人工智能中也称作智能体，诸如机器人、无人车、智能压路机、AlphaGo 等都是主体。

主体以外、与之相关联的事物集合称作环境，这与 2.1 节中环境的概念是一致的(图 2-5)。环境是主体的作用对象，环境与主体之间的交互就是强化学习的主要特点。如下棋中的计算机便是主体，而围棋则是环境，它们之间时刻都在交互信息。

主体对环境的作用称之为行动，也称作动作，它能够改变环境当前的状态，而这种状态的改变又能够被主体所观测，同时还会给主体一个回报，作为对其行动好坏的反应，称之为收益。收益是一个特定的数值，收益越大越好。

如果用第 2 章提及的系统语言描述，可能会更直观一些。主体(系统)对环境一个动作会得到两个反馈信息——环境的状态反应和收益大小的反应，如图 3-53 所示。

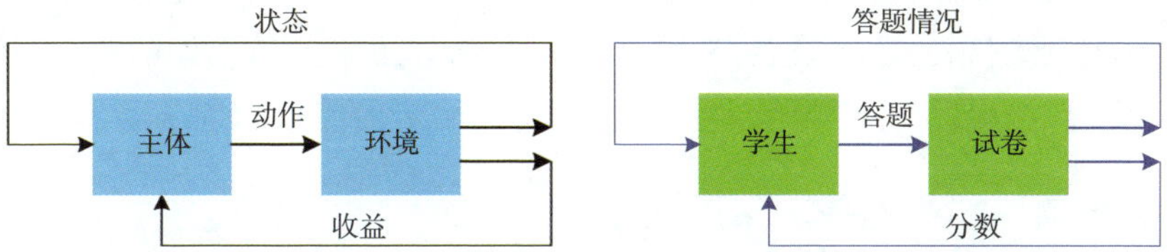

图 3-53　强化学习的系统描述

对于主体来讲，这两个反馈输入信息直接影响到主体对环境的下一个动作。强化学习就是要根据这两个反馈信息来指导主体做出最有利的动作，以便得到最大收益。如何做到这一点，涉及策略优化问题。

分析一下学生做试卷问题(图 3-53)。这里的学生就是主体，试卷则是环境，解答就是动作。做完的试卷情况就是环境状态的反馈，获得的分数则是收益。如果考题都答对了，就收益 100 分(最高奖励)；若考题都答错了，则收益 0 分(就是一种惩罚了)。学生就是这样通过一次次的奖励和惩罚来调整学习方案(策略)，不断提高自己掌握知识的能力。另外，不能以一次答题的好坏(收益)定胜负，要有长远眼光，要进行统筹规划，也就是要考虑将长期总收益的最大化作为目标(对于中学生而言，长期目标就是升学)。

强化学习的灵感就是来自上述人类这种学习机制。下棋是一个过程决策问题，其目的是根据前一步动作(落子位置)和棋局的变化(对手也落棋子，从而改变棋局的状态)，做出下一步的动作，最终获得最大收益——赢棋。机器需要学习各种下棋方案(策略)，以便找到最佳的下棋方案，使它获得最大的收益。

以上就是强度学习的基本思想和术语。对于一个过程决策或控制问题，主体通过不断地调整动作和试错，能够学习到在什么样的情况下选择什么样的行为（最佳策略），以便得到最好的收益。实现这个愿望的计算方法有多种，如何选择算法，需要具体问题具体分析。

由于强化学习的各种算法都涉及较多的数学知识，如运筹学中的动态规划、随机理论中的马尔可夫决策过程、蒙特卡洛方法等，为表述方便，需要引进一些符号（几乎都是来自马尔可夫决策过程）。

对于动态问题，采用 A_t 表示主体在 t 时刻的动作，S_t 表示主体在 t 时刻能观测到的环境状态，R_t 表示在 t 时刻环境反馈给主体的收益（奖励值）。这样，强化学习的决策过程就可以表示成图 3-54 所示的形式。

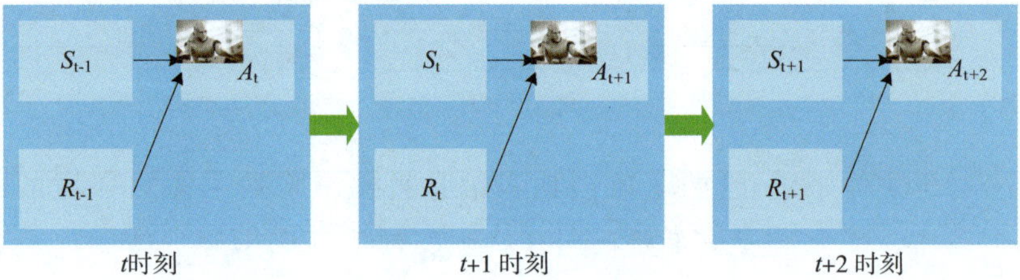

图 3-54　采用符号表示强化学习的迭代决策过程

在 t 时刻，动作 A_t（由上一时刻的状态和收益决定）产生一个状态 S_t 和收益 R_t，它们决定了下一时刻（$t+1$）的动作 A_{t+1}，由此产生新的状态 S_{t+1} 和对应的收益 R_{t+1}，……，这是一种迭代过程。可以看出，收益和状态在迭代决策过程中起到控制下一阶段主体的行动方式的作用。

强化学习的目的就是找到最佳行动策略，以便获得最大收益。如何寻找，这个决策任务就落在了算法头上。

（2）算法说明

强化学习有多种算法，涉及统计学、优化理论、随机过程等数学知识，还受到心理学和神经科学的启发。其大概思路是，从最初的一个策略（不一定是最优的）开始，在学习（训练）过程中，主体通过行动与环境进行交互信息，不断获得状态和收益的反馈信息，据此进行策略的调整和优化，最终达到收益最大化。这种思路与最优化方法处理问题的思路是很相似的，事实上也确是如此，熟悉动态规划和马尔可夫过程（这些数学理论就是算法的基石)的读者可以轻松掌握强化学习的算法。

强化学习的算法分为两类。如果环境(系统)可以采用模型表示,那么给定一个动作(输入),根据模型就可以预测下一个状态和收益(输出),对应的方法为有模型方法,这是最基础的方法,可以采用规划技术来选择行动。

与有模型方法对应的是无模型方法。如果环境不能采用模型来表示,就只能采用不断探索(试错)的方式进行了。例如下棋,对手(环境)就是无模型的,玩家(主体)下一个棋子,并不知道对手会如何落子。无模型方法在强化学习中更值得深入研究,也是人工智能新的发展方向。下面以无模型方法中的 Q 学习为例进行简要说明。

Q 学习是基于价值函数来选择行动的算法(对应的还有基于概率选择行动的算法),是目前强化学习算法中最有效、最具有普适性的算法,是时序差分法的一种。

图 3-55 是一个简单的机器人走格子游戏,机器人任务是从初始位置 S_0 走到绿色格子 S_7,并学习到达的最佳路线。这里的主体就是机器人,环境就是格子,行走路线的集合为策略。其中机器人的行走方向(行为)有 4 个,也就是可能执行的动作,分别为上移 a_u、下移 a_d、左移 a_l、右移 a_r;每个格子为 1 个状态,共有 12 个状态,如图 3-55 所示。

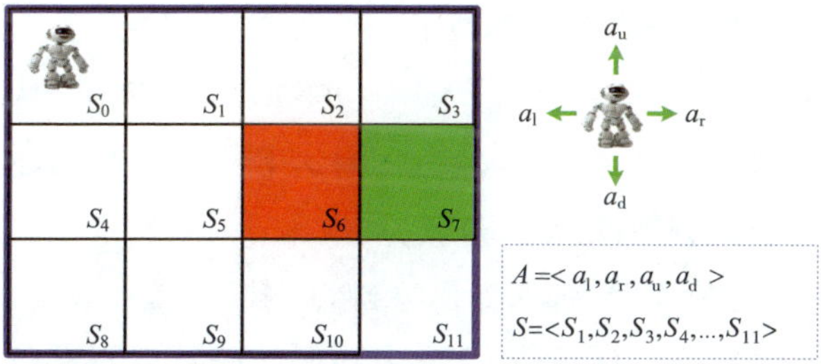

图 3-55 机器人走格子游戏

关于收益值 R,可以规定走到绿色格子(S_7)的收益(奖励)$R_7=1$,走到红色格子(S_6)的收益 $R_6=-1$,走到其他格子的收益都是 0,即 $R_0=0, R_1=0, \cdots\cdots, R_{11}=0$。但收益值的设定具有主观性,基本上取决于算法开发者的喜好。

机器人的任务就是从 S_0 走到 S_7，路线有 4 条，其中最佳路线为 $S_0 \to S_1 \to S_2 \to S_3 \to S_7$，其动作分别对应着右移 a_r、右移 a_r、右移 a_r 和下移 a_d。但机器人并不知道，我们要训练机器人找到这条路线，这实际上是一个马尔可夫决策过程。为了实现这一目标，首先需要定义一个价值函数 $Q=Q(S,A)$，其自变量为状态 S 和行为 A，表示在状态 S 下，采取动作 A 能够获得收益的期望值（相应的收益为 R）。

算法的主要思想就是将状态 S 与行为 A 结合起来，构建成一张表来存储 Q 值，其形式见表 3-3，根据 Q 值表来指导机器人如何行动。

表 3-3 Q 值表

状态 \ 行为	a_l	a_u	a_r	a_d
S_0	$Q(S_0, a_l)$	$Q(S_0, a_u)$	$Q(S_0, a_r)$	$Q(S_0, a_d)$
S_1	$Q(S_1, a_l)$	$Q(S_1, a_u)$	$Q(S_1, a_r)$	$Q(S_1, a_d)$
S_2	$Q(S_2, a_l)$	$Q(S_2, a_u)$	$Q(S_2, a_r)$	$Q(S_2, a_d)$
…	…	…	…	…
S_{11}	$Q(S_{11}, a_l)$	$Q(S_{11}, a_u)$	$Q(S_{11}, a_r)$	$Q(S_{11}, a_d)$

如果 Q 值表已经训练好了（变得很精确），那么机器人就可以根据表中 Q 值的大小来选择行走路线了。以表 3-3 中的状态 S_0 为例，它可能执行的动作有 a_r、a_r、a_r 和 a_d。如果 $Q(S_0,a_r)=5$ 为最大值，那么就选择右移 a_r 这个动作来执行，然后再到达下一个状态，继续选择 Q 值最大的动作执行，直到抵达 S_7 位置。

既然 Q 值非常重要，那么如何得到 Q 表呢？其实表中的初始数值都是随机设置的，称作估计值，Q 学习的目的就是不断更新这个表，使之变为一个准确的 Q 值表，以便指导行动。Q 值估计的更新公式按照下式进行。

$$Q(S_t,A_t) \leftarrow Q(S_t,A_t)+\alpha[R(S_{t+1})+\gamma \max_a Q(S_{t+1},A_{t+1})-Q(S_t,A_t)] \tag{3-23a}$$

$$Q(S_0, a_r) \leftarrow Q(S_0, a_r) + \alpha[R(S_1) + \gamma \max_a Q(S_1, a_r) - Q(S_0, a_r)]$$
(3-23b)

式(3-23a)为通式，式(3-23b)为机器人在初始位置 S_0、行动为 a_r 时的 Q 的更新表达式。其中，$R(S_1)$ 为机器人在 S_1 能活的收益值(奖励)；γ 为衰减率，在 0～1 之间；$\max_a Q(S_1, A_1)$ 为在下一个状态 S_1 时，选取最大的 $Q(S_1, A_1)$ 值，这里选取动作 a_r；α 为学习效率；$R(S_1) + \gamma\max_a Q(S_1, A_1)$ 为 $Q(S_0, a_r)$ 的目标值；目标值与 $Q(S_0, a_r)$ 的差值为偏差。以上过程如图 3 56 所示。

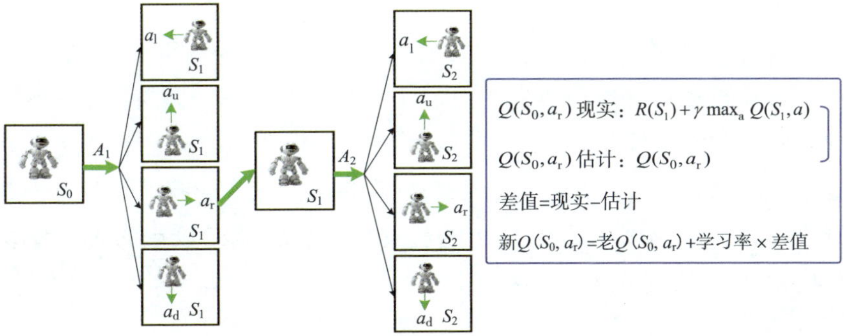

图 3-56 Q 值的更新过程

Q 学习算法很简单，就是在每个状态下执行不同的动作，来观测得到的收益(奖励)，并迭代执行这个操作。该方法建立在状态集合已知的条件下，如果出现未知状态，则该算法无法对未知情况做出预测，所以不具备泛化能力。

强化学习除了基于价值函数来选择行动的算法外，还有基于概率的算法，以概率的大小来选择行动，限于篇幅，不再赘述。

强化学习是一类与动态决策和控制相关的算法，在机器人控制、制造业、无人驾驶、智能交通、服务业等与过程决策和控制相关的问题都可以考虑采用强化学习算法。

另外，应注意始于 20 世纪 90 年代的多智能体理论。在多个智能体协同工作时，可以采用强化学习帮助改进不完全感知问题、同时学习问题、计算复杂性问题、奖励分配问题，以及与其他技术的集成等。

需要说明的是，在解决一个复杂问题时，一般都需要采用多种算法综合使用，如著名的 AlphaGo 就是深度学习与强化学习的结合。因此，在实际应用时，不可局限在某一种算法，而要学会根据具体情况灵活选择。

3.6 回归理性：客观看待人工智能

在清楚了机器学习的几类算法原理之后，让我们把目光再次聚焦到人工智能上面。现在到了归回理性、冷静而客观地看待人工智能的时候了。

自从人工智能概念出现以来，已经经历了最初的逻辑推理、基于知识的专家系统和目前的机器学习三个阶段。在机器学习中，除了统计学习和遗传算法等外，基于神经网络的深度学习又是机器学习发展中的新阶段，如图 3-57 所示。客观地讲，现在的人工智能基本上等同于机器学习（这也是本章以机器学习为标题的原因），至于以后的人工智能如何发展，仍然是一个未知数。

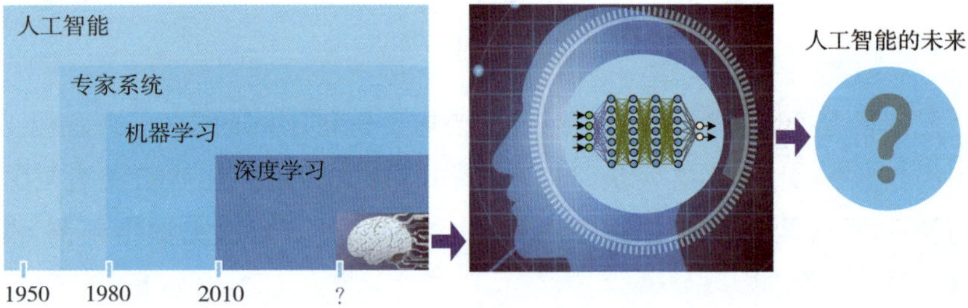

图 3-57　人工智能向何处去

实际上，目前人工智能所包含的范围并不明确，很多统计学中并不智能的数据处理方法都被纳入机器学习范畴了，这类算法（如线性回归、决策树、贝叶斯等）与人工智能的要求相差甚远。另外，诸如各种仿生算法、模糊数学、元胞自动机、博弈等方法也都被纳入其中了，但这些技术与人工智能含义还有一定差距。

在机器学习中，深度学习只是形式上模仿了大脑的生理结构，就其实质而言，无论是卷积计算，还是加权求和、激活运算和重采样（池化）等，都是不同形式的数学运算，与大脑生理结构没有关系。而前面介绍的强化学习更是马尔可夫链的一种应用，是经典的随机过程理论的翻版。

实事求是地讲，目前以机器学习为核心的人工智能，在算法本质上仍然属于数学范畴，数学理所当然地成为目前人工智能的基石。当然，其他一些学科知识的支撑也是不可或缺的，如图 3-58 所示。

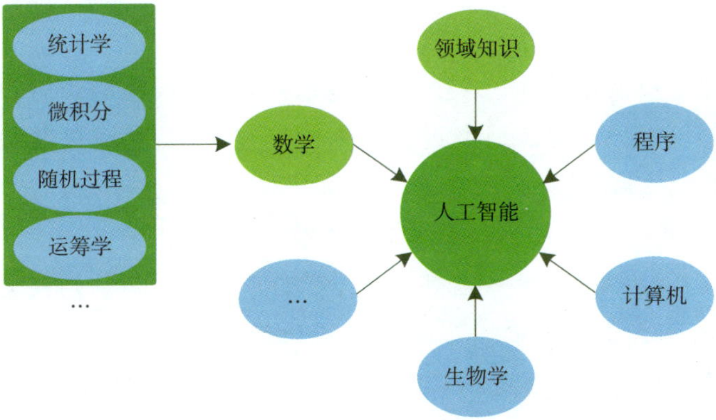

图 3-58 支撑人工智能的各种知识

在这些支撑人工智能的各种知识中，除了数学作为基石外，生物学目前起到启发和指导作用，计算机和程序则是实现的工具，而领域知识（如公路、铁路）是机器学习在该领域进行应用时的重要基础。

当我们掌握了机器学习的算法之后，也就清楚了背后起绝对作用的各种知识是什么。既然现在的人工智能技术并不具备真正的人类智能，没有理解能力，那么出现的各种智能现象又如何解释呢？如会聊天的机器人，人类无法战胜的 AlphaGo 等。

实际上，目前的人工智能技术，绝大部分都是由数据驱动的，利用算法对已知数据进行学习，再对一些未知情况做出判断和预测。只要已知数据包括的范围广泛，机器就能很好地工作。通俗地讲，就是事先让机器尽量学习各种数据(相当于学生的题海战术),以便适应各种情况。只要记住这一点,很容易理解各种智能现象。

聊天机器人(AI 研究的一个重要目标是让计算机能够进行自然语言的交流)就是这样的工作原理。人类在与机器聊天过程中,有时会误以为自己是在与人类、不是程序进行交谈,感觉很智能。但是,如果答案不在其事先设定的范围内,就不能正确对话了。

AlphaGo 击败了围棋高手的原理也是如此。而后来的 AlphaGoZero 仅花了 40 天,就击败 AlphaGo,其中是强化学习起到了重要作用。客观地讲,机器下棋超过人类,并不是因为它真正具有了人类智慧,只是基于下棋规则的计算能力比人类强了许多而已。

机器学习就是设计一个算法模型来处理数据,输出我们想要的结果。我们可以针对算法模型进行不断的调整优化,形成更准确的数据处理能力。实际上这是一类"新型数值计算方法",但不会产生意识,更不会思考,这也就是目前人工智能的本质。

例如,20 世纪 90 年代著名的数学软件(Mathematics),能够对各种代数方程、微分方程以及符号式关系进行推导,解答各种解析式问题,其机器推理能力比许多算法都要好,但这并不等于软件具有智能。

既然目前人工智能技术还不具备真正的人类智慧,那么发展这种技术有意义吗?答案是肯定的。AI 可以利用计算机或计算机控制的装置来模拟人类的一些工作,进行感知、学习、分析、推理、判断、沟通和决策等,尽管是辅助性的,但也相当不错了,没必要纠结它是否真正具有人类那样的智能,特别是在工程建设领域。

凡是按照一定"规则"做事的领域,机器都会比人类做得好,最重要的应用领域就是复杂计算和重复性脑力劳动,但要清楚机器没有创造力,不会思考,而人类具备。

此外,人工智能是否存在安全和道德问题也是一个关注的热点。其实这个问题很好回答,就是计算机程序错误问题。如果智能算法在编程时出现问题,可能真的会发生意想不到的事情,比如智能机器人有可能会攻击人类。

3.7 机器学习与工程建设

机器学习是目前人工智能的核心，其目的是替代人的部分脑力劳动。目前交通基础设施智能建设还是个新事物，机器学习作为一种处理问题的工具，如何有效地应用才是问题的关键。“他山之石可以攻玉”，我们可以了解和借鉴 AI 在其他领域应用的成功经验，这样就可以触类旁通，启发我们将其应用到工程建设中。

鉴于 AI 的目的是让机器具有像人那样处理问题的能力(尽管目前还没有多少智慧)，这就涉及机器应该具备哪些能力的问题。下面以人形机器人(主要是形象化)为例，看看它已经具备了哪些能力，与工程建设又有什么关系。

人类了解外部世界，主要是通过视觉(眼睛)、听觉(耳朵)、触觉(手和脚)和交流(嘴)等方式进行的。对于机器来讲，这些功能是通过各种装置(传感器)实现的，称之为感知技术，如图 3-59 所示。机器(经过学习掌握一定技能)会对感知到的信息进行综合分析，然后决定采取什么样的行动。回想一下工程建设中人类的表现，与上述过程基本一致。既然如此，我们可以尝试着让机器在工程建设中辅助人类做一些工作。

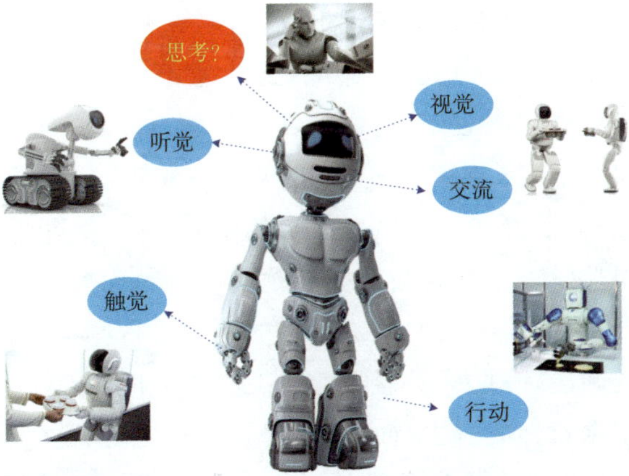

图 3-59 机器具备的能力

机器学习在工程建设中能够从事的工作范围，可以参考 AI 在其他领域中的一些应用。目前在工程建设中具有潜在应用前景的应用技术包括机器视觉、指纹识别、人脸识别、掌纹识别、智能搜索、智能客服、智能控制、数据挖掘、语言和图像理解等。这些技术的背后都是各种算法的应用，如机器视觉就是采用深度学习进行的。

了解这些应用，有助于我们在工程建设中灵活运用这些技术。如何将这些机器学习技术与工程建设结合起来，是智能建设需要进行的工作，在实践中有时需要技巧性和创造性。例如，设计阶段对地形地貌特征的识别、养护阶段各种损伤图像的识别等，都可以应用深度学习技术。施工阶段的施工作业，可以应用智能控制技术。管理工作可以与诸如指纹识别、人脸识别、智能客服等联系起来。总而言之，凡是耗费大量人力物力的工作，都可以考虑采用各种机器学习方法进行处理，辅助我们进行工作。

特别提及的是，应重视强化学习在工程建设中的应用。采用强化学习可以进行各种工程管理和服务工作，还可用于施工机械的动态控制，如多台施工机械的协同工作等。

此外，在工程建设中，无论是设计阶段、施工阶段还是养护阶段，都存在大量长期积累和总结出来的知识和经验，既有确定性的，也有不确定性，可能还有模糊性的。对于这类问题，可以采用专家系统与机器学习及其他算法结合的方式进行。如神经专家系统，知识库中的规则采用训练过的神经网络来表示，这样就具备了学习能力；对于不确定性的知识，可以采用概率型专家系统；对于模糊性知识，采用模糊型专家系统。总之，各种算法都是可以结合起来使用的，不必受过多约束。

目前的机器学习主要解决分类和预测（回归）问题。为了在工程建设中应用机器学习，需要我们将工程中的问题进行归纳，看看属于机器学习中的哪类问题。过去，机器学习在工程中的应用，大部分都属于预测问题——根据目标的过去行为来预测其将来的行为。但分类问题也许更重要，需要仔细研究，如智能设计的实质就是分类问题。如何根据具体问题选择合适的工具仍然是比较困难的，需要我们在实践中多积累经验。

机器学习在工程建设中会有越来越多的应用，这一点是毫无疑问的，但就目前的技术而言，都需要大量已知数据的支撑，数据将在智能建设中起到中流砥柱的作用。

第4章

走进数据时代

算法、算力、数据是目前人工智能的三大要素。上一章主要论述了机器学习的算法问题，认清了目前人工智能的本质，同时也看到数据在机器学习中所起到的关键作用，特别是在有监督学习的情况下，离开训练数据，机器的学习能力也就不复存在了。

随着互联网、物联网的发展，我们迎来了数据时代，出现了很多新的词汇如“大数据”“云计算”等，在工程建设领域也产生了较大的反响。本章将结合工程建设，略谈一下数据问题。

4.1 迎接数据时代

数据是我们熟悉的词汇。人的器官感知、仪器检测到的信息被记录下来后，其结果都可以称作数据。对于工程建设，测量数据、设计数据、实验数据、管理数据等比比皆是，被誉为“工程师的语言”，其重要性不言而喻。随着信息技术的发展，当所有被计算机记录下来的信息都变成了数字，互联网和物联网又使“万物数字化”成为可能之后，数据已经从专业领域走出，变得无处不在(图 4-1)，呈爆炸式增长，走进了我们的日常生活，海量数据时代已经到来。

“从数据中发现规律”已经使很多行业尝到了甜头，几乎所有领域都将数据的重要性提升到了前所未有的高度，2010 年以来兴起的“大数据”又起到推波助澜的作用。“用数据说话”已经成为一句流行语。现在让我们走进数据时代，了解一下基本情况。

4.1.1 数字 数据 信息

谈到数据，不得不先说说“数字”这个概念。“数字城市”“数字经

图 4-1　无处不在的数据

济”……各种与数字有关的新词层出不穷，“数字＋”已经成为时髦的词汇，有必要厘清这个概念。

“数字”本是一个专业术语，全称数字量，是相对于模拟量而提出的，缘于数字电路与模拟电路。模拟电路的各种量都是连续变化的，称作模拟量；数字电路的量是离散的，只有“高电平”与“低电平”之分，通常用二进制的 0 和 1 来表示，称作数字量。数字的不同组合可以表示不同的含义，如 1011000 表示十进制的 88。其表达能力通常采用不同长度（位数）表示，如 8 位（2^8）的表达能力不如 16 位（2^{16}）的强。

“数字化”的含义就是将模拟量（十进制）转变为数字量（二进制）的过程。“数字化”与“二进制”是一个含义。数字化伴随着计算机而成长，并不是新东西，将其称作“计算机化”“信息化”也未尝不可，只是提法不同而已，其含义不变。将信息变成数字量后，可以方便计算机的存储和处理，极大地提高了数据管理效率。

“数据”是对事实的表现方式，采用文字、数字、语音、图形、图像、声音和视频等对事实进行表示的，都属于数据。在计算机科学中，数据以二进制的0(低电平)和1(高电平)表示，凡是能输入到计算机中，并被程序处理的各种符号，都称作数字数据，也简称为数据。数据时代就是数字数据时代的简称。

数字和数据是有区别的。数字是一种符号，是数据的组成部分。除了二进制数字外，十进制的0～9也是数字。数字本身并没有什么含义，只有变成了数据、经过解释才会有明确意义。比如60，既可以是一个人的年龄，也可以是一个考试成绩。

“信息”也是熟悉的名词，泛指社会和自然界传播的一切内容，是对事物状态和属性的描述。信息与数据既有联系，又有区别。数据是信息的表现形式和载体，信息是从数据中抽象出来的结论，是数据的内涵，依赖数据来表达其含义，二者不可分离(数据时代伴随着信息时代而到来)。

——在很多情况下，数据和信息是混用的。信息的数据化是根本，而数字化只是将模拟数据变为计算机可读的数据而已。对于同一信息，无论是模拟数据还是数字数据，其内容是不变的，只是表现形式发生了变化。

4.1.2　海量数据是如何产生的

数据时代是伴随着信息时代而到来的，其量级以“PB”或“TB”为单位，称作海量数据，流行的称呼为“大数据”。海量数据产生的源泉就是互联网，特别是社交网络、电子商务和移动通信的普及，使得产生的数据量激增，远远超出了原来人们印象中的数量，而正在兴起的物联网，使万物互联、万物皆数据成为可能，必将产生更大规模的数据。可以说，没有互联网的兴起，就不会有今天的数据时代。

如今，无论是哪个行业(科学、技术、商业、银行、医疗……)，都与互联网紧密结合在一起了，万物皆数据和数据量爆发式的增长已成为共同的特征。如何挖掘数据的各种价值也正在成为各行各业谈论的焦点。

4.1.3　数据的价值

计算机和互联网的普及，使所有信息都变成了数字数据，但引起社会各界对数据问题广泛关注的原因还是它具有的价值。如谷歌公司通过观察人们在网上的大量搜索记录，成功预测了 2009 年美国爆发甲型 H1N1 流感的时间和具体地点，使得公共卫生机构获得了非常有价值的信息。诸如此类对海量数据的成功应用案例，使大众对数据问题产生了浓厚兴趣，也使各界认识到了数据的力量和价值。而 AI（机器学习）的再次兴起，又将数据的价值提高到更高的程度。

数据在不同领域被关注的价值是不同的。商界关注是利益，工程界关注是质量，医疗界关注更多的则是健康，对应的数据价值显然是不同的。因此，海量数据除了巨大的商业价值（如创造营收与节约成本）外，诸如社会价值、科学价值、技术价值和工程价值等也都是值得关注的，关键是看分析的目的。总的来讲，海量数据潜在的价值无限，需要我们去挖掘。

需要注意，尽管数据的价值巨大，但如何获取，仍然是困难的（数据资源问题）。海量数据大都被大型互联网公司所拥有，它们利用其掌控的数据资源、处理能力和统计技术，通过对海量数据进行关联（相关性）分析，已经获得了巨大的使用价值，但对于普通用户而言，获取海量数据谈何容易。因此，数据的流通、共享是一个很大的问题。

4.1.4　数据时代的基本特征

在（大）数据时代，由于是海量数据，随机抽样方式已不再是主流了，采用的数据已经接近于全体，而数据分析的目的也由追求因果关系变为寻找相关关系，并且也不再过多关心预测（预测问题是数据时代的核心）的精确度了，如图 4-2 所示。这些转变，将对数据处理方法和观察世界的角度产生深刻影响。

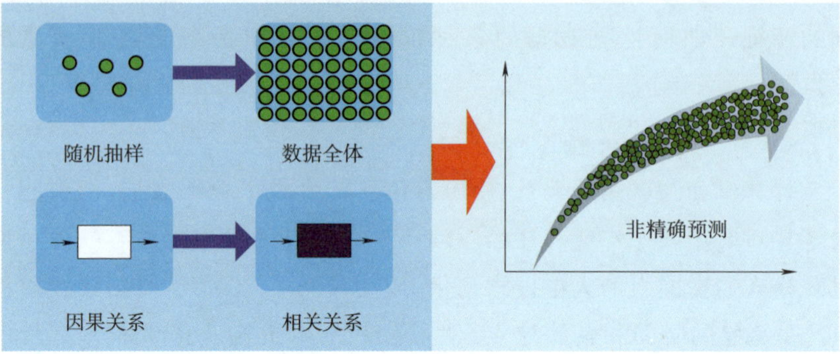

图 4-2　数据时代的基本特征

过去，由于获取、存储和计算条件的限制，一般认为够用即可（其实是不够用的）。但电子信息技术促进了数据在获取、存储和计算技术方面的快速发展，当人们发现海量数据会带来意想不到的惊喜时，这才导致大数据的兴起。现在，人们普遍认识到数据已经成为一种商业资本，可以创造巨大的经济效益（要思考在工程建设中会带来哪些效益），这是一种对数据的重新认识过程。一个大规模生产、分享和应用海量数据的时代已经到来。未来，人们的生活会越来越离不开数据，掌握处理数据和利用数据的人将成为成功者。无论是在哪个领域，谁懂得海量数据的重要性，会善于利用数据，就会得到更大的成功，智能建设更是如此。

4.2　大数据与小数据

万物皆数据、处处皆数据已成为数据时代的标志，其中热度最高的一个词当属“大数据”了。实际上，大数据的概念并不明确，最早源自天文学和基因学，是由于需要处理的数据量过大，超出了当时计算机（或常规数据库）的存储和处理能力而提出的。大数据缘于互联网（主要存在于社交网络和电子商务等），与之对应的就是小数据。下面来探讨一下大数据与小数据的关系。

不管称作大数据还是海量数据，其数量巨大（“PB”级）肯定是最显著的特征了，但并不是本质特征，关键要看数据中所包含的信息是否全面。对于一个事件来讲，如果一批数据包含了事件的全面信息，就是全部数据了，再增加数据的数量就意义不大了。例如一幅人像，可能 $10^3\times10^3$ 的分辨率就足够表达了，那么再提高到 $10^9\times10^9$ 或更高，也不会增加更多的有用信息，完全是浪费（实际上这就是价值密度低的概念）。可见，大数据并不是单纯的数量巨大，关键要看包含的信息是否全面，需要广义地理解大数据的含义。

从统计学意义上看，大数据实际上对应着的就是一个事件的总体，而小数据对应着的是随机抽样样本。大数据与小数据的关系，是由一个事件所包含信息的多少决定的，能够全面反映该事件的数据量就是大数据，反之就是小数据。可见，需要多少信息来表征一个事件才是决定数据大小的关键，而不是单纯的数量多少。也许将大数据称作“全数据”更好一些。图 4-3 形象地说明了大数据与小数据的关系。

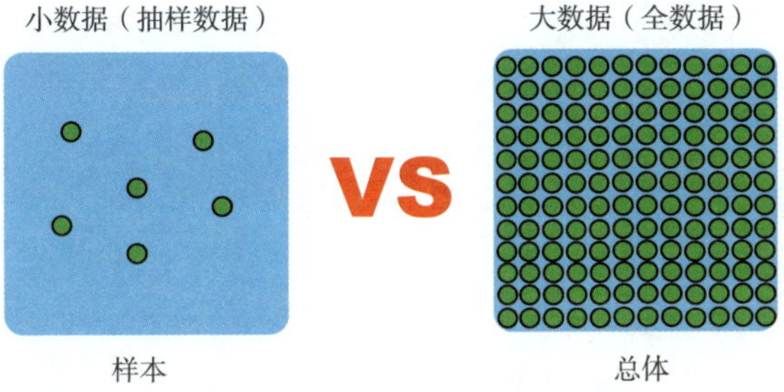

图 4-3 大数据对比小数据

例如，调查一个 30 人组成的班的学习成绩，全班 30 人就是这个事件的总体，就是一种大数据，而随机抽取 5 个同学成绩作为代表，则是小数据。

注意，数量很大的数据也不一定是大数据。例如人口调查，如果是普查，则是大数据，是总体；如果是抽查，尽管数据量也很大，但也是小数据，是样本。因此，单纯以数据量的大小来区分是否是大数据是不行的，关键要看数据是否包含了事件的全部事实。

一般来讲，如果反映一个事件的数据量不够，可能就无法具有代表性了。例如前面提及的流感预测问题，如果收集的搜索记录的数量不够大，就不足以具有代表性了，所以才强调了数据的数量，实际强调的是能否包含了流感预测事件的全面信息，这才是大数据的本质。所以，对于诸如社会、电商、医疗、网络搜索等问题，确实需要数量巨大的各种数据才能反映问题的全部。从某种意义讲，大数据与学生学习时的题海战术具有很多相似的地方。

另外，在很多情况下，我们无法得到数据全体，或者获取的代价太高，此时我们并不拥有海量数据，不得不面对小数据(小样本)。如何利用好小数据，也许在机器学习中更有价值。在小数据中寻找规律，将更富有挑战性。

对于公路和铁路，所有检测都是抽样方式，属于小数据范畴。但由于建筑材料(岩土、沥青混合料、混凝土等)的变异性，抽样方式所获得的数据是否具有足够的代表性，一直是大家争论的问题。如果能获取填筑结构体内每一点的性能数据，那就是大数据(全数据)了，即使其数量远远低于“PB”级。如果在填筑体内每一点都埋置传感器，便可以采集到所有数据，但代价太高，并且过多的传感器可能会影响到结构性能。一种潜在的方法是利用智能压实的连续检测技术进行，详见后面的论述。

4.3 工程信息的数字化

工程信息泛指与工程建设相关的一切内容。在数据时代，信息是通过各种数据形式表现出来的。数据不仅指狭义上的数字，还可以是具有一定意义的文字、字母、数字符号的组合，以及图形、图像、视频和音频等。如“112、阴天、大风、施工记录、材料运输情况”等都是数据。工程信息就隐藏在这些数据中。

工程建设中遇到的各种信息，一般都需要进行数字化处理，以便被计算机存储和处理。工程信息的数字化分为两种情况。其一，直接输入到计算机中的信息(如通过键盘输入的文字、数据等)，计算机会自动将这些信息转换为二进制数字；其二，通过各种仪器（包括物联网中的感知装置）量测得到的数据，一般都是模拟量，需要通过专门的设备进行数字化处理。下面对这种情况进行简要说明。

工程信息的数字化过程如下：首先通过各种感知装置，对各种工程信息（模拟数据、文字、声音、图像……）进行感知，一般会转换为模拟电量；然后通过 A/D（模拟/数字转换装置）进行采样，将连续量变为离散量，再进行量化（将数据大小进行离散化处理）和编码（采用二进制表示），最后将其转换为二进制代码即数字数据，其数字化过程如图 4-4 所示。

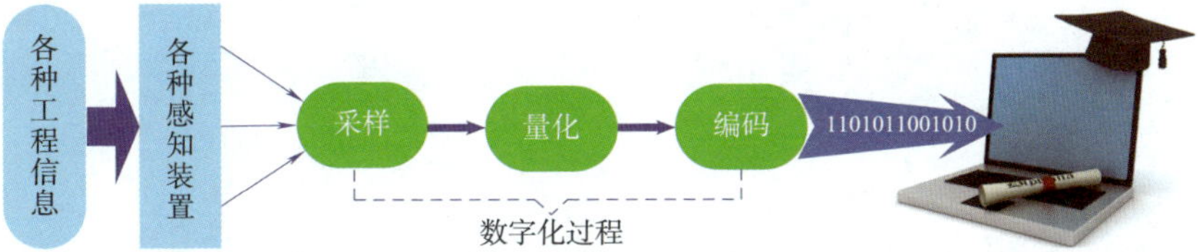

图 4-4　工程信息的数字化过程

目前所有数字化转换装置中都含微处理器（以单片机为主），最后的结果都会进入到计算机中。将工程信息变成数字量，可以方便计算机的直接处理。在计算机眼里，凡是能够放到计算机里的东西（视频、图像、文本、声音等）都是数据。

工程建设中，最常见的各种检测仪器、试验仪器以及一些测量仪器等，都具有将模拟数据自动转换为数字数据的能力。在数据时代，所有数字化转换都是非常容易实现的，并且处理速度是快速的。

顺便说一下，凡是直接可以通过键盘输入到计算机中的信息，计算机都会自动转换为二进制数字，但在屏幕上显示时，还是转换回原来形式的。如我们通过键盘输入的文字，在计算机内部并不是文字，而是二进制编码，但显示在屏幕上，仍然是可以看懂的文字。

4.4　因果性与相关性

有“因”必有“果”，这是大家都知道的常识，这就是因果性。因果关系是自然界中存在的一种确定性的相互依存关系。因果分析是从事科学技术(包括社会科学等)研究的人必须具备的基本技能,也是工程技术人员必须掌握的方法。当出现问题时,我们总会问"为什么",这样便于查找原因,找出解决问题的对策,其答案就是"因"。

图 4-5 给出了因果关系的两个示例(更多的因果关系可能无法用解析式来表达)。左图显示的是一个力 F 施加在物体 M 上,使之产生一个加速度 a,这里的力 F 就是"因",加速度 a 就是"果",牛顿第二定律诠释了力是使物体产生运动的根本原因;右图给出一个关系式(结构明确),$x=3$ 就是 $y=45$ 的原因。

图 4-5　因果关系示例

一个事件的发生,可能是多个原因共同作用的,图 4-5 给出的只是比较简单的情况。因果关系清楚地描述一个事件发生的原因和会产生什么样的结果,其相互依存关系是确定性的,可以说是一目了然,也比较容易控制。如果用系统语言来描述,那就是"白箱"关系(参见 2.3 节),一切都在掌控之中。

因果关系是我们希望得到的。但世界是复杂多变的,很多时候我们并不能得到因果关系,只能知道一些因素对其产生了影响,但并不清楚原因,这种现象可以说是比比皆是。例如在工程建设中,会经常面对出现的各种工程问题,查明原因是我们要做的工作(当然需要丰富的专业知识)。但很多情况下,我们只能知道有哪些因素产生了影响,但不清楚原因,只能说它们之间是有关联的。由此引出另外一种关系——相关关系。

相关性是一类非确定性的相互依存关系,分为线性和非线性两种,描述的是不同变量之间的关联性,是经过统计而得到的规律。这种现象在自然界和人类社会中大量存在有待于科学的发展。相关分析在统计学中也占有重要地位。

相关分析在以前(小数据时代)就是分析数据的一个手段,是基于少量数据的,其特点在统计学中有详细论述。大数据时代的相关分析是基于海量数据的,不需要事先进行各种假设,并且放松了对精度的要求。相关分析的目的就是预测(也称作回归),通过相关分析,可以发现原来很多意想不到的结果,这在销售领域最为明显。销售商根据对大量销售记录的相关分析(这里也可以称作关联分析),发现将原本毫无关联的两种商品摆放在一起可以提高销售量,如图 4-6 所示。经典的"啤酒和尿布"的故事就是如此,还有在飓风期间将蛋挞与飓风用品(如手电筒)放在一起会增加销量的案例等。

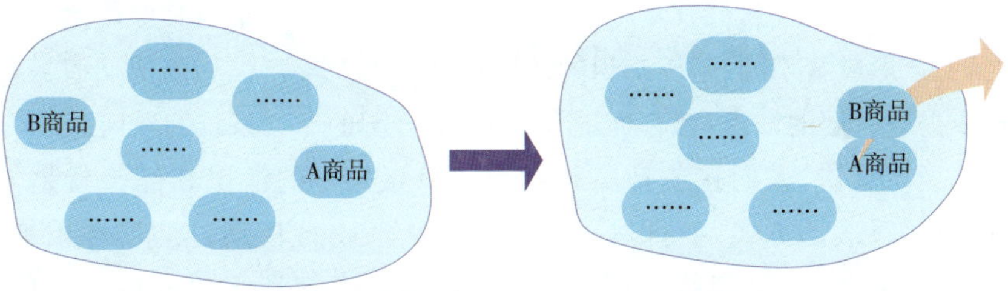

图 4-6 不同商品组合可以提高销售量

从商家角度看,只要能促进销售量,并不关心将商品 A、B 放在一起的原因。这就是典型的只问结果、不问原因的大数据时代的相关分析。当然,行为科学或社会科学也许会分析其关联的原因。

经历过网上购物的人都知道,只要购买或搜索过一些商品,商家就会向其推荐相关的商品,这就是网上推荐系统——根据购买和浏览记录,向用户推荐商品、文章等,都是相关分析的结果。显然,这些相关分析并不需要太高的精确度。

目前,海量数据的力量正在各行各业体现出来。对于工程建设,如何在数据时代应用相关分析技术是一个有趣的问题。数据的获取方式决定了可以分析哪些数据,也许以前没有联系的数据之间也存在着某种关联,值得我们去尝试。除了相关性,探索因果性仍然是科学和工程技术领域的重任。

4.5 知识蕴藏在数据中

数据时代以相关性分析为主,除此之外,数据就没有别的用途吗?当然不是!相关性只是基于商界视角提出的。海量数据还有其他用途,因为数据中蕴藏着丰富的知识。实际上,海量数据得到重视的根本原因就是它所包含的信息和知识的完整性有了显著的提高。

在人工智能领域,为了使机器能够模拟人类的某些智能行为,就必须让它具有知识。监督学习仍然是机器学习的主要方式,但需要大量已知数据(标签数据)的支撑,海量数据的出现无疑促进了机器学习的发展。除此之外,基于知识的专家系统(3.1 节)在专业领域仍然大有用武之地。尽管现在不是主流,但其基本思想仍然是可行的,特别是与神经网络结合之后,会形成新型的、基于知识的 AI 系统。在数据时代,如果能从海量数据中提取有用的知识,也会促进专业型、混合型的专家系统的发展。

通俗地讲,人们在各种实践过程中积累起来的认识和经验就是知识,有多种表达方式,如自然语言、数学语言、物理模型、文字、音乐等。从 AI 的角度看,知识就是将相关信息关联在一起所形成的信息结构。最常见的关联形式是条件式——"如果……,那么……",即"IF……THEN……"结构,在 AI(专家系统)中,这种知识称作规则,若干规则的集合便构成了知识库(3.1 节)。信息的另外一种关联方式是陈述性,如"松树是绿色的",这种知识称作事实。知识的形成过程以及两种表达方式如图 4-7 所示。

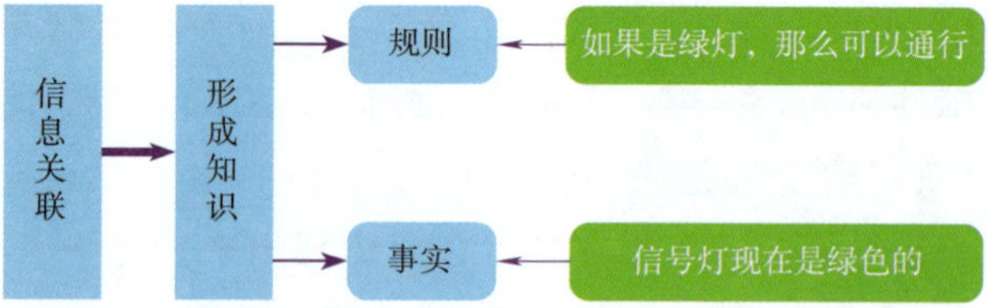

图 4-7 知识的形成与表达方式

过去,我们主要是通过实践和书籍来获取知识;现在,我们更多的是依靠海量数据来获取知识。知识蕴藏在数据中,信息是数据的内涵。

由数据到信息、再到知识,是一个不断质变的过程。在数据中如何提取知识是关键,特别是海量数据问题,目前主要还是依靠包括机器学习在内的各种数据处理方法,进行知识的挖掘和提取。

从数据中得到知识之后,任务并没有完成,还要将知识输入到机器中,让机器产生一定的智慧(比产生智能更难),并得到应用。图 4-8 给出了由数据到智慧的演变过程。

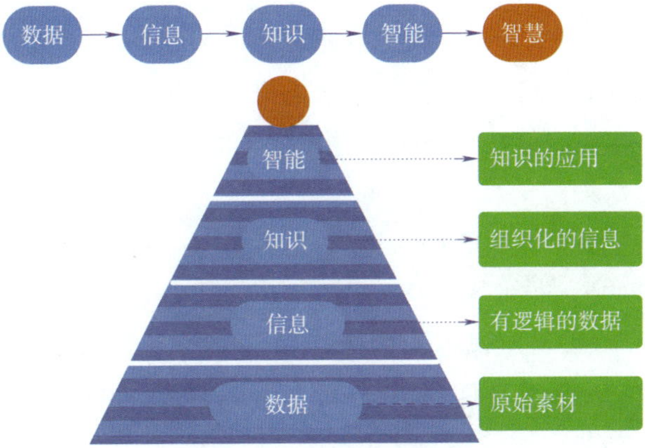

图 4-8　由数据到智慧

数据是工程师的语言。工程中常听到的一句话应该就是"一切用数据说话"。这里的数据,实际上指的就是蕴藏在其中的信息和知识,并不是数据本身。因为数据本身并没有什么意义,有意义的是其含有的信息和知识。

例如,评价一条路基的施工(碾压)质量,若抽样检测的压实度数据(原始素材)为 90%,则所包含的信息就是当前检测点的压实质量达到标准值的 90%,而隐含的知识则是"如果压实度为 90%,那么没有达到合格要求"。读者可以思考一下,这里面是否还含有一些智慧?

若想全面了解这条路基的施工质量,需要获得的数据至少应该包括:每一点的压实度、填料情况、施工机械工艺参数,这些数据的集合就是大数据(若是抽样得到的,则是小数据)。从这些数据中可以得到碾压质量信息,进一步可以提炼出与施工和质量相关的知识——若干条规则和事实，再升华到智慧层面，为智能压实提供依据。

从数据中提取知识(也称作知识挖掘)，已经成为很多行业关注的重点研究方向。在智能建设中，基于知识的专家系统是值得我们关注的方向。此外，提取出来的知识还需要进一步整理，正在发展中的知识图谱技术也许为我们提供了新思路。

4.6 数据分析手段多

随着信息技术、特别是人工智能技术的快速发展，数据作为一种附加值极高的资源，已经得到各行各业的广泛重视。面对海量数据，如何分析处理是首先要解决的问题。选择适合的数据分析方法是提取信息和知识的前提条件。

数据分析是指收集数据、处理数据，进而获取信息的过程。不管是哪个行业，数据分析都是处理问题的常用手段，从最简单的取平均值到一些复杂计算(如快速傅里叶变换 FFT)，都属于数据分析范畴。针对不同的数据类型和具体问题，其分析方法也不完全相同。

4.6.1 数据的分类

在万物皆数据的时代，数据已经从各个专业领域(如实验数据、设计数据)中走出，变得非常平民化。我们在分析数据时，首先应该弄清楚它是属于什么类型的，以便选择合适的分析方法。

数据有多种分类方法。按照数据性质可以分为定性数据和定量数据；按照表现形式可以分为数字数据和模拟数据；按照数据结构化程度可分为结构化数据和非结构化数据，这是目前最常见的分类，其特征如图 4-9 所示。

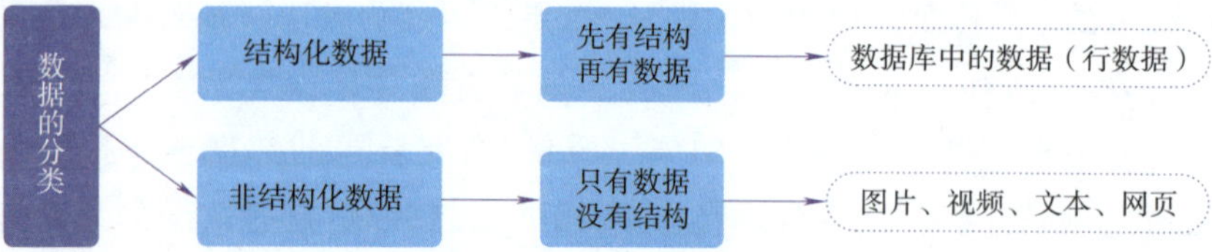

图 4-9 数据的分类

结构化数据就是数据库(先定义结构,然后再装入数据)中的数据,也称作行数据,是由事先定义好的二维表结构来表达和实现的数据。常见的如银行财务系统、实验数据、施工报表等都是这种类型的数据。这类数据尽管所占比例不大(约15%),但应用广泛,起到关键作用。

与结构化数据相对的是非结构化数据。这类数据的结构事先并不清楚,不能用数据库中的二维表来表现,包括所有格式的办公文档、XML、HTML、各类报表、图片和音频、视频信息等。非结构化数据是数据时代的主流,其分析处理属于数据科学的前沿问题,目前仍在发展中。此外,还有半结构化数据等形式。

4.6.2 认知世界的三类方法

数据分析就是在一堆"杂乱无章"的数据中找到其背后的规律,从而为决策(人或者智能体)提供支撑,数据的价值得到体现。

对数据进行分析,其实质还是为了认知世界。尽管目前数据分析方法很多,但归纳起来,可以分为三类方法,这也是认知世界的方法,如图4-10所示。

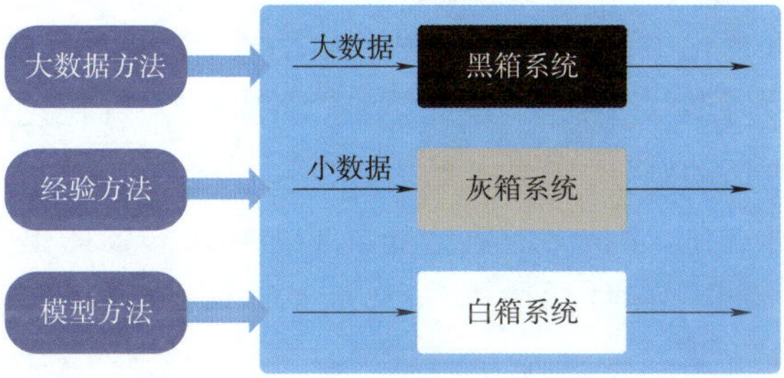

图4-10 三类数据分析方法

模型方法是通过建立模型来分析对象的属性,架起了客观世界与科学理论之间的一座桥梁,属于白箱问题。这类方法事先不需要数据的支持,是根据科学理论建立的模型。我们熟知的力学方法就是如此。如根据弹性半空间理论求解路基表面位移,其力学公式是已知的,如果路基的弹性模量和泊松比也是已知的,那么根据输入的应力数据便可以得到输出的位移数据。

经验方法属于灰箱问题，其模型结构是已知的，只是其中一些参数是未知的。传统统计学方法（如经验公式法）就属于这类方法。例如：回归公式 $y = ax + b$，其模型结构是已知的（线性），只要根据一定的数据（小数据）便可确定其中的参数（a，b），然后便可以根据输入数据得到输出数据了。

大数据方法属于黑箱方法，没有模型，只有大量的数据。在数据中寻找规律已经成为数据时代经常谈论的话题。前面介绍的机器学习就属于这类方法，部分现代统计学方法也可归结到此类，如聚类分析等。

4.6.3 数据可视化的重要性

数据分析的目的是从杂乱无章的数据中提取某种内在的规律。在很多情况下，将数据利用图形方式来表示，其规律性便可初步得到，这就是数据可视化问题。对于一组数据来讲，用图形方式表示其规律性，一定会比表格方式的效果要好，特别是数据量很大时。我们常见的关系图、趋势图、分布图、雷达图、直方图、散点图、地图等，都是数据的图形化表示，即数据的可视化。

数据的可视化主要是借助于图形化手段，清晰而有效地来表达数据中的信息。所谓"一图胜千言"。对于数据而言，可视化就是图形化，当然还可以包括动画（动态数据的表示）等。

数据的可视化，使枯燥的数据变成了丰富多彩的图形，不但提高了阅读能力，也激发了阅读热情，更重要的是某些隐藏在数据中的信息变得更加直接了。如图 4-11 所示，数字"5"如果用数据（矩阵形式）表示，将 5 看出来还是较困难的，而一旦图形化，就会变得轻松识别了。

无论是那类数据分析方法，可视化表示都是非常重要的。相比于传统图表，今天的数据可视化更致力于采用更生动、更友好的形式来表达隐藏在海量数据背后的信息。无论在商业领用还是工程领域，通过交互式的可视化大屏来帮助业务人员发现并诊断业务问题，已成为数据解决方案中不可或缺的一环。

目前数据可视化的概念和技术还处于发展中。利用图形、图像处

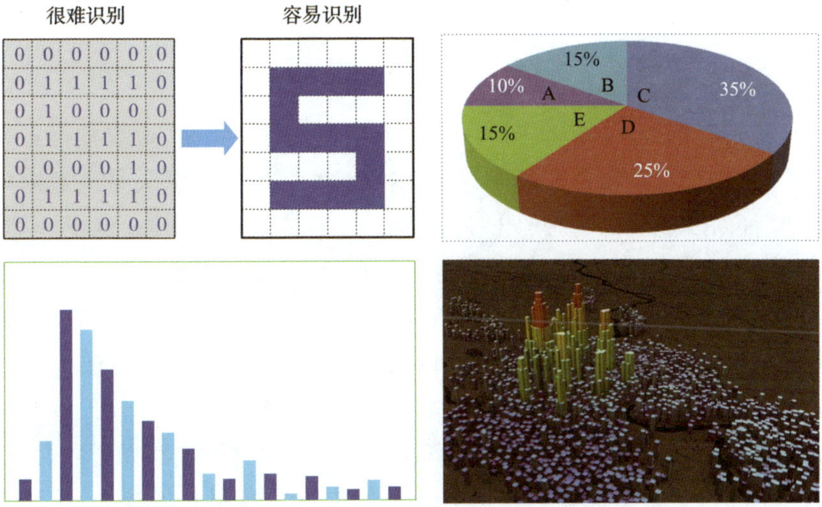

图 4-11　由数据到图形

理、计算机视觉以及用户界面，通过表达、建模以及对立体、表面、属性以及动画的显示，对数据采用可视化解释已成为数据时代的热点。数据可视化所涵盖的技术方法越来越广泛，我们应该密切关注这些发展动态，以便更好地发展工程数据的可视化技术。

4.6.4　统计学方法与机器学习方法

从原理上讲，目前数据分析的方式主要有两大类，一类是采用统计学方式，另一类是采用机器学习方式，分别对应着多种具体方法。

以统计学为原理的方法一直在数据分析中占有重要地位。除了传统的如相关分析、回归分析等外，也有诸如聚类分析、主成分分析等一些较新的方法。这类方法大都被集成到数据分析工具中了，如著名软件 EXCEL、SPSS、SAS 等。对于这类算法，只要清楚其基本的统计学原理，便可以轻松地运用这些分析工具进行数据分析。

关于机器学习方法，已在前面进行了介绍。目前这类算法应该是最热门的方法了，这与人工智能的再次兴起有关。现在很多统计学方法都被纳入机器学习范畴了，如聚类、随机森林、决策树、朴素贝叶斯等。我们没有必要纠结这些方法的分类，只要清楚其基本原理，为我所用即可。

4.6.5 数据挖掘

谈到数据分析，不得不说一下数据挖掘。首先声明，数据挖掘不是算法，是指综合使用传统的统计学和机器学习等方法，从大量的数据中归纳、推断其隐含的有效信息的过程。这个名词兴起于 20 世纪 90 年代。最初，数据挖掘为商业和金融分析所采用，主要是结合了许多数据库技术。现在，数据挖掘在很多行业都得到了应用，如在科技领域，被用于从感知(实验和观察)到的大量数据中提取潜在的有用信息。

数据挖掘被描述为“从数据之中提取隐含的、先前未知的、潜在有用的信息过程”，涉及许多学科的知识，如图 4-12 所示，其中受数据库、统计学和机器学习的影响最大。数据库提供了数据管理技术，统计学和机器学习提供了数据分析技术。数据挖掘有专用的工具，无须过多的统计学背景即可使用。

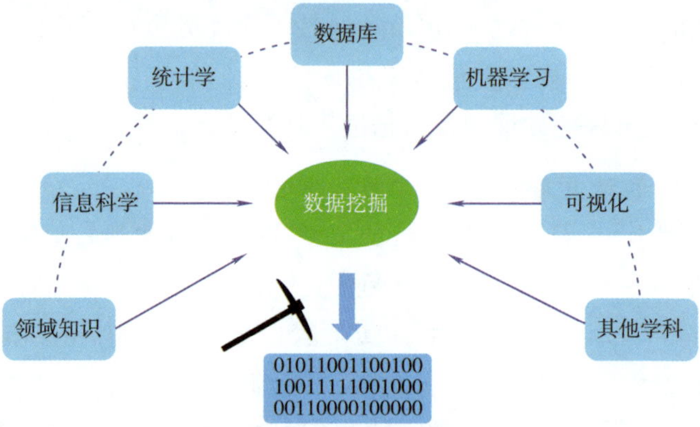

图 4-12 数据挖掘涉及的学科

数据挖掘的核心是模式发现。目前，绝大多数数据挖掘技术都来自机器学习领域，一些重要的挖掘方法与机器学习并没有太多的区别，如聚类分析、关联分析以及异常分析等。

数据挖掘依赖于统计学和机器学习。其主要特点是把这些技术封装起来，不用人的参与、不用掌握这些技术也能完成数据的挖掘，这样就使各专业人士将更多的精力专注于自己所要解决的问题本身。关联分析是数据挖掘的一个重要功能，在商务活动中用的较多，实际上就是相关性分析。前面提及的“啤酒与尿布”就是大数据挖掘的结果，得到了两者之间的相关性，促进了销售。

4.6.6 大数据分析

大数据当初是因为计算机的存储和处理数据能力而提出的，但随着计算机性能的提高，这一问题已经得到了改善。因此，对于海量数据而言，其分析方法的基础仍然是统计学和机器学习。使用数据挖掘可以完成关联规则分析、聚类分析、时间序列分析和异常点检测等，这是将数据资源转化为智慧资源的关键环节。

目前，大数据分析主要包括可视化分析、数据挖掘、预测性分析、数据质量和数据管理等内容，大都被集成到一些数据分析平台上了，如比较著名的 Hadoop 平台等。我们只要熟悉操作便可以进行海量数据的分析了。

需要注意的是，在大数据领域出现了一些新名词，我们要认清实质，不要被新名词的表象所迷惑。如“数据清洗”，实际上就是数据分析时的预处理过程；而数据仓库的概念与传统数据库既有区别又有联系。

4.6.7 云计算与边缘计算

云计算、边缘计算都是近年来比较流行的名词，但它们都不是算法，而是一类特别适合海量数据的计算模式（也是一种服务模式）。假设我们要进行一个海量数据计算，但手里电脑的计算能力无法满足要求，而远方的计算中心有复杂计算能力的高性能计算机，那么就可以请求计算中心来完成计算任务。以前需要我们亲自到计算中心去计算，但现在可以利用高度发达的互联网，通过终端设备接入远方的计算中心来完成计算，这就是云计算（云端计算），实质就是利用网络资源进行的计算，传统的称呼就是“在线计算”。

如果说云计算是通过网络，将数据输入到计算中心进行的集中处理(也许是多台高性能计算机的联合计算,也称作并行计算),那么边缘计算则是采用靠近数据源头的一侧、就近提供服务的方式来处理数据的,如图 4-13 所示。

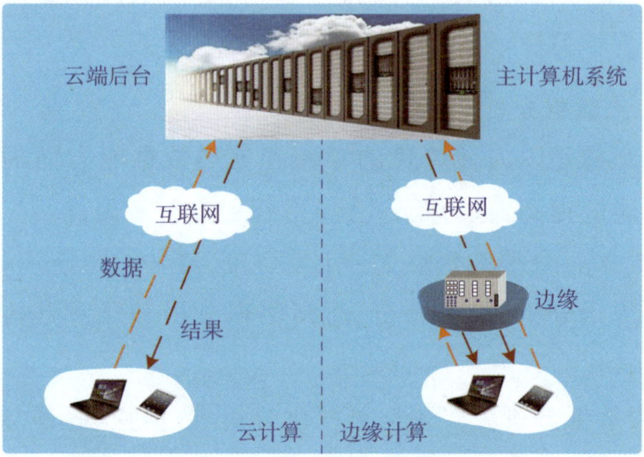

图 4-13　云计算与边缘计算

边缘计算起源于传媒领域,是指在靠近数据源头的一侧,采用网络、计算、存储和应用为一体的开放平台,就近提供服务的数据处理模式。当然,云端计算仍然可以访问边缘计算的历史数据。随着新技术进入各行各业速度的加快,边缘计算的需求肯定还会增加。

无论是云计算还是边缘计算,都是海量数据时代的计算模式,其具体算法仍然是前面提及的统计学方法和机器学习方法。这类新的计算模式是基于互联网的,利用互联网可实现随时随地、按需、便捷地使用共享计算设施、存储设备、应用程序等,没有地域限制,就像天空上的云一样,不论你身处何方,只要抬头,就能看见。

最新的一个名词是"雾计算",其特点是设置众多分散的中心节点,即所谓"雾节点"来处理,这样能够让运算处理速度更快、更高效。如果说云计算是把所有东西都送往天上的云彩中,雾计算则是把数据送到身边的雾气里,显得更接地气一些。

上述这几种计算模式是相互协同的关系。云计算是一个统筹者,负责长周期数据的大数据分析，能够在周期性维护、业务决策等领域运行。其他计算模式则着眼于实时、短周期数据的分析，更好地支撑本地业务的及时处理。

网络计算模式给我们带来了便利，但同时也带来一个大家比较关心的问题，那就是如何保证数据的隐私性、可靠性……，这些就是数据安全问题，在数据时代更为重要。

4.7　越来越重要的数据安全问题

数据安全也称作信息安全，一般是指保护数据（信息）不被非法篡改、破坏、复制、解密、泄露和使用等。数据安全是一个经典话题，以前的杀毒软件就是一种保护计算机（实际就是数据）不受侵害的技术措施。在数据时代，计算机实现了数据的数字化，互联网实现了数据的网络化，二者的结合，使海量数据的作用得到了升华。与此同时，伴随着数据量呈指数式增长，其安全性要求也同步在增长。无论是在什么领域，数据在获取、处理、传输和存储阶段都有可能存在安全问题，都需要从数据的可用性、完整性和保密性这三个方面考虑，如图 4-14 所示。

图 4-14　数据安全的几个方面

数据的可用性就是它的可使用性，也就是数据可被授权实体访问，并按需求使用的特性；数据完整性是指在传输、存储数据的过程中，确保数据不被篡改或在篡改后能够被迅速发现的特性；数据的保密性也称作机密性，是指数据不被其他不应得到者所获得特性。以上三点是在进行数据安全防护时所要考虑的核心问题。因此，数据安全可以理解为，通过采用各种技术和管理措施，使网络系统正常运行，从而确保网络数据的可用性、完整性和保密性。

威胁数据安全的因素很多，如硬盘损坏、人为错误、黑客入侵、病毒、信息窃取、自然灾害、电源故障、磁干扰等，都有可能对数据造成某种危害。数据安全问题一直是一个热点话题，并且已经从专业领域走出，进入到平常百姓的生活中了，典型的就是个人隐私问题（数据保密问题）。

相对于数据获取和处理阶段，数据在传输和存储阶段的安全问题更为严峻。在传输阶段，除了存在数据泄漏、被篡改等风险外，还可能被攻击者利用，可能出现逐步失真等。在大数据的存储平台上，对各种类型和结构的数据进行存储，会引发多种应用进程的并发且频繁无序的运行，极易造成数据存储错位和数据管理混乱。

在工程建设领域，数据的安全性同样不可忽视。在数据获取、处理、传输和存储过程中都可能存在数据泄密、被篡改（数据造假）等问题。另外，工程数据的安全性与智能建设更是密不可分。如果训练数据出现问题，机器学习所得到的结果将是不可预测的，存在巨大的应用风险。

以上只是简要阐述了数据安全的重要性，至于如何防范，则是信息科学的任务，需要更多的专业知识，如密码学等，还会涉及法律问题等，感兴趣的读者可查阅这方面的书籍，此处不再赘述。

第5章 感知技术知多少

对于智能建设来讲，具备自主性的感知、分析、决策和执行能力是其基本的技术特征。按照这条技术路线，本章将根据实际需要，阐述一些与智能建设密切相关的感知技术，它既是机器学习所需数据的主要获取手段，也是工程建设数据的主要来源，更是万物互联的基础。

感知技术所包含的内容非常丰富，涉及传感器技术、测试技术、信号分析和具体应用领域的专业知识等，但其背后起支撑作用的仍然是物理学、数学和专业基础。

5.1 数据是怎么得到的

"用数据说话"，这是包括工程界在内的诸多领域共同的声音。数据，在几乎所有领域都是最重要的资源。前面我们一直在谈论数据问题，但没有详细说明数据（也可称作信息）是如何得到的，下面我们就这一问题进行简要阐述。

实际上，自从有了人类社会，数据就一直伴随着我们，从古代简单的计数到现在的网络数据记录，都是数据的获取方式。在互联网时代，海量数据的来源可以归纳为四种，分别来自个人行为、业务行为、传感器采集（感知）和数据分享，如图 5-1 所示。

来自个人行为的数据属于个人社交范畴，大量的互联网用户创造出海量的社交行为数据（如社交媒体帖子、移动端的数据交换记录），揭示了人们的行为特性和生活习性，这在过去是没有过的。来自业务行为的数据主要有电子商务以及支付、查询、评价、物流、出行等，这部分数据是网络商务的主流，也是众多厂商争夺的焦点（网络数据的获取除

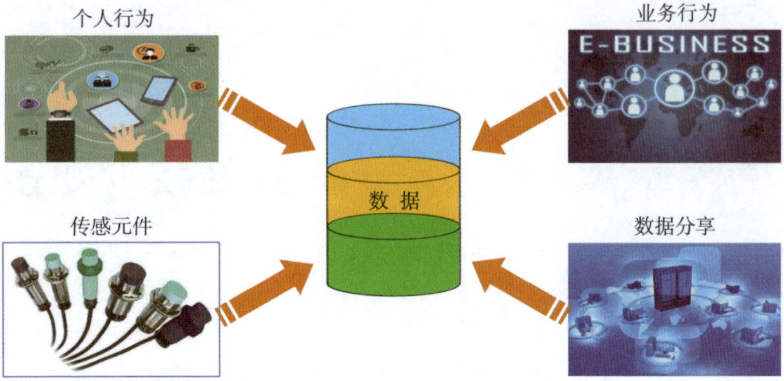

图 5-1 海量数据的来源

了分享外，大都采用网络爬虫进行收集）。来自传感器的数据属于专业领域范畴。现在许多设备（如汽车）上都配备了各式各样的传感器，时刻都在采集、监测和传输着各种信息，也是万物互联的基础数据。另外一种数据是来自分享的数据，例如互联网上的音乐、照片、视频、各种文档等，我们都可以分享得到，这在互联网出现之前是无法做到的。工程数据的分享在智能建设中也是非常重要的，涉及信息的流通问题，也是打破数据孤岛所必须要做的工作。

上述对数据来源的分类也不是绝对的，相互也有交叉，如个人行为也可能来自传感器的数据（跑步过程就是由传感器记录的行为数据）。在智能建设中，数据主要来自工程建设的不同阶段，勘测数据、设计数据、施工数据、质量数据、管理数据和养护数据等，都是最重要的基础数据。如何得到这些数据，对于从事工程建设的人来讲也是熟知的，由人工收集到仪器测量记录，再到自动量测记录，走过了一条漫长的数据获取之路。

回顾一下公路和铁路的建设过程便可知道，工程数据最早是由人工量测和人工记录的，如地形的测量、地质勘察、工作日志等都是由人工完成的，非常辛苦。后来随着电子信息技术和计算机技术的发展，量测和记录方式发生了变革，电子化量测和记录成为主流，目前部分量测和记录方式已经实现了自动化，正在向智能化迈进，如图5-2所示。

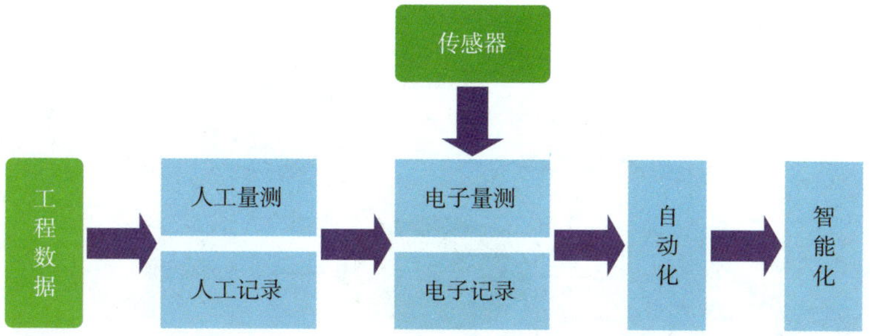

图 5-2　工程数据获取方式的变迁

在数据获取方式变迁的进程中，传感器发挥了重要作用，特别是在试验和检测过程中，离开传感器可以说是寸步难行。对于智能建设而言，传感器就是耳目，是数据（信息）获取的主要技术手段，属于现代感知技术范畴。

5.2　蓬勃发展的感知技术

人类为了从外界获取信息（数据），必须借助于感觉器官，但仅仅依靠人类感觉器官来全面了解世界是不够的，需要借助其他技术手段。感知技术就是其中的一类，可以视作人类感觉器官的延伸。

感知技术伴随着物联网的兴起而快速发展，也是人工智能领域中获取信息（视觉、听觉、触觉等）能力的核心。“感知（Perception）”是一种拟人化的提法，反映了模拟人类大脑的一种愿望，其本意就是大脑对信息的反应，即意识对信息的觉察、感觉、知觉等一系列过程。而感知技术则泛指一切获取目标（被感知对象）相关信息的技术手段，可以视作传感技术的拓展。

5.2.1　几种具体的感知技术

感知技术是获取信息的相关技术的统称，其范围仍在扩展中。目前的感知技术主要包括传感技术（Transducer/Sensor）、射频识别技术（Radio Frequency Identification，RFID）、卫星定位技术和无线传感网（Wireless Sensor Network，WSN）等。很多情况下，这些技术是联合工作的。当然，人工智能也应该包含在内，这是发展智能感知不可缺少的技术，如图 5-3 所示。

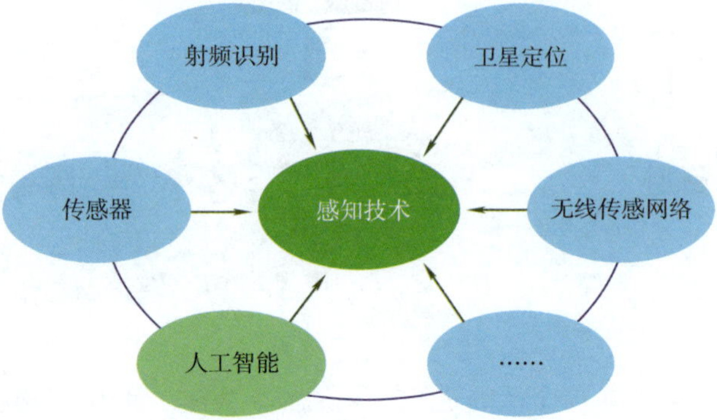

图 5-3 感知技术的主要构成

传感技术的核心就是传感器，是获取信息的主要技术手段和设备，与通信技术和计算机技术构成信息技术的三大支柱。传感器一般不独立工作，是测试系统中最前端的部件，直接感受被测对象的信息，并能将这种信息变换为电信号（或其他所需形式），供数据采集装置进行处理、存储和分析。传感器在工程建设中有着广泛的应用，常见的如力传感器、位移传感器、加速度传感器、温度传感器和湿度传感器等，它们都需要与数据采集装置联合使用。新型的传感器能够植入芯片，可以独立工作，构成微型数据采集装置。

射频识别技术简称 RFID（电子标签是其通俗叫法），是一种非接触式的物品自动识别技术，主要用于为各种物品建立唯一的身份标识，相当于给每一件物品发放一个“身份证”。RFID 由电子标签、读写器和服务器（计算机）组成。每个 RFID 芯片中都有一个全球唯一的编码，物品被贴上 RFID 标签后，需要在服务器中建立该物品的相关信息描述，与其编码相对应。当读写器对物品上的标签进行非接触扫描时，便可以查询到该物品的相关信息。不停车收费（ETC）、商场的仓储管理、机场行李自动分类等都属于这种技术。RFID 被认为是条形码（一维码）和二维码未来的替代品。

卫星定位是我们熟悉的，每个人的手机里都有这种技术。这项技术是利用卫星和接收机的双向通信来确定接收机的位置，实现全球范围内实时为用户提供准确的位置坐标。卫星定位系统由三部分组成：空间卫星部分由24颗卫星组成；地面控制部分负责监控卫星定位系统的工作，是定位系统的神经中枢；用户设备部分为信号接收机，用来接收、跟踪、变换和测量卫星信号，得到所在位置的坐标。如果采用差分技术，其精度可以达到厘米级。目前，卫星定位系统有美国的GPS、俄罗斯的格林纳斯（GLONASS）、欧洲的伽利略（Galileo）和中国的北斗（COMPASS）。

严格地讲，无线传感网不是一种具体的感知技术，而是一种网络，是一种由传感器节点组成网络，其中每个节点上都有传感器、微处理器和通信单元（新型传感器如MEMS就是如此）。节点间通过通信网络组成传感器网络，共同协作来感知和采集环境或物体的准确信息。无线传感器网络是目前发展迅速、应用最广的传感器网络。

5.2.2 不断扩大的应用范围

感知技术作为获取信息的主要手段，其应用范围还在不断扩大，可以说是方兴未艾。图5-4给出的只是部分应用领域。另外，感知技术一般不会单独应用，需要与其他技术结合起来使用，如与物联网、AI、测试技术、数据分析技术等的结合。下面简要介绍一些应用情况，相信对促进在智能建设中的应用，会有启迪作用。

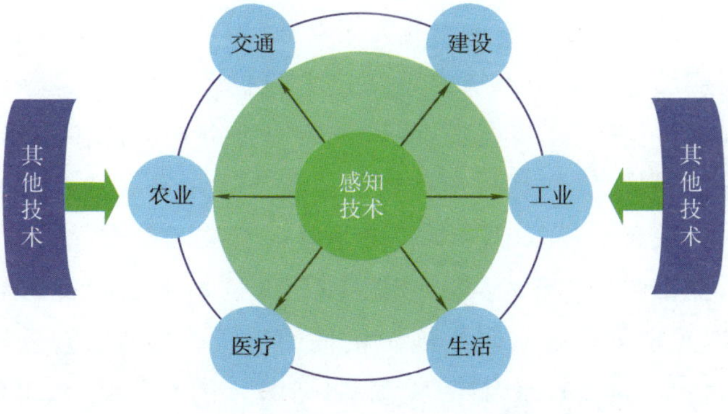

图5-4 感知技术的一些应用

在居民生活中，如果将各类物品（冰箱、电视、热水器、电饭煲、灯、音响等）植入相应的传感器和控制元件，再以计算机和网络技术为基础，便可以实现家庭网络中各物品的互联互通，进行远程的监测和遥控。

RFID技术在身份识别和管理方面大有用武之地。例如，通过RFID可以进行药品和医疗器械的识别和管理。病人身份也可以通过标签识别，快速得到病人身份和以往的就医信息，以便提供准确而及时的医疗服务。

在农业生产中，可以采用湿度传感器感知土壤湿度，网络平台系统会根据农作物特性，进行农田现场浇灌的远程控制。将定位技术应用在农业机械上，可以预估产量。此外，将传感芯片植入牛、羊等体内，可以实现远程跟踪和无人放牧。

工业属于制造业，目前智能制造正在进行中。无论是生产智能化、设备智能化还是管理智能化，都需要大量数据的支撑，离不开感知技术。如在智能工厂中，生产数据的实时监控、质量追踪、自动化生产、原材料管理、车间管理等，都需要首先感知信息，各种传感器和RFID技术都会得到应用。

在交通运输中，卫星定位技术占有重要地位，目前以提供位置服务的居多，如出租车管理、公交车管理、危险货物运输等。各种车辆的身份识别大都采用了RFID技术。如果将卫星定位技术、RFID技术、网络技术和云计算技术等相结合，可以实现车辆和车辆之间、车辆和其他交通设施之间的彼此通信和互相协作，将构成一个车联网络，其中传感技术将起关键作用。目前热门的无人驾驶，则是各种感知技术的集成。

工程建设中从来就不缺少感知技术的身影，以前只是称谓不同而已。现代试验设备、检测设备、测量仪器中都有相应的传感器，可以实现数据的自动采集，都是感知技术的体现。近年来，公路建设中的“智慧”工地，更是离不开RFID技术和卫星定位技术的支撑，从材料的拌和、运输，到摊铺、碾压，大都采用了RFID技术来识别材料和施工机械，采用卫星定位技术来监控施工机械的行走轨迹等。智能压实则实现了传感技术、定位技术、计算机和AI等技术的有机结合，可以自主感知压实质量信息，从而进行自主分析和决策，采取相应的反馈控制措施，详见第6章。

另外，感知技术在城市建设和维护中也有很多应用，是城市海量数据的主要来源之一。

感知技术发展速度很快，应用范围非常广泛，以上介绍的应用只是冰山一角。可以说，有物品的地方就有感知技术的存在，网络无处不达，连接无处不在，应用前景广阔。

5.3 感知的基础不简单

蓬勃发展的感知技术已经走进了我们的日常生活，每个人都在使用这类技术，除了专业人员外，很少有人探究感知技术的原理和背后的技术。下面通过分析一些感知技术的原理，来看看它们的基础是什么。这对于从事工程技术，特别是从事智能建设技术开发和应用的人来讲，是很有必要的。

5.3.1 RFID 技术的基础

RFID 主要由电子标签、读写器和计算机组成。其中标签中含有耦合元件和芯片，可以接收射频信号；读写器含有控制单元和高频模块等。RFID 的工作原理如图 5-5 所示。当贴有标签的物品进入读写器发出的射频信号（电磁场）范围后，接收读写器发出的射频信号，凭借感应电流所获得的能量，将存储的物品编码信息发送给读写器进行解码，读写器再将其送入计算机进行数据处理。

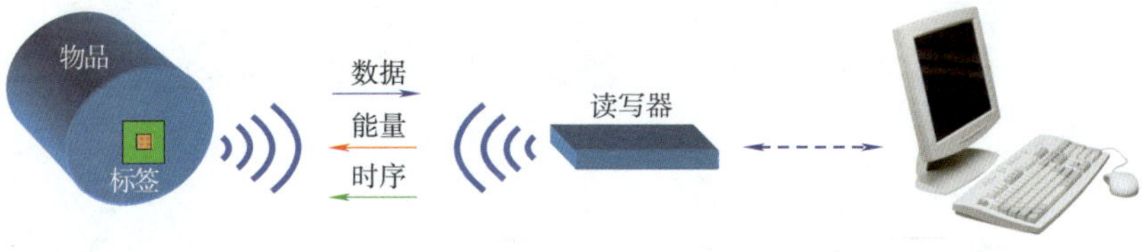

图 5-5 RFID 工作原理

通过对 RFID 工作原理的简单分析，可以看出包含的技术还是很多的，涉及芯片、电磁场、耦合元件、计算机和解码技术等，这些技术背后的基础则是物理学和数学。

5.3.2 定位技术的基础

定位是指通过声、光,以及无线电等方式,对目标位置信息(经纬度坐标)的获取。常见的定位技术有卫星定位、基站定位、激光定位、超声波定位、WIFI 定位、蓝牙定位、超宽带定位等等。下面仍然以卫星定位技术为例,分析其工作原理。

卫星一般由 24 颗组成,均匀分布在 6 个轨道面上,可以在全球任何地方、任何时间都能观测到 4 颗以上的卫星信号,用户接收机根据卫星发出的信号数据,按照一定解法进行定位计算,计算出用户所在地理位置的经纬度坐标和高度。为了提高实时定位精度,人们提出了差分技术,经差分校正后,观测点(接收机)的定位精度可以得到显著提高,其工作原理如图 5-6 所示。

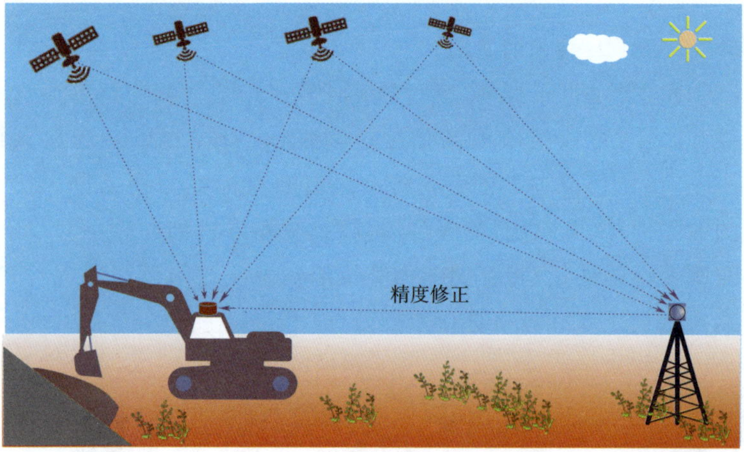

图 5-6 卫星定位的工作原理

常规的差分是根据基准站(或称参考站)上的精确坐标,对观测点坐标进行精度修正。其中比较常用的为载波相位差分技术,又称作 RTK(Real Time Kinematics)技术,它是建立在实时处理两个观测站的载波相位基础上的,能够实时提供观测点的三维坐标,精度可以达到厘米级。

卫星定位的技术原理并不复杂，属于简单的物理学知识。每颗卫星不断发射包含位置和时间的无线电信号，卫星接收机接收来自 4 颗星的信号，然后计算出在地球上的位置，误差仅为几百英尺（1 英尺＝0.3 m）。接收机将接收时间与卫星发射时间进行比较，通过二者之差，计算出与卫星的距离。通过比较这个时间与其他 3 个已知位置的卫星的时间，接收机便能够确定经纬度和高度。其中关键技术是时钟的精度，采用的是原子钟，是基于量子物理学原理的。

当然，卫星定位技术除了基本原理外，其软硬件技术也是非常关键的，主要涉及电子技术和计算机技术等，其解析算法部分主要涉及数学知识。

5.3.3　传感技术的基础

传感技术的核心是传感器。传感器的种类很多，对应的基本原理也各不相同，但归纳起来，不外乎是利用了物理效应（基于力、热、光、电、磁和声等）、化学效应（基于化学反应）和生物效应（基于酶、抗体、和激素等分子识别功能）这三方面的知识，这就是传感技术背后的基础——物理学、化学和生物学。

如果从传感器模拟人类五大感觉的角度来看，又可以将传感器分为五类，即光敏传感器——视觉；声敏传感器——听觉；气敏传感器——嗅觉；化学传感器——味觉；压敏、温敏和流体传感器——触觉。

下面我们以工程建设中常用的振动传感器为例，再简要说明一下其工作原理和背后的基础。经过分析可知，振动传感器是基于振动力学模型的，如图 5-7 所示。背后的基础就是振动力学。

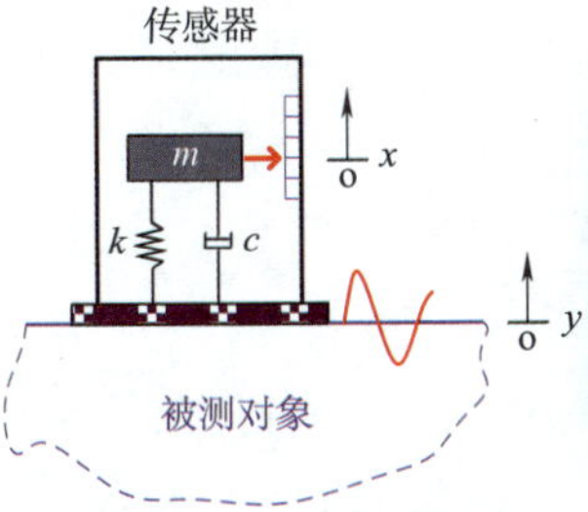

$$u = x - y \qquad y(t) = Y\sin\omega t \qquad A = \frac{mY\omega^2}{\sqrt{(k-\omega^2 m)^2 + \omega^2 c^2}}$$

$$m\ddot{u} + c\dot{u} + ku = -m\ddot{y} \qquad \frac{A}{Y} = \frac{r^2}{\sqrt{(1-r^2)^2 + (2\xi r)^2}}$$

$$m\ddot{u} + c\dot{u} + ku = mY\omega^2\sin\omega t$$

$$u(t) = A\sin(\omega t - \varphi) \qquad r = \frac{\omega}{\omega_0}$$

图 5-7　加速度传感器的基本原理

如图 5-7 所示，传感器记录的是质量块 m 与被测对象之间的相对运动 u（位移）。按照振动方程特征，通过设计便可以实现量测不同物理量的需求。下面根据图 5-7 中的振动方程，分别给出位移传感器和加速度传感器的基本原理。

如果被测物体的频率 ω 比传感器的固有频率 ω_0 要大很多，即 r 比 1 大很多，此时传感器的位移与物体的位移是一致的，即 $A \sim Y$，可得到位移传感器。同理，如果被测物体的频率 ω 比传感器的固有频率 ω_0 小许多，即 $r \to 0$，传感器位移与被测对象的加速度是一致的，可以推出 $A \sim \ddot{Y}$，得到加速度传感器。

以上就是振动传感器的工作原理。从中可以看出，通过改变传感器内部质量块、弹簧和阻尼的相对大小，便可以得到不同类型的传感器，这是设计传感器所必备的知识，一点都不简单。

另外，在很多情况下，传感器直接感知到的信息并不足以反映实际情况，需要结合所在专业对数据做进一步的处理，这更是一件不简单的事，详见本丛书其他分册。

通过以上简单的分析可知，尽管感知技术千差万别，但背后的共同基础还是基础学科的内容。因此，如果想进行原始性创新，必须熟练掌握物理学和数学等相关知识。

5.4 学习感知技术的方法

我们已经知道了感知技术的内容十分丰富，涉及学科也较多，那么如何学习和掌握这项技术呢，这要看学习的目的是什么了。以 RFID 技术的为例，对于普通用户来讲，完全可以不必理会技术原理，只需按照仪器说明书要求操作即可使用，这就是黑箱方法；如果是开发人员，则需要掌握基本原理，学会将芯片和元器件进行组装成产品，以及编写控制程序，这个属于灰箱方法；对于发明 RFID 技术的人来讲，一定是对这项技术各个方面都非常清楚，这就是白箱方法。实际上，这三种学习方法在 2.3 节已经进行了介绍，适用于掌握任何新技术，如图 5-8 所示。

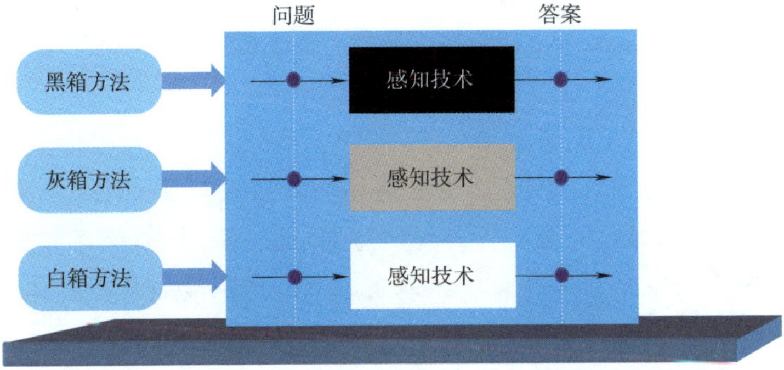

图 5-8 学习感知技术的三种方法

对于从事智能建设技术开发人员来讲，应学会采用灰箱方法掌握感知技术（以及其他新技术），在知道问题的答案的同时，也要掌握其中的一些基本道理，知道为什么是这样的解答。这样自己就可以开发或搭建一些软硬件集成的装备了。例如作者所在团队开发的新型 MEMS 传感器，尽管不会研发芯片，但可以购买芯片来搭建传感器，需要自己设计电路板，编写控制程序来控制芯片，这就是灰箱方法的好处。没有必要完全采用白箱方法开发新技术（但对于原始性创新则是必要的）。

5.5 工程中的感知装置

随着信息（数据）时代的到来，传感器已经成为我们获取自然和生产领域中信息的主要途径与技术手段。工程建设中随处可见的各种感知装置，正在为实现智能建设和保证工程品质发挥着应有的作用。例如在施工阶段，需要采用各种传感器来监测和控制施工过程中的各种参数（如材料的配合比、摊铺厚度、碾压质量等），使施工过程处于完全可监控范围内，并使质量达到最优，实现信息化和智能化施工。可以说，没有众多优良的传感器，信息化、网络化和智能化也就失去了基础。下面按照工程建设顺序，介绍一些常用的感知装置，这些也是智能建设所需要的。

5.5.1 设计阶段的感知装置

设计阶段的主要任务是勘测设计，其感知装置主要集中在地质勘察和地形测量方面。总的来讲分为空中感知和地面感知两大类。空中感知以遥感为主，地面感知就是测量，相应的仪器设备中都含有传感器。

(1)遥感技术中的传感器

遥感就是遥远的感知，具体是指利用安装在遥感平台（卫星、飞机等）上的可见光、红外、微波等各种传感器，通过摄影、扫描等方式，从空中或远距离接收来自地球表层或地表以下一定深度内各类物体发射或反射的电磁波信息，并对这些信息进行加工处理，从而识别出地表物体的性质和运动状态，如图 5-9 所示。

图 5-9 遥感的工作过程与成果

遥感技术中的传感器主要以光电效应为主，主要有光学摄影类传感器、扫描成像类传感器、雷达成像类传感器和非图像类传感器。

多光谱传感器使用一个视野狭窄的传感器在地形上进行扫描，在不同波长范围内采集数据，以构建和生成地表的二维图像。红外传感器负责采集物体的一种人眼看不见的性质即热辐射特性，得到物体辐射温度分布的图像。高光谱传感器可同时采集整个电磁波谱（电磁波谱的紫外、可见光、近红外和中红外区域等）的信息，在获得地表图像信息的同时，也获得其光谱信息，第一次做到了光谱与图像的结合。微波传感器与可见光和红外相比，其波长更长，具有很多特殊和重要的遥感属性，在几乎所有天气和环境条件下，都能检测到微波能量，可以随时进行数据的采集。

在遥感技术中，与交通基础设施建设相关的主要有地质遥感（识别岩石、地层、构造、山崩、滑坡和泥石流等）、地理遥感（识别地理环境要素和土地利用等）和区域遥感（识别行政区划、自然区划和水系流域等）。

上述这些传感器主要涉及电磁波理论，其原理比较容易理解，但结构复杂，图像的获取一般也是由专门机构进行的。对于从事工程建设的人来讲，应该熟悉这些传感器的特性，根据需求选择合适的传感器，学会使用这些遥感图像。如果深入一点的话，可以进行遥感数据的处理，特别是利用 AI 技术进行数据处理。这种学习方法也适用于对其他传感器的把握。

（2）测量仪器中的传感器

用于地形测量的仪器主要有三种：水准仪、经纬仪和全站仪。这里简要介绍一下全站仪中的传感器，它们仍然是以光电效应为主。

随着电子技术的发展，出现了集角度（水平角、垂直角）、距离（斜距、平距）、高差测量功能，以及微机处理于一体的新型电子测量仪器，其测量结果能自动显示，并能与外围设备交换数据。因其一次安置仪器就可完成该测站点上的全部测量工作，所以称作全站型电子测距仪（Electronic Total Station），简称全站仪（图 5-10）。目前，智能型全站仪在无人干预的条件下可自动完成多个目标的识别和测量，被称为“测量机器人”。

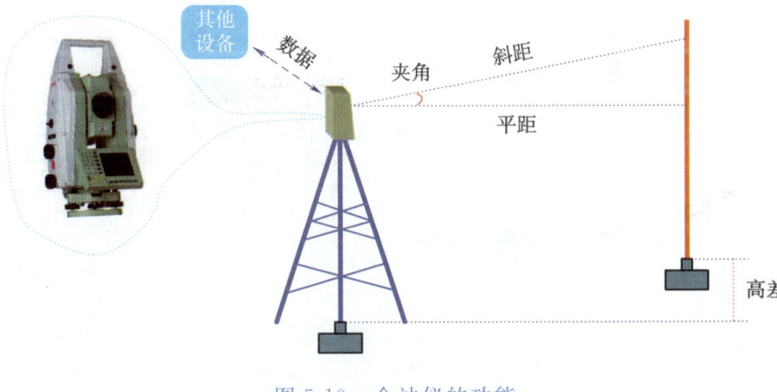

图 5-10　全站仪的功能

全站仪属于电子仪器，其中有多种传感器，分别承担着不同的任务。电容式传感器是将被测量(仪器倾斜量)转换为电容，再变成电压量输出，用于水准(气泡)的校准。光纤传感器采用光的全内反射原理，将光信号转换为电信号，用于测量距离。光栅式传感器利用光栅的莫尔条纹现象进行角度的测量，当度盘随照准部转动时，莫尔条纹的明暗会发生变化，计数器便可以得到角度数值。电荷耦合摄像器件(CCD)是具有自扫描功能的图像传感器，是全站仪的“眼睛”，也是被称作测量机器人的原因。

全站仪主要应用在建筑工程、公路、铁路、机场和水利等领域的测绘工作中，可以同时进行控制测量和地形测量。在工业生产设备和构件的安装调试、船体设计施工、建筑物的变形观测、地质灾害监测等方面也得到了成功应用。相信全站仪将在智能建设中将发挥重要作用，而传感器作为感知装置，是全站仪的“五官”，是关键技术。

5.5.2 施工阶段的感知装置

施工阶段是智能建设的主要实施阶段，所需要的数据量大，获取的手段主要依靠各种感知装置。回顾一下道路施工过程，从施工放样、材料拌和、摊铺与碾压以及各种试验等，所有过程的操作都是机械化或自动化方式，都有各种量测和控制设备在起作用，都内置了相应的传感器，时刻感知着施工过程的各种信息(数据)，如图 5-11 所示。

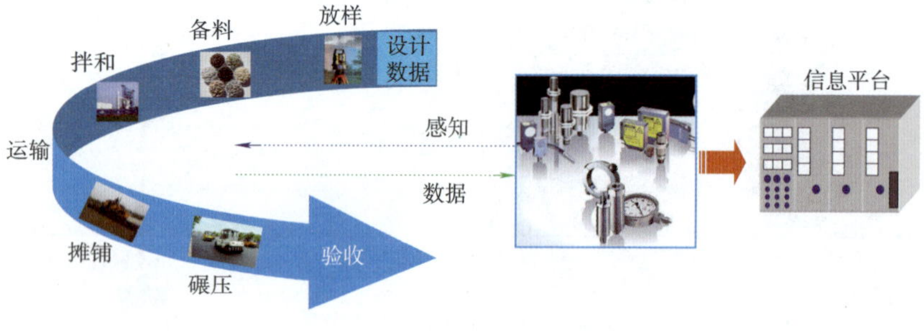

图 5-11 道路施工过程与信息感知

施工过程是多学科交叉的集中展现之地，所有数据的获取都离不开传感装置。这些传感装置被植入到不同仪器和设备中，其类型比较复杂。下面介绍一些具有代表性的感知装置。

光学感应类传感器采用光的反射原理，根据光速和走行时间来确定长度（距离），主要应用在测量仪器中，摊铺机的激光找平系统中的传感器也属于这种类型。

温度传感器是温度测量仪表的核心，品种繁多。其中，非接触式的热红外温度传感器在沥青路面施工（混合料的拌和、运输、摊铺和碾压）中应用较多。它是根据波段位于 0.75～100 μm 的红外线辐射原理而制作的，不但可以测量运动物体和小目标对象的表面温度，还可用于测量温度分布（温度场）。

在工程建设中，应用最多的还是力学类传感器，各种力学试验、现场检测、智能压实等都需要这类传感器获取数据。常用的有力传感器、位移传感器和加速度传感器等。由于所采用的原理不尽相同，所以存在多种类型的力学传感器。例如，力传感器依据原理不同，可以分为压阻式、陶瓷、扩散硅和蓝宝石压力传感器等，它们都是基于压阻效应原理的。另外一种是压电式压力传感器，利用了石英晶体的压电效应。由于力学类传感器在工程中应用较多，此处不再详细介绍。

不管是哪类传感器，都有一个将待测的物理量转换为可被计算机识别的数字量的过程，并且基本过程是相同的，如图 5-12 所示。

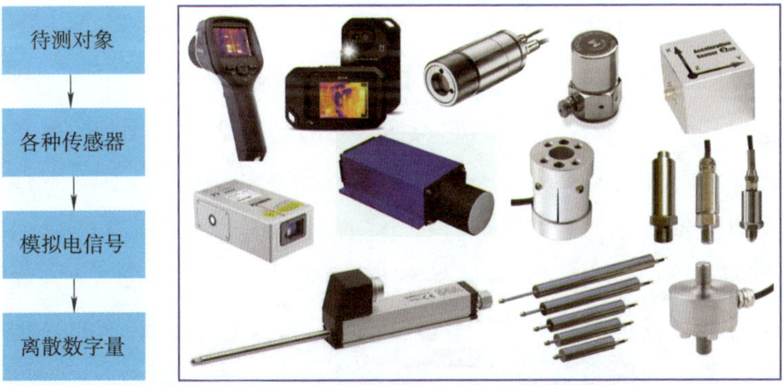

图 5-12　被测量转换为数字量过程与传感器图示

施工阶段除了上述这些类型的感知装置外，还有诸如超声波传感器和各种计量用传感器，作为拌和站质量控制使用。另外，卫星定位和RIFD等技术也都得到了应用。

5.5.3 养护阶段的感知装置

养护阶段的感知任务主要是收集各种数据，为养护决策服务。感知装置主要配备在各种检测仪器上，如FWD中的力传感器、加速度传感器(积分得到位移)，综合检测车上的激光传感器、超声波传感器，埋在结构内的光纤传感器，摄像装置，以及探地雷达中的电磁波感知装置等。

当前，几乎所有传感器(感知装置)都在朝着微型化、数字化、多功能化、网络化和智能化方向发展。特别是智能化水平的提高，对于非专业人员来讲是一个福音，操作会变得“傻瓜式”。

——传感器是电子信息装备制造业中的基础类产品，是各国重点发展的新型电子元器件中的特种元器件。作为被公认的、具有发展前途的高技术产业，以其技术含量高、经济效益好、渗透能力强、市场前景广等特点为世人瞩目。我们应密切注意新型传感器的发展趋势，以便及时应用到智能建设中。

5.6 自动感知与智能感知

随着感知技术的快速发展，新型传感器已经内置了单片机，如MEMS(Micro-Electro-Mechanical System)传感器就是如此，也出现了自动感知和智能感知等说法，但在很多情况下被混淆了，有必要厘清它们之间的区别与联系。实际上，这个问题还是自动化与智能化的区别问题(见1.4节)。有一个简单的判断原则——对于一项工作，如果机器替代的是人的体力劳动，则属于自动化范畴(自动化系统的模型也是明确的)；若替代的是脑力劳动，则属于智能化范畴。

对于传感器，自动感知的主要特征是在没有人的干预下自动完成量测工作，而智能感知则是在自动感知的基础上，传感器能够根据采集到的数据进行自主学习、分析、推理、判断和决策等，具备自主性的修正误差的能力，如图 5-13 所示。

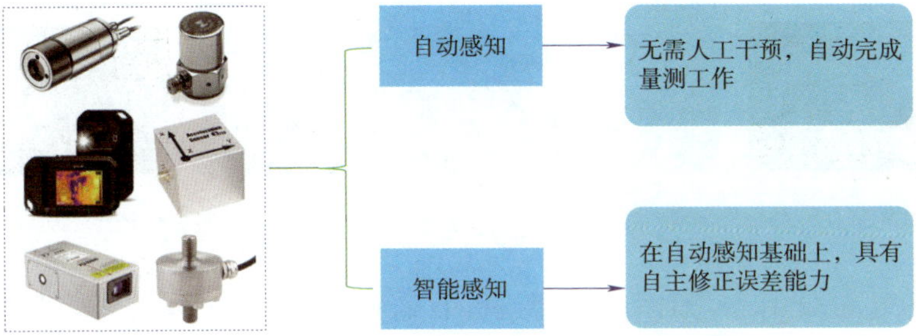

图 5-13 自动感知与智能感知的主要差异

客观地讲，现在我们接触到的各种智能化，大部分只是高级一点的自动化而已，谈不上什么智能，距离真正的智慧更是遥远。尽管如此，我们也没必要过分纠结这些概念，只要能为智能建设服务就够了。

5.7 工程物联网

目前感知技术的主要用途之一就是组建工程物联网。下面结合智能建设，略谈一下这个问题。

5.7.1 什么是物联网

如果将感知装置（包括 CPU）装配在各种物品上，使每个物品都具备感知和网络连接能力，物品之间便构成一个网络，可以交换信息，这就是物联网（Internet of Things，IoT）的通俗解释——物物相连的互联网（图 5-14），是互联网发展的新阶段。

早期的物联网以物流系统为背景，以 RFID 作为条形码的替代品，实现对物品的信息化管理。现在的物联网是新一代信息技术的重要组成部分，其内涵正在发生着深刻变化，不但要物物相联，还要进行实时控制。

5.7.2 物联网组成与关键技术

从技术角度看，物联网可以人为划分为三个层面——感知层、

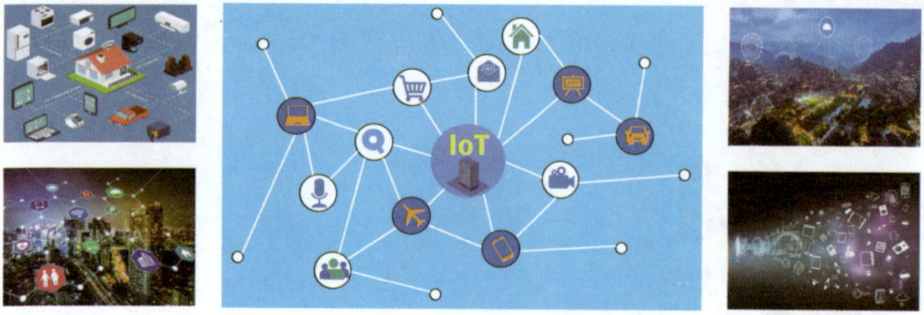

图 5-14 物物互联构成物联网

网络层和应用层，如图 5-15 所示，它们构成了物联网的基本要素。

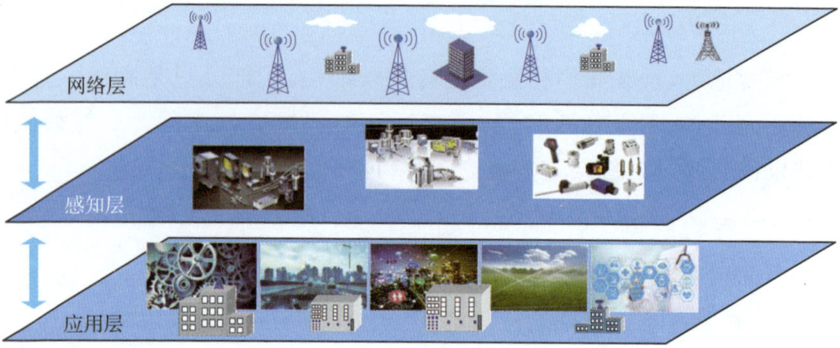

图 5-15 物联网的组成

感知层主要负责"感知"物理世界发生的事件和数据，是信息采集的关键，涉及传感器、RFID、定位技术以及网络信息收集等，前面已做过介绍。

网络层也称作传输层或通信层，负责把感知到的信息进行安全、可靠地传送，是传感器网络、移动通信技术和互联网技术的高度融合。

应用层（含控制）面对的是各个应用领域（如工业、交通、建设、农业和医疗等），由信息平台负责对感知到的数据进行计算和处理，进行信息的协调、共享和互通，实现对物品的实时控制、精确管理和科学决策，为各领域提供专业级的服务。

物联网包含很多技术，比较关键的有感知技术（RFID、传感器、定位）、无线通信、人工智能和云计算技术等。RFID 用于识别物品身份；传感器负责信息的采集与转换，定位技术确定物品所在位置；无线通信是物品与人、物品与物品之间数据交流的媒介，包括语音和数据网络，以及近距离通信技术（如蓝牙、ZigBee 等）；AI 负责信息的智能处理、分析和决策；云计算则实现了对海量数据的存储和计算。这些技术都将被整合在物联网的信息平台上，从而应用到各个领域中，如图 5-16 所示。

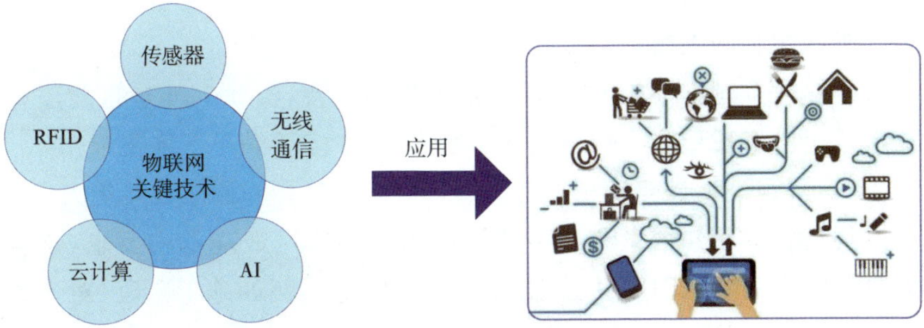

图 5-16 物联网的关键技术

5.7.3 物联网能做什么

物联网也称作“传感网”，不仅提供了感知器件的相互连接，其本身也具有数据处理能力，能够对物品实施必要的管理和控制。例如，将感知器件嵌入到公路、铁路、机场、建筑、大坝、电网、市政、油气管道等领域的各种物品中，将它们与互联网结合起来，便可实现人类社会和物理系统的整合，在计算机中可以建立相应的信息模型系统，实现对人员、材料、设备、设施、质量、进度等的实时管理和控制。

物联网的应用可分为监控型（如物流监控、污染监控），查询型（如智能检索、远程抄表），控制型（如智能交通、智能家居、路灯控制），扫描型（如手机钱包、高速公路不停车收费 ETC）等。对于智能建设，监控和控制将占主要地位。

物联网可以对网内物品进行管理和控制，这将使我们能以更加精细和动态的方式管理生产和生活，提高资源利用率和生产力水平，改善人与自然的关系。正是因为这些特点，物联网才被称为继计算机、互联网之后，世界信息产业发展的第三次浪潮。

5.7.4 工程物联网

工程物联网（指交通基础设施智能建设）是物联网的一个子系统。对于智能建设，构建工程物联网十分必要，2.7 节提及的智能建设信息平台，就是工程物联网的雏形，只是目前还不完全具备对各个物品实施动态管理和控制的能力，仍然需要建设。

工程物联网是交通基础设施进行智能建设的关键技术之一，是实施工程建设全过程动态管理和控制的基础平台，实际上就是智能建设技术系统的表现形式。构建这样的平台，至少需要满足下列要求：

（1）所有与工程建设相关的物品都应具备感知和网络连接能力

物品具有感知信息和网络连接能力是物联网最基本的要求，这就需要给物品配置 RFID、传感器、定位、CPU 等。例如施工阶段，对于摊铺机（自带控制系统），需要配置 RFID 来识别其身份（编号、参数等），配置定位系统来确定其摊铺位置，配置速度传感器控制其摊铺速度（也可用定位系统确定），配置激光传感器确定其摊铺厚度和找平控制。对于压路机，需要配置 RFID 来识别其身份（编号、参数等），配置智能压实控制系统来控制压实质量（压实程度、压实稳定性和压实均匀性）和碾压位置，监控压路机的振动工艺参数等。另外，摊铺机、压路机、拌和站、管理、检测等之间也应该是互联互通的，所有信息都将集中到平台上做进一步的处理和管控。

（2）具备通畅而安全的无线通信能力

在工程建设中，大部分物品都处于动态变化中（如材料、工程机械、试验过程、检测过程等），因此，具备感知和上网能力的各物品，都是采用移动方式联网的。通畅而安全的无线通信是物联网的技术保证。当前，随着 4G 的普及，5G 的开始（还会有 6G、7G……），无线通信技术已经不再是妨碍物联网发展的瓶颈了。

(3)具备工程建设动态管理和控制能力

如果说上述两点是所有物联网所共同遵守的,那么动态管理和控制则是工程物联网所特有的要求,不但涉及信息感知的正确与否,更与如何管理和控制物品(如摊铺机、压路机、填筑材料等)密切相关,这就对专业技术(如公路、铁路、机场等)提出了更高的要求。实践将证明,对专业知识的掌握程度才是工程物联网发挥作用的关键。

以上是保证工程物联网顺利实施的基本要求,还有很多与网络相关的技术如防火墙技术、加密技术、安全接入技术等,也都有相应的要求,将由相关专业提供保证。

工程物联网是一个复杂的动态管理与控制系统,包括设计、施工和养护阶段的主要内容。图5-17给出了以施工阶段为主的工程物联网的基本架构(从施工过程的角度),需要以此为基础进行具体构建。

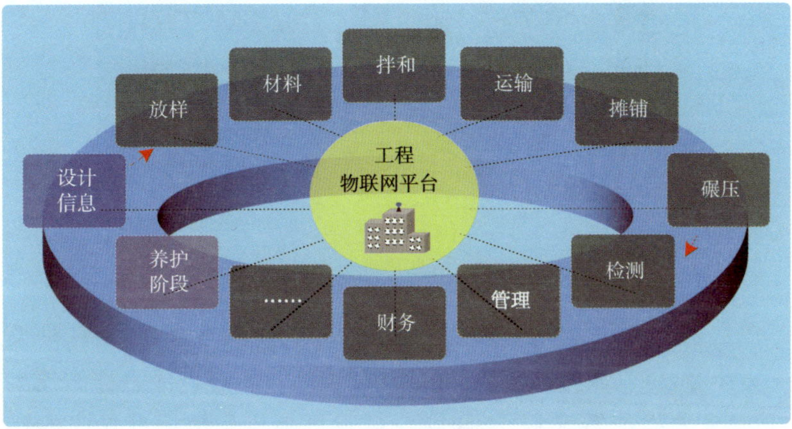

图5-17 工程物联网(施工阶段)的基本架构

施工阶段是智能建设的主场,也是诸多技术集中应用和展现的地方。施工过程各个环节之间的信息通过物联网相互联系起来,便于对施工过程实现全面的管控。工程物联网是目前工程建设信息平台的升级换代,物品之间不但具有了互联互通的能力,更重要的是具备了根据感知到的各种工程信息进行动态管理和控制的能力。尽管目前的技术水平还没有完全实现智能化，但大部分已经实现了自动化。

5.7.5 信息物理系统 CPS

说到物联网，自然与另外一个概念联系起来，那就是信息物理系统(Cyber Physical Systems，CPS)。信息物理系统是一个联系物理世界和信息世界的复杂系统，它将物理设备连接到互联网上，让物理设备具有计算、通信、控制、协调和自我管理等能力，实现物质的现实世界和虚拟的数字世界的融合，如图 5-18 所示。可以认为，CPS 是物联网发展的新阶段和更专业的称呼。

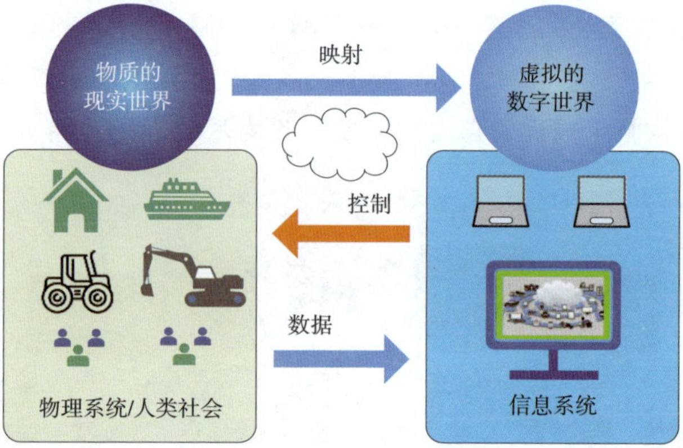

图 5-18 信息物理系统(CPS)

在上述表述中，物理设备泛指自然界中的一切客体，包括各种设备和生物体等，可以认为就是物联网中的“物品”；物理世界也称作现实世界，包括各种物理系统和人类社会；信息世界也称虚拟世界或数字世界，是现实世界在计算机中的映射。

随着计算机技术的发展，科学研究的方法也发生了变化。一类将现实世界搬到计算机里进行模拟的方法得到了快速发展，称作计算机模拟技术或数字仿真技术(虚拟现实技术也属于这类)。数字仿真技术是工程建设中常用的方法，BIM 就是这类方法的代表之一。CPS 不但可以进行对物理设备的虚拟仿真，还可以对物理设备实施远程操作，这是普通计算机仿真技术所不具备的，也是以前的物联网所不擅长的。

在计算机眼里，存在两个世界，一个是由各种实体和人构成的物理世界（如工程建设、机械制造），另一个是由数字模型构成的虚拟世界。CPS就是沟通这两个世界的桥梁和纽带，它通过计算机、通信和控制技术的融合与协作，采用网络方式来操作物理实体，实现了对大型工程系统的实时感知、分析与决策、动态管理与控制等。

CPS本质上是一个具有控制属性的、具有一定智能的网络系统，将物理设备连接到互联网上，让物理设备具有计算、通信、控制、远程协调和自治功能，可以使整个世界互联起来，将会改变我们与物理世界的互动。

无论是物联网还是CPS，目前网络层已经非常成熟，感知层的发展也非常迅速，但应用控制层还相对落后。应用层是直接为用户提供具体服务的，信息平台是其主要表现形式，与工程建设的联系最紧密，未来发展的潜力巨大。对于工程建设，以信息管理为核心的平台建设已经完成，以互联互通为核心的平台（物联网）正在兴起，加强以远程控制为核心的平台（CPS）研发应是智能建设的重点。

第6章 工程建设智能化

前面我们沿着智能建设基本特征——“感知、分析、决策、执行”这条技术路线，对与工程建设密切相关的“感知技术”和“机器学习”进行了阐述，对于“分析、决策、执行”这部分，涉及更多的工程应用，与专业结合得更紧密。本章将结合这部分内容，探讨智能技术在交通基础设施建设中的应用。以道路工程为例，兼顾铁路、机场和城市道路等，就所涉及一些问题进行讨论，并以智能压实作为智能建设的应用实例，分析一下如何进行具体的实施。

6.1 智能建设初见曙光

随着信息技术的快速发展，交通基础设施迎来了智能建设的新时代，无论是勘察设计、施工生产还是养护维修，信息化和网络化已经与工程建设紧密结合在一起了，而智能化的身影也已出现，尽管还不完美，但已经在路上。

6.1.1 从信息化到智能化

交通基础设施的智能建设与信息技术密不可分。其他行业的实践证明，智能化离不开信息化和网络化的支撑，工程行业也是如此。信息化和网络化是发展智能建设的基础，如图 6-1 所示。

计算机是实施智能建设的主要工具之一，信息化也就是计算机化（也有人将其称作“数字化”）。20 世纪 90 年代初，以计算机为代表的信息技术在工程建设中开始应用，最大的成功是 CAD 取代了传统的手工绘图，使设计工作向信息化方向迈进了一大步。此外，大型仿真计算、虚拟现实技术以及管理工作的信息化等，也都得到了发展。在

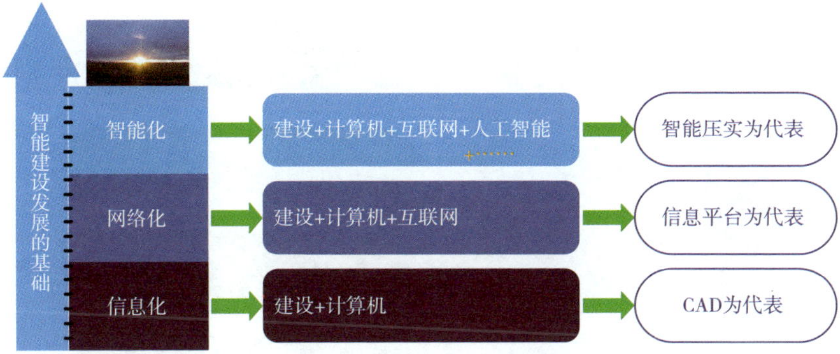

图 6-1 智能建设发展的基础

此基础上，由于互联网在 21 世纪初的普及应用，使得信息的获取、使用、控制和共享变得更加容易和廉价，工程建设进入了网络时代和数据时代，通过网络来分享信息成为一种常态，近年来发展起来的各种工程信息平台就是最好的说明。互联网的普及也促进了物联网和 CPS 的发展，物物相联将人、物、信息、流程等连接起来，各种信息的获取变得更加便捷，进一步推进了信息技术与建造业的融合。这些都是发展智能建设的必要基础。

工程建设的信息化和网络化，促进了感知技术和机器学习在工程中的应用。施工阶段已经开始了智能建设的进程，其中智能压实技术发展得最快，基本上具备了自主性的“感知、分析、决策、执行”的能力，给整个交通基础设施的智能建设带来了曙光。

6.1.2 智能建设实施的基本步骤与各阶段的主要任务

智能建设的四个基本特征即“感知、分析、决策、执行”，也是具体实施的基本步骤。从目前部分实践的经验来看，实现这几个步骤并不困难，图 6-2 给出了智能建设实施步骤的具体说明，其中的关键是如何让机器进行学习，学习哪些知识。

智能建设实施的具体内容，在不同阶段是不相同的，表 6-1 给出了设计、施工和养护阶段实施的一些内容，但不是全部，实际操作时，还需要细化。

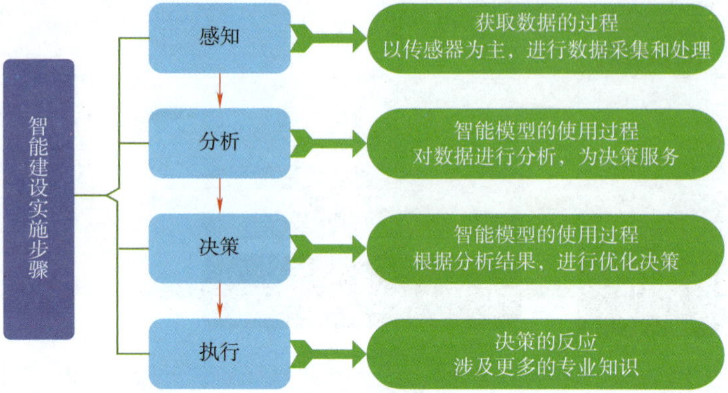

图 6-2　智能建设实施的基本步骤

表 6-1　智能建设各阶段实施的部分内容

特征＼阶段	设计	施工	养护
感知	测量数据，勘察数据	材料、工艺与质量数据	质量数据
学习	设计技能	施工工艺	决策能力
分析	相关数据	相关数据	相关数据
决策	优化设计方案	优化工艺，控制质量	维修规模
执行	施工图设计	施工作业	维修（施工）

从目前的科技发展水平看，智能建设所涉及的一些技术在其他行业已经应用的很普遍了，需要研究的问题是如何与工程建设深度融合。

工程建设中的“感知”以传感器和数据采集装置为主，已经从一般的电子产品升级到以计算机为核心的自动量测设备了，有些达到了智能化初级水平，前面已经进行了介绍。感知装置在智能建设中一般不需要另外开发，更多的研究集中在数据处理方面，需要结合专业进行。例如，在勘察设计阶段，采用遥感设备对沿线地形地貌进行的遥感，重点是如何解释图像中所包含的信息；在施工阶段，工程机械（摊铺机、压路机等）与填筑体相互作用的信息也是容易采集的，但关键是如何将其转变为与施工质量相关的信息。实践证明，只要具备了扎实的专业基础，这些问题就不难解决。

“学习、分析、决策”是人工智能要解决的问题。过去，各种机器学习算法在工程中的应用，大部分都属于预测，替代统计学中的回归分析，但这是不够的。对于智能建设，面对更多的不是预测问题，而是让计算机学习和掌握设计技能、施工工艺和养护策略等专业知识，辅助人类工作。这些知识和信息都是人类长期积累和总结的结晶（可以统称为历史数据），既有确定性的，也有不确定性的，可能还有模糊性的和不完整性的，并且大部分是非数学形式的。从人工智能技术发展的现状看，让计算机掌握工程建设的专业知识，目前走专家系统与机器学习结合的道路应该是可行的（构建基于知识的智能系统过程称作知识工程）。例如，可以先把专业知识和经验转变为若干个“规则”，形成知识库，再构建新型专家系统来承担这个任务。这里所言的新型专家系统是结合了几种智能技术的混合智能系统，如神经-专家系统、神经-模糊系统、进化-神经网络、模糊-进化系统等，它们可以各自发挥自己的长处，增强学习能力，处理不确定性和模糊性知识等。例如采用神经网络来训练知识库中的“规则”，用遗传算法来优化神经网络的“权重”，都是混合算法。

关于“执行”，更多涉及的是专业领域。设计阶段的执行就是按照要求设计施工图，养护阶段则是维修，实质也是施工。最复杂、最重要的行动当属施工阶段的施工作业了，这是形成交通基础设施这种“产品”的主战场。目前采用的都是机械化施工，随着工程机械电子化和信息化水平的提高，机械化施工正在由人工控制向自动控制方向发展，无人驾驶方式的机械化、自动化施工正在成为一个热点。与此同时，以智能压实为代表的智能化施工也在推进中。对于工程建设来讲，不但要求工程机械性能的智能化，更要求其功能的智能化，这样才能有利于智能施工。

目前，交通基础设施的智能建设正在施工阶段展开。智能化的工程机械将替代人类大量体力劳动和部分脑力劳动，人类可以更多地从事创造性工作。同时，智能建设将有效减少资源与能源的消耗与浪费，引领建造业的绿色发展。

6.2 智能设计的可行性

设计阶段的中心任务是做好工程设计。围绕着这个中心，主要做两件事，其一是获取设计所需的各种信息；其二是根据技术标准进行具体的设计。这一阶段我们关注的重点是有哪些智能技术可以用于工程设计。尽管目前还没有完全实现公路、铁路、机场和城市道路的智能设计，但探讨一下还是非常有意义的。

6.2.1 智能设计的基础已初步建立

所谓智能设计，就是让计算机根据感知到的相关信息，在设计的全过程或关键环节，像人类工程师那样进行自主设计，实现目标优化，生成符合要求的施工图。下面按照智能建设基本特征即“感知、学习、决策、执行”的要求，分析一下这几部分的现状。

(1)信息感知不是问题

感知技术已在前面进行了简要阐述。随着信息化和网络化技术的发展，获取地形、地貌和地质等各种与设计有关信息已经不是问题了，技术也相对成熟，有些已经达到了智能化初期水平，数据量也已经远远超出了以前的量级。关于感知技术，我们只要掌握好如何应用就可以了，其技术水平的提升，还有待于其他学科的发展。

(2)自动绘图与可视化容易实现

自动绘图与可视化属于“执行”部分，就是让计算机按照要求，自动绘制设计图和自动显示结果(包括三维可视化和动态)。从事过 CAD(开发)的人都清楚，只要按照设计师的意图，设计好程序，计算机就会按照设计工程师的要求，自动生成图表和显示。因此，对于 CAD，绘图的自动化和可视化显示都是很容易的事情，如何让机器掌握设计师的意图，才是走向智能化的关键。

需要注意，智能设计不一定必须是自动绘图，关键还是要看计算机能否自主性地提出设计方案并进行决策，替代人的部分脑力劳动。

（3）机器可以学习和掌握设计技能

让计算机学习和掌握设计技能，是人工智能的任务，是智能设计的核心之一。学习与分析决策是相辅相成的，实际上就是我们人类做事情需要先培训（学习）、后工作的过程。我们先谈一下计算机的学习问题。

现在的工程设计，虽然早就采用了CAD以及一些三维可视化设计技术，各种计算也是由计算机完成的，但还是属于工程师（专家）主导的人工设计，只是由手工绘图变成了计算机操作而已。尽管如此，CAD仍然是智能设计的重要基础之一，我们要做的工作是建立在这个基础之上的，其中的关键是让计算机学会综合运用已有知识（历史数据）进行工程设计。

我们知道，工程师的设计技能是通过对既有设计经验、设计理论和技术标准等知识的学习而掌握的（当然还需要大量的实践）。如果进行智能设计，首先要做的工作就是让机器也掌握这些知识。

根据3.1节，在所有智能技术中，专家系统最擅长处理知识类信息，在很多行业都取得过辉煌的成绩，但没有自主学习能力和联想记忆能力也一直是它的软肋。为了解决这个问题，需要引进其他技术，形成新型智能设计系统。例如，在专家系统中加入神经网络，用训练过的神经网络来表示知识，这样就变成了神经-专家系统，具备了一定的学习能力。图6-3给出的是神经网络与基于规则的专家系统的结合，在其他行业已开始应用，相信在智能建设中也会得到应用和发展。

专家系统通过IF-THEN形式的规则来表示知识，对于处理设计知识（既有经验、理论和标准等）是好事。我们的任务就是将这些知识拆分为若干条规则并存储在知识库中。拆分这些知识为规则，尽管原理上是可行的，但仍然需要我们做大量细致的工作，需要专业工程师（领域专家）、知识工程师（设计和构建专家系统的人）和用户（设计院）的密切配合，这方面可以借鉴其他领域开发的成熟经验，还可以尝试采用机器学习中的分类或聚类算法进行资料的预处理。

将神经网络（或其他技术）与专家系统结合起来是一种新的发展趋

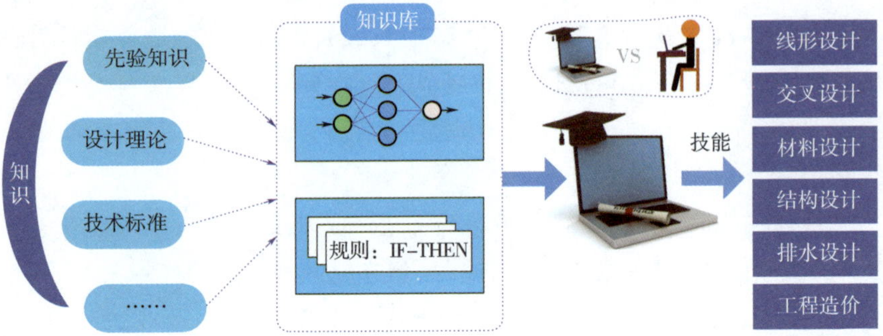

图 6-3　让机器学习和掌握设计技能的途径

势。在专家系统中，知识通过人工将其转换为规则，每一条规则表达一个关系、建议、指示或策略，是独立存在的。在神经网络中，规则是通过学习产生的，知识储存在神经元连接的权重中。一个神经网络（固定的结构和权重）可以把若干个相关知识都包含在内，并且可以根据新的训练数据，自动获得新的权值分布，更新知识库。

关于采用神经网络表示知识，主要涉及分类问题（前面已经介绍过）。目前神经网络至少有几十种模型，学习规则也各不相同，可以根据具体情况选用。由于神经网络要求将输入的知识转化为数字型，但有些知识恐怕很难数字化，所以神经网络在这里不是万能的，可以考虑选择其他机器学习算法。另外，对于不确定性的知识可以采用概率方法表示，模糊性的知识采用模糊方法处理。

6.2.2　发展智能设计的思路

如果计算机掌握了设计技能，就可以尝试着让它做设计工作。设计的实质是一个不断优化方案、最大限度满足目标的过程，也就是智能设计阶段的“决策”过程。新形势（信息时代、数据时代、智能时代……）下的智能设计基础已经初步形成，但如何开展智能设计工作，仍然需要探讨和斟酌。这里略谈一下大致思路。

（1）构建技术资料库

工程设计是一个复杂的系统工程，应以系统的角度看待设计问题

(见2.6节)。作为智能建设的一部分(子系统),完善的设计系统可以起到统筹设计阶段全局的作用。现在很多设计单位已经建立了自己的设计系统(大都以平台形式出现),如果开展智能设计,尚需要充实和完善现有的平台,其中一个重要任务就是构建智能设计所需的资料库,这是工程"大数据"的来源之一,也是丰富设计知识库所要做的事情。

图6-4列出了一些资料来源,给出了从资料到知识的操作流程。这方面也可以参考其他行业的成功经验。

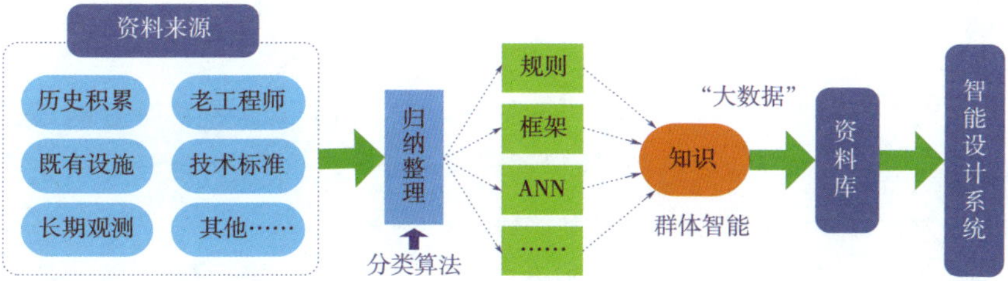

图6-4 从资料到知识的流程

(2)完善设计平台

设计平台是设计系统表现和运行的地方,也是指挥、调度和协调的中心。利用信息化和网络化的优势,所有设计任务都可以在平台上统一部署,协调资源,协同工作,做到数据共享,打破"数据孤岛"现象,并且还可以在平台上全方位(三维、虚拟、动态)展示设计结果。

目前很多设计部门都配备了各种形式的办公自动化(OA)系统,其中就包括了设计部分,需要做的工作就是在此基础上补充完善,形成独立的设计平台(或另外开发),再逐渐向智能设计平台方向发展,最终成为工程物联网或CPS的一部分。

(3)由点及面取得突破

无论是道路工程还是铁道工程,它们的设计看起来简单,实则复杂。考虑因素很多,不但要承受行车荷载的作用,还要与行车速度相匹配,与自然环境(水、温度、地质条件等)也要相适应,而构成填筑结构物的材料也难以全面控制,结构体内部之间的相互作用、相互关系到现在并不是特别清晰，诸如这些问题，在设计中如何考虑，一直都是面临的难点。智能设计将面向全生命周期，在各种新兴技术的支持下，通过对海量数据(既有资料)的深度挖掘，探求最佳的设计方案。

智能设计还是个新事物，是一种创新。虽然具备了前面提及的基础，但真正实施起来却不容易，还要认真对待，要制定创新策略，找到关键问题，然后再考虑选择什么样的技术(前提是清楚每一种智能算法的特点和用途，详见丛书其他分册)，力求由点及面、重点突破，切忌面面俱到。

6.2.3 智能设计要点

鉴于道路的线形要求比铁路的要复杂，下面以道路工程为例进行阐述。道路工程设计的主要内容如图 6-5 所示，这也是智能设计的主要任务。我们知道，无论是线形设计还是结构设计，做出一个设计方案并不难，但做成优秀的方案却是不容易的。在有了 CAD 之后，用计算机实现自动绘图并非难事，难点也是如何让机器做成优秀方案(优化问题)，这也是智能设计的要点。

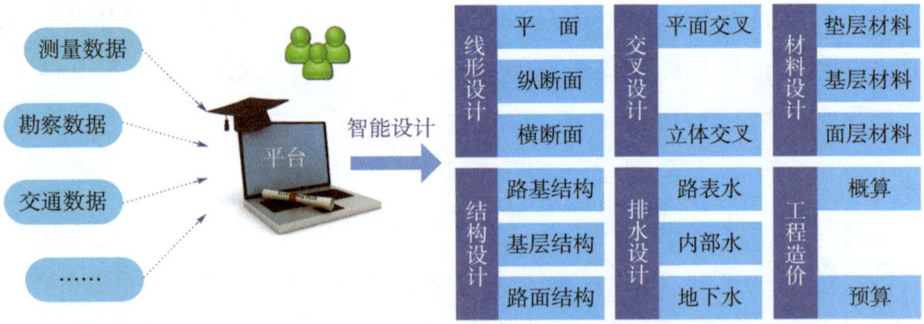

图 6-5　让机器进行道路工程设计

下面我们从线形设计、结构设计和材料设计这三方面入手，探讨一下实现智能设计的途径。

(1)线形的智能设计要点

道路线形就是道路结构体在空间的形态，包括几何形状和尺寸。道路的空间形态由直线和各种曲线连接而成，在三个方向(水平方向、纵向、垂直路线方向）上的投影分别称作平面、纵断面和横断面（相当于产品的三视图），它们的形状、尺寸及其组合就是线形设计的主要内容。目前的设计方法是将平面、纵断面分别考虑，然后再合成为空间形态，但这样做会顾此失彼，需要反复进行尝试，直到满足车辆的运动学特性和力学要求。所以需要研究新的设计方法，立体设计应该是发展方向之一。

——如果能够先对道路的空间形态进行立体设计，并与虚拟现实技术结合起来，将会得到更加满意的线形，然后将其在三个方向上投影，便是平面、纵断面和横断面，工业产品的设计过程基本就是这样（建筑工程也是先画外形再配结构），这种思路也许对发展新的线形设计方法具有启迪作用。

针对目前线形设计的现状，智能设计应该先解决设计效果的评估问题，并提出修改建议（实质就是方案优化或决策），然后再逐步扩展到设计的全过程。

一旦路线走向（选线方案）确定了，接下来的工作便是根据技术标准，对平面、纵断面和横断面的几何尺寸和组合进行设计。实际上，路线从起点到终点，存在多个选线方案，即使路线走向定下来，具体的线形设计也是一个不断修改、反复尝试的过程，很难一步到位。这个过程可以交给计算机去做——让计算机对初步设计方案进行评估，指出优缺点，然后再进行改进，直到满意为止，这也是对设计方案的优化决策过程。

线形直接影响驾驶者的视觉感受和行车安全。一个优秀的线形设计除了满足技术标准外，还应结合地形、地物、视觉、安全、经济、景观等因素，从行车的安全性、造价的经济性和环境的适应性几方面进行综合考虑，使线形在视觉上（驾驶者角度）看起来更加连续、协调和平顺。智能评估优化也是基于这两方面进行的，如图 6-6 所示。

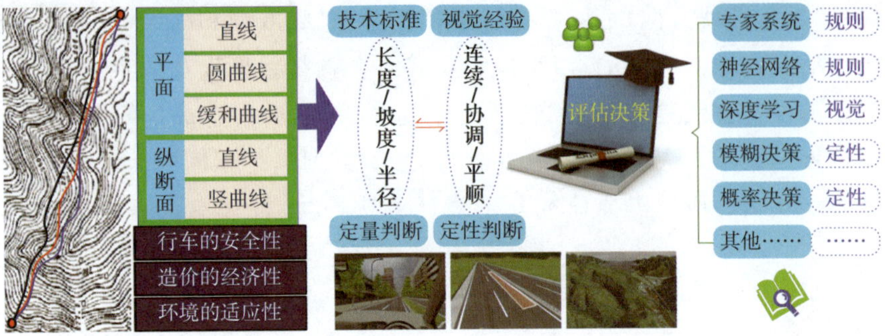

图 6-6 线形设计的智能评估与优化的主要内容

图 6-6 中，平面和纵断面（横断面相对简单，先不考虑）的设计主要是长度（直线长度、坡线长度）、坡度和曲线（圆曲线、缓和曲线、竖曲线）半径的确定问题，技术标准中都有明确的要求，属于定量判断。这部分内容可以采用神经-专家系统进行评估和优化，将技术标准中的要求转变成若干个规则，其中一部分可以采用神经网络技术，通过学习生成规则。

关于线形的连续、协调和平顺，都是从车辆驾驶者的视觉角度以定性判断为主的。如“两个同向（或反向）平曲线之间不宜插入短直线；在长直线的末端不宜设置小半径平曲线（急转弯线）；在长直线上不宜设置陡坡；在长直线上不宜插入小半径凹形竖曲线”等，如图 6-7 所示。

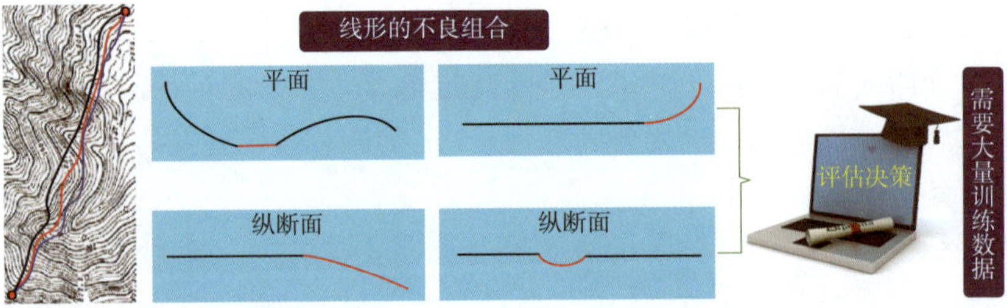

图 6-7 一些不良组合的线形与智能识别

如果采用智能技术，可以尝试利用深度学习的视觉识别技术，对线形的图像或视频进行判断、归类和决策，前提是先准备大量各种类型的线形图像或视频(训练数据),让机器进行学习。对于上述中的定性描述,可以尝试采用模糊和概率的方法进行表达。

以上介绍的主要是基于行车安全性的评估决策。对于造价的经济性,只要比较不同方案的费用即可清楚。对于环境适应性,本着“环境友好型、资源节约型”原则选线即可(也是定性描述较多),要注意填挖平衡,这些也可以采用智能技术。

(2)结构的智能设计要点

无论是公路还是铁路,线形设计的依据是车辆运动学特性,也包括力学要求,如铁路通过牵引计算确定纵波、公路通过离心力确定曲线超高等。对于结构设计,依据是车辆动力学特性以及自然因素(水、温度),虽然结构形式比较简单,但力学计算和分析却比较复杂。因此,目前的结构设计基本上都是基于经验而不是力学计算的。

——导致力学计算出现问题的原因很多,与基本假设不符是客观存在的,其一,目前只能数值求解静力学方程,但所受荷载是动力的;其二,结构体的本构关系都假设为符合线弹性的胡克定律,且结构内各点的物性参数(密度、模量、泊松比)基本上都是未知的,只有极少数点的参数可以通过现场试验获得,其他都是估计的;其三,在计算中较难考虑水和温度的作用。基于这些原因(还有其他原因),目前在结构设计时的很多计算结果都是不准确的,只能当作参考。可否通过先验知识(数据)和智能技术等进行确定,值得研究。

铁路与道路的基本结构形式如图6-8所示。铁路的基本结构形式为“路基+轨道”,具体分为有砟轨道与无砟轨道两种,其中无砟轨道的路基上部为级配碎石层,多用于高速铁路(法国高速铁路为有砟轨道)。道路的基本结构形式为“路基+基层+面层”,按照面层性质分为柔性(沥青混凝土路面)和刚性(水泥混凝土路面)两种,基层有半刚性(如二灰碎石)和柔性(如级配碎石)之分。下面探讨一下结构的智能设计问题。

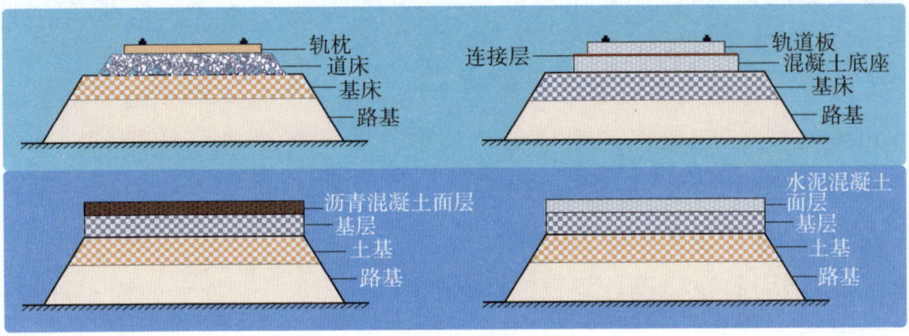

图 6-8 铁路与道路的基本结构形式

以道路工程为例，结构设计（也称作路面设计）需要做三件事，一是确定面层和基层的结构类型，二是计算各结构层的厚度，三是选配各结构层的材料。广义地讲，结构设计还应综合考虑路面使用性能评价、寿命估计、维修管理、运输效益等因素，将其作为一个系统，借助计算机进行优化，达到寿命～经济利益最大化。

实事求是地讲，目前铁路和道路的结构形式比较少，可供选择的余地并不多，其设计也仍然是基于经验而不是力学计算的，结构层厚度并不是真的计算出来的，而是先拟定厚度再通过计算进行验证而已（大多数还是基于既有经验），力学计算所需的模量也是根据经验设定的（碾压的目的就是要保证达到规定的模量）。所以，积累大量的历史数据是非常必要的。

综合以上分析，目前以先验知识和经验为核心，构建结构设计的知识库应该是智能化的切入点。知识库中至少包括既有的设计资料、交通荷载情况、自然环境情况、长期观测资料和养护维修资料等（图 6-3 和图 6-4），可以采用 IF-THEN 规则的形式存储在专家系统的知识库中，也可以考虑采用神经网络技术生成一些规则。

从目前现状看，发展基于海量数据（知识）的结构智能设计方法（大数据驱动的智能设计，同样适用于下面的材料设计）是一个比较现实的做法，同时采用智能技术进行优化，而基于力学计算的设计方法仍然需要深入研究。

(3)材料的智能设计要点

这里所说的材料,主要是指构成道路基层与面层结构的各种原材料。这是一类散体混合材料,经摊铺碾压而成形(结构体)。铁道工程的原材料包括碎石、轨枕、混凝土和钢轨等,除碎石外,其余均为非散体材料,其智能化问题主要是混凝土的配合比问题。

材料(混合料)是道路结构系统的组成要素(2.4 节),经过摊铺碾压,最终形成具有一定性能的结构体(产品)。材料选择是结构设计时考虑的,材料设计主要是确定混合料的各个组成成分及含量,也可以称作配合比设计——包括粒料(石料)的级配和结合料(可以认为是掺加剂,如水泥、沥青等)的用量。

严格地讲,材料设计还应包括加工工艺(施工工艺),它们共同决定了结构体的性能。例如级配碎石,即使级配设计符合标准要求,如果压实工艺参数不合适,现场是不容易碾压成为密实的结构体的,这也是高速铁路级配碎石层添加水泥(结合料)做稳定剂的主要原因。所以,在材料设计时应该考虑施工工艺参数。

材料设计实际上是一种配方(配合比)设计,目的是生产出符合性能要求的结构体。但混合料的配合比与结构体性能之间的关系是很难直接计算得到的,只能通过试验获得。可见材料设计是基于积累的经验和大量试验归纳出的规律进行的。因此,将积累的、大量的既有资料整理成知识库,走专家系统的路线是很自然的想法。图 6-9 给出了构建神经专家系统(其他领域的实践证明是可行的)进行材料设计的技术路线,其中神经网络(ANN)可以用于“材料-工艺-性能”规则的生成,IF-THEN规则和框架可以用于对混合料各原材料类型、组成、颗粒大小和形状、级配和实现工艺等的描述。

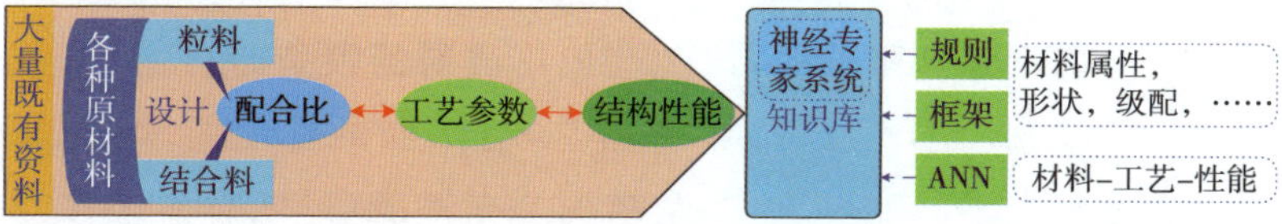

图 6-9　构建材料设计的神经专家系统

图 6-9 给出的只是材料设计智能化的技术路线，具体构建知识库时，还需要做大量细致的工作，特别是对既有资料的整理和形成专家系统可用的规则，不但需要众多领域专家的智慧和大量历史数据，还需要智能专家的协助。

理想的神经-专家系统至少应该实现如下功能：根据对结构所提出的性能指标要求，专家系统根据知识库中的规则和数据库中的信息，推出所需的材料类型、配合比和实现的工艺；或者根据给出的材料类型、配合比以及工艺参数，系统利用数据库中的信息和知识库中的规则，推出所形成结构应该达到的性能要求（性能预测）。

(4)结构～材料～工艺一体化的智能设计

结构（包括路基）设计是让结构体的性能满足抵抗行车荷载作用以及温度和湿度（水）的影响。材料设计是让原材料经过混合、摊铺和碾压，成为符合性能要求的结构体。工艺设计是研究如何使混合料变成结构体的方法和流程。

从产品（工业产品、轻工产品、医药产品……）的角度看，道路结构体也是一种产品，材料则是其组成要素，工艺就是制造方法（施工/加工/生产/……，不同领域称谓不同）。在其他行业，产品～材料～工艺一体化设计早已不是新鲜事了，但在交通基础设施领域，一体化设计的理念还未完全实现。借着智能建设的东风，从“智能＋”的角度，推进这一系统设计势在必行，这样才能推进一体化的智能设计。下面给出基本思路。

对于道路结构系统，系统的输入为行车荷载，同时要考虑温度与湿度的影响（也可以看作是输入）。按照连续体（弹塑性、黏弹性）受力后应力的传播规律，由行车荷载引起的附加应力，自上向下呈扩散式传播，应力越来越小。因此，对结构体的性能（如强度、刚度等）要求也是自上向下逐渐降低的，以免造成不必要的浪费，由此引出结构分层设计的概念。不同结构层（含路基）有不同的性能要求，例如每一层的模量都有不同的要求，各个结构层在性能（可能有多个性能指标）上需要协调与匹配。为了保证结构体达到应有的性能，需要根据当地条件，对每一层的组成要素即材料进行选配，再根据原材料属性，制定各组分合适的比例，可能还要掺加结合料来增强要素（粒料）之间的关联强度。在此基础上，要给出制造这种结构系统的方法——施工工艺。这种一体化设计实际上就是系统设计，也是实现智能设计的基础，如图6-10所示。

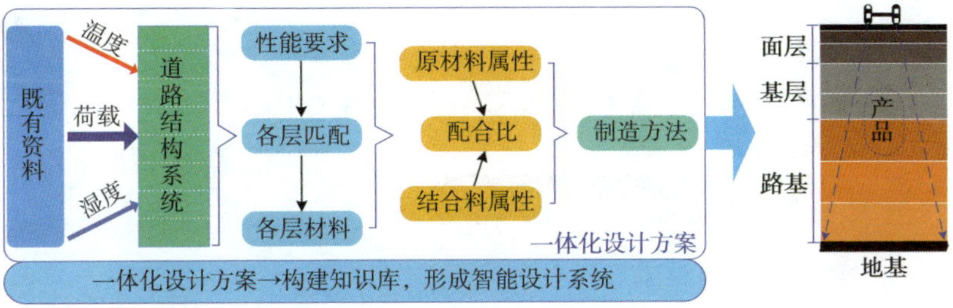

图6-10 结构～材料～工艺一体化与智能设计

需要说明的是，这里给出的原材料和结合料都是广义的概念。对于路基，填料（量多）就是原材料，起增强结构性能作用的就是结合料（量少）。如黏性土是原材料，水则为结合料，配合比就是最优含水量。对于碎石土，粗粒料为原材料（占70%），细粒料可以理解为结合料（占30%），配合比为7:3时所形成结构的性能最优。

如果能将许许多多的一体化设计方案（需要积累）进行归纳总结，便可以利用规则、框架、神经网络等工具，转化为知识，存储在知识库中。在具体实施时，相信还有许多智能技术在不同环节中会得到应用。

目前在道路工程中，结构与材料进行统一设计已经基本实现，但与施工工艺结合还未完全做到。在铁道工程领域，路基设计与轨道设计仍然是分开的，与施工工艺结合也同样没有完全实现。在机场工程和城市道路的设计中，情况也基本类似。如果没有施工工艺这部分的参与，即使结构和材料设计得再好，也不一定完全实现设计的意图。因此，目前最缺的是施工工艺这部分，包括原材料制备（如集料的破碎）、混合料拌和、摊铺和碾压各个环节，其中碾压是结构体成形的最关键技术。

图 6-11 给出了采用神经专家系统(随着智能技术的发展,相信还会有更好的技术得到应用)进行一体化设计的框架。经过训练(学习)的智能设计系统应该具备根据设计资料自主性地确定几套设计方案(图 6-10),然后再进行优化决策。优化可以是多目标的(如以寿命和成本为优化目标),目的是提高道路结构体的性能和品质。

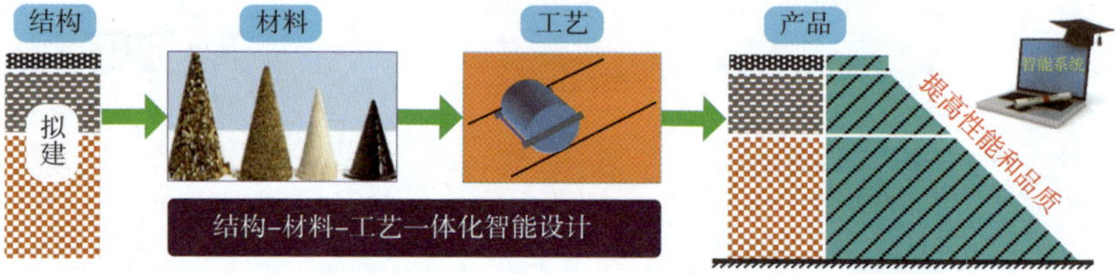

图 6-11 一体化智能设计框架

对于填筑类工程,施工工艺包含了材料的制备、拌和、摊铺和碾压全过程。在涉及工艺时需要注意一个事实,即目前的施工工艺(参数)还不完善,施工机械能够调整的参数不多。随着智能工程机械(摊铺机、压路机)的发展,相信工艺参数可以在更大范围内进行调控,会有更多的选择。当然,这些都是建立在海量数据基础上的。施工技术的进步也会促进设计方法的变革。

此外,由于路面的表面功能与线形和行车安全都密切相关,一体化设计还应与线形设计结合起来,对于发展智能交通会有促进作用。

6.2.4 智能设计的走向

交通基础设施的智能设计目前还处于初期(甚至是概念阶段),但其发展前景是被普遍看好的,这也是设计技术发展的必然趋势。大量的实践表明,理论与经验相结合是设计的基石,运用多学科的知识是提升设计水平的手段,智能设计也必然离不开这些。

(1)以知识为核心的集成化智能设计将是发展主流

无论是哪个行业,凡是涉及设计问题的,都不可避免地会用到大量的、已经存在的经验(历史数据)。这些经验在人工智能眼中就是一种知识(当然需要进行适当的转化)。因此,现阶段和今后一段时期内,发展智能设计仍然需要借助专家系统在知识处理方面的强大功能，再通过合适的智能算法来弥补专家系统没有学习能力的不足。

无论是道路工程还是铁道工程，设计工作涉及面广，影响因素多，很难形成像结构工程那样规则而完善的知识库。因此，专家系统与智能算法的结合就显得尤为重要。一方面，需要收集大量良好的、可对比的工程设计实例，存储在知识库中，这样在进行设计时就可以利用已有知识来获取指导信息；另一方面，利用合适的智能算法，从试验、计算等数据中获得关于设计的隐含知识，补充和完善专家系统的不足。

(2)三维设计与虚拟现实技术将会得到广泛运用

三维设计起源于20世纪60年代工业界的产品曲面造型设计，后来发展到实体造型设计和虚拟样机技术，并与其他软件如CAE(Computer Aided Engineering)、CAPP(Computer Aided Process Planning)、CAM(Computer Aided Manufacturing)进行了高度融合，现在又与VR(Virtual Reality)和AR(Augmented Reality)技术进行了很好的结合，已经发展成为一种集信息化、网络化和智能化为一体的设计平台。工业界的三维设计贯穿了产品的设计、制造和装配的全过程，极大地降低了协同设计的难度，减少了制造和装配过程中的返工现象，土木界的三维设计也应该走这条路线。BIM(Building Information Modeling)软件借鉴了工业界的这种成果，但更多地关注了结构体几何外形的三维模拟(对于道路和铁道而言，重点应该模拟结构体的性能和功能)，还没有发展到工业界那么完善。因此，发展具有特色的道路与铁道工程的三维设计技术大有可为，在工程建设中将大有用武之地，特别是与虚拟现实技术和智能技术等结合起来使用。

三维设计如同立体裁剪，可以发现以前二维设计时很多考虑不周的问题。对于线形设计，能够更直观、更准确地表达路线的全部几何特征，可以从运动学的角度全方位地模拟车辆的运动过程(也可以称作虚拟试验、计算机仿真试验)，获取对线形设计有用的参数，提升行车安全的水准。如果从动力学角度出发，则可以模拟在行车荷载作用下，结构体的应力与应变分布状况和疲劳特性，掌握各结构层、各点的力学特征，这些对于优化结构和材料设计用处很大。此外，还应该可以模拟自然环境（水、温度）对结构体性能、排水、表面功能（与行车有关）的影响等。总之，道路和铁道工程的三维设计，除了路线的几何形状与行车关系模拟是重点外，对结构体性能和功能的三维模拟也是必要的，同时也有助于完善和更新知识库。

（3）基于工程物联网的设计平台将会得到进一步的发展

智能设计系统作为智能建设技术系统的一个子系统，具备强大的人机交互功能是非常必要的。不但要让设计师对智能设计过程进行有效的干预和协同工作，而且要考虑与施工阶段的衔接，提供统一的数据模型和数据交换接口。原则上，借助设计平台便可实现上述目标，但既有的设计平台相对比较封闭、单一，数据也无法共享，难以胜任这一角色，这个重担就落在了5.7节提及的工程物联网平台上。

物联网伴随着网络化的普及而产生，基于工程物联网的设计平台将是智能建设系统大平台的一部分，其架构和数据格式标准都是统一的。因此，运行在上面的设计数据，自然会分享给施工和养护子系统，使数据得到共享。

以上以道路工程为例，对智能设计的可行性进行了探讨。根据其他行业的成功经验，采用专家系统与机器学习组合的方式是可行的，也同样适用于铁路、机场和城市道路等领域。目前智能设计的基础已经建立，现在到了行动的时候，需要更多人的参与。

6.3 智能施工的兴起

将设计成果（目前多为数字化的图纸）转变为产品（实体）的过程，在工业界称作“制造”，在工程界称作“施工”。尽管称谓不同，但其内涵是一致的。对于工业界，智能制造的主战场是工厂，智能生产是主线。相应地，在工程界，智能建设的主战场是工地，是各种新兴技术集中应用和展示的场所，智能施工则是发展的主线。

如果说智能设计目前还停留在概念阶段，那么智能施工已经开始了进程，各种“智慧工地”已经初步形成了以信息化和网络化为核心的信息平台，需要发展的是智能化。在施工阶段推进各项技术的智能化，不但可以提高工程品质和效益（短期也许会增大投入），从长远看，更是建造智慧公路、智慧铁路、智慧机场的需要。

——近年来，“智慧工地”作为一个流行的词语，出现在公路、铁路、市政、机场等建设领域，但究其本质，绝大多数还是信息化工地的不同说法，主要是指信息化和网络化管理，不具备太多的智慧。“智慧”的核心是创造性，其含义高于“智能”。智慧工地（包括智慧城市等）的提法应该源于IBM在2008年提出的“Smarter Planet”，但“Smart＋”并没有太多“智慧”的含义。从智能走向智慧，还有漫长的路要走，目前仍然是未来时。

由于铁道工程中的轨道板和钢轨等都是预制件，其智能化属于智能工厂中的内容，现场主要是装配的自动化问题。所以，这里主要论述填筑类工程（铁路路基、公路路基路面、机场飞行区和城市道路等）的智能施工问题。

以道路工程为例，施工阶段涉及的内容十分丰富，1.7节（图1-29）已经从技术层面给出了主要工作内容，涉及技术、物料、人力、设备、能源、计划、安全和管理等诸多方面。尽管内容很多，但其核心内容就是修筑满足线形要求的建筑物（结构体与附属设施），如图6-12所示。包括智能化在内的所有工作都应该围绕着这个核心展开，这样才能有的放矢，抓住重点。

如前所述，工程建设已经从信息化发展到了网络化阶段，正在向智能化迈进。网络化和传感技术的发展为物物互联奠定了基础，推动了基于物联网的智能建设信息平台的发展。在信息平台的协同调度下，来自设计部门的设计信息会通过网络传递到施工阶段（管理与施工部门）。管理部门通过平台将施工任务分配给各施工单位，然后开始制定计划、施工组织设计、结构物的修筑和工程管理等，如图6-12所示。原则上，智能化贯彻着施工阶段的每一个过程，但现阶段还是要抓住重

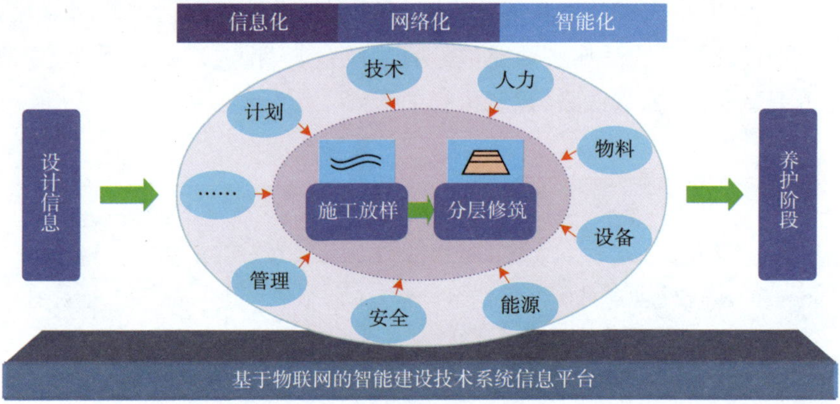

图 6-12　施工阶段的核心内容与智能化

点，不一定面面俱到。

目前，建设工地的各种平台实际做的就是基于网络化的信息管理工作，距离智能化尚有差距，但已经奠定了基础，向前迈进一步就是智能化。然而，迈进这一步并不容易，需要积累多学科的知识，更需要足够的数据作为支撑。

为了叙述方便，将图 6-12 所示的施工内容分为结构体修筑（施工放样、分层修筑）和服务保障（计划、人力、物料、设备、管理等）两部分。下面按照智能建设基本特征"感知、分析、决策、执行"的技术路线进行简单阐述。

6.3.1　智能化的服务保障系统

服务保障就是管理好人、财、物等，为施工的顺利实施提供支撑。这部分的特点是内容杂，涉及面广，目前还不存在一个通用的智能系统（如同目前没有通用的 AI 方法一样），要针对具体情况，划分为若干个子系统（或模块），采用不同的智能方法予以实现。

（1）编制计划

施工阶段需要编制各种计划，尽管内容不同，但编制依据却是有章可循的，格式也相对固定。这种特点决定了采用专家系统的可行性，可以将编制计划的各种依据转换为"规则"，形成特有的智能系统。下面以施工组织设计(计划)为例,略加说明。

所谓施工组织设计(计划),就是根据设计文件所给出的工程项目信息,依据有关技术政策、建设项目要求和施工组织原则,编制经济合理的施工方案,确保按照既定目标完成施工任务。

按照上述说法,技术政策、建设项目要求和施工组织原则就是制定计划的主要依据,这些都是相对固定不变的,可以采用 IF-THEN、ANN 等工具,将它们转换为各种规则(一种学习过程),以便构建智能系统。当把工程项目信息(数据/事实,来自平台的设计系统)输入到智能系统中,系统便会自动优化目标并生成经济合理的施工方案(可以理解为一种决策过程),如图 6-13 所示。

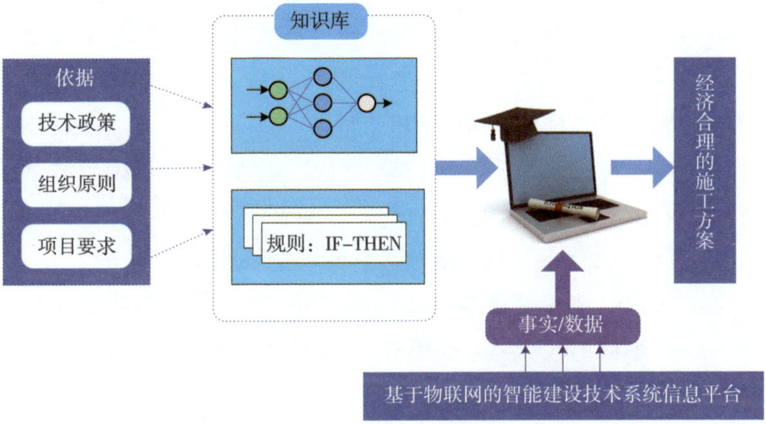

图 6-13　智能编制施工组织计划的思路

这里的经济合理,是指对拟建工程在人力、物力、时间、空间、技术、组织等方面进行统筹规划和安排,保证优质、低耗、高速、安全地完成施工任务。

施工组织计划是围绕着如何保证施工而编制的,总体上可以采用专家系统进行编制,但其中某个部分又可以采用其他智能技术。例如,在制定施工进度时,可以采用 ANN 进行进度的预测,训练数据就是以往的成功案例。在设计 ANN 的输入时,需要考虑的因素很多,包括工程量、人力、设备数量、材料供应、资金保证等，还要将它们转变为数字量。

(2)人员管理

基于智能技术的人员管理是比较成熟和热门的，各行各业都在使用，如“基于视觉的人脸识别系统”“基于无人机的人流监测”等。从早期的数字图像识别到较新的深度学习，都可以完成类似的识别任务（但耗费的计算机资源不一样）。工地的人员相对固定，管理起来也相对简单，采用智能技术进行管理比较容易实现，可以参考其他行业的做法，此处不做过多介绍。

(3)物料与设备的管理

物料是指与施工（产品生产）有关的所有原材料，设备是指与施工有关的所有工具。物料与设备是施工阶段的物质基础，都属于“物品”，其管理问题有共性，故放在一起介绍。这里所指的物料主要是用于填筑类工程的各种土、石料、沥青、水泥和钢筋等，设备则包括各种工程（施工）机械、试验和检测仪器、拌和站等。

谈到物品，自然想到物联网。原则上，当把物品装上相应的感知器件，并且能够接入网络后，物品的一举一动都将被监测和控制，对其进行管理更是易如反掌。但目前在施工现场全面实现物品的互联互通，会涉及两个问题，其一是成本问题，目前装配感知器件和网络连接的成本还较高，企业负担较大；其二是不一定能找到适用的感知器件，也许需要单独开发。

如果只是对物品进行一般性的管理，例如扫码入库与出库，不一定需要互联互通的配置。可以针对各个物品的特点和管理要求，选择合适的感知元件，如 RFID，使物品的相关信息能够被感知即可。开展智能管理的目的是提高工作效率和更经济，一定要根据需求，量力而行。

物料管理是施工企业非常重要的一项工作，管理方式已从手工操作发展到了以计算机为主的信息化阶段，有些已经达到了智能化的初级水平。对于施工企业，物料的来源、采购、质量、验收、数量、存放等，都需要统一管控起来。根据散体类材料特点和需要，可以按批次和类型配置身份标签（RFID），将产地、规格和相关参数等写入芯片中，这样就可以实现入库和出库的自动化管理了。至于如何进行智能化管理，相信有了前面的基础，做起来并不难。关于物料在施工过程中的监控，后面会有论述。

对于设备的管理，除了配置身份标签外，还应该配置位置信息（卫星定位），特别是移动的工程机械和检测设备。目前这类配置已经非常普遍了，其智能化管理也相对简单。但这些设备性能和功能的智能化却是关注的重点，目前仍在发展中，其前景也被广泛看好。

以传统的工程机械（实现施工机械化和自动化的基础）为例，其智能化有两方面的表现，其一是性能的智能化，其二是功能的智能化，如图 6-14 所示。性能的智能化属于智能制造范畴，应该在工厂内完成，主要表现为具有自主感知机械运行状态，通过学习掌握诊断技能，对发生的故障进行诊断和维护（或信息反馈）。对于施工而言，更关心的是其功能的智能化，这与施工质量和效率最为密切，主要表现为根据机械与介质（如填料、挖方）的相互作用，自主感知相关信息，通过学习掌握控制技能，对作用对象（介质）做出智能诊断，根据介质属性参数变化，控制机械做出正确的反应。

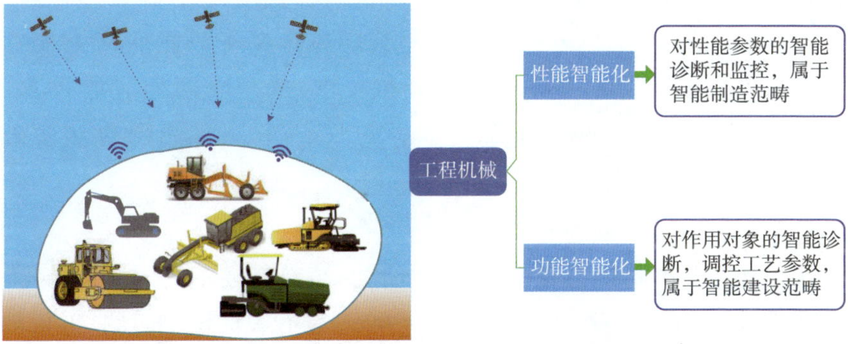

图 6-14　工程机械性能与功能的智能化

工程机械的智能化需要以物联网作为基础，这样才能实现远程管理和监控。工程机械智能化的方法参见 1.6 节。

（4）安全与管理

施工安全问题历来都被得到重视，政府部门对从事工程建设行业的人员及单位都有明确的要求，制定了相关的法律法规，目前需要做的事情是如何采用智能化手段予以实施，可以参考以下步骤。

首先，将与施工安全的相关规定转化为计算机可识别的各种数字指标或“规则”，既可以构建专家系统，也可以作为其他智能模型的“培训教材”或训练（学习）数据；其次，实时感知与施工安全有关的相关信息，既需要各种感知器件，也需要网络通信技术；最后，利用学习好的智能模型，实时处理感知信息并作出决策，以便采取行动。

以检查施工现场人员是否佩戴安全帽为例，这是一个简单的安全监控问题。可以采用无人机进行跟踪拍摄，然后利用训练好的深度学习模型进行分析和决策，很容易识别出没有戴安全帽的人员和数量，为有效管理提供依据。诸如此类问题还有很多，要善于发现，并利用智能化手段予以解决。

以上谈及的内容都是施工管理的组成部分。施工管理是施工企业经营管理的重要内容。从接受施工任务开始，到工程验收为止的全过程中，企业需要围绕着施工对象和施工现场，进行生产事务的组织管理，贯穿了整个施工过程。目前已经实现了信息化管理，部分实现了智能化。全面的智能化管理应该基于以物联网为核心的信息平台进行，要针对不同对象和需求，采用不同的智能技术。管理工作涉及工程建设过程的每一道工序，并不是完全独立存在的，后面会有进一步的介绍。

6.3.2 结构体的智能修筑

结构体主要是指道路、铁路、机场这类填筑型建筑物的主体结构，其附属设施如挡土墙、排水沟等暂不考虑（也有智能修筑问题，但相对简单）。关于结构体的修筑，首先是根据设计文件，将线形布置在施工现场（放样），然后选择合适的材料，按照技术要求进行分层修筑。下面按照施工顺序，逐一分析。

（1）施工放样

施工放样是把图纸上的设计方案“搬”到实际现场的过程，即采用一定的测量仪器和方法，将设计图纸上建筑物的几何外形（平面位置和高程)放到实际场地上的测量过程。这部分工作过去一直采用人工测量方式进行,由于全站仪(5.5节)的出现,减轻了传统人工测量的强度,提高了效率,向自动化放样迈进了一步。

新型全自动电子全站仪(俗称测量机器人)仅需单人操作,可以直接导入设计数据,能够代替人进行自动搜索、跟踪、识别和精确瞄准目标,并获取角度、距离、三维坐标以及影像等信息,实现了施工放样的自动化,进一步提高了测量工作效率,其放样效率大约是传统方法的6~7倍。

关于施工放样的智能化,目前大部分是将自动化误称为智能化。实际上,放样是一种测量过程,本身并没有什么智能化,只要自动化也就可以了,智能化更多是体现在测量仪器上。目前所言的智能化,很多是全站仪本身性能的一些智能化(如同传感器本身的智能化一样),或者是对测量误差的一种自主修正。

(2)材料生产

由于沥青和混凝土都是成品,所以这里所谈及的材料生产主要是指石料的破碎与筛分。石料是制作各种混合料的主要原材料,是决定结构体质量优劣的关键要素之一。破碎~筛分联合设备是生产各种规格石料的主要工具,有固定式和移动式之分。破碎设备通过机械作用(如压碎、击碎、碾碎等),将石料由大尺寸破碎成小尺寸,再由筛分设备将大小不等的破碎石料区分开来(分级),制成符合要求的尺寸。石料的尺寸一般采用直径和形状系数表示,其中直径采用长、宽、厚的算术平均值或几何平均值等表示,形状以四面体或正方体为好,形状系数可以采用长轴与短轴的比值表示。

石料生产目前已经实现了远距离的自动控制,使操作人员脱离了噪声、振动和粉尘的环境,提高了生产效率和成品率。关于石料生产的智能化,主要表现在生产设备的性能和功能方面,其中性能的智能化属于机械制造领域。功能的智能化就是生产过程的智能化,目前还少见报道,这是一个既有价值又很有趣的方向(包括破碎方式),值得深入研究,也是工程界最关心的。

石料的智能生产，其基本思路仍然按照感知、分析、决策和执行（控制）这条技术路线进行。智能控制系统通过自主感知破碎石料的相关信息（如大小、形状、破碎率等），分析是否达到了要求并作出决策，控制系统依据决策指令对设备（工艺参数）进行反馈控制。

图 6-15 给出了实现智能化生产的原理图，可以在自动化基础上实现智能化。智能控制可以在破碎的第三阶段（细碎过程），也可以在生产的全过程实施。对石料大小和数量的感知比较简单，筛分机便可以实现，石料形状的感知需要通过数字图像技术测量长轴和短轴，然后将这些信息输入到智能模型中进行分析和决策，以便决定是否需要再次破碎、工艺参数是否需要调整，并采取反馈控制措施，最终得到大小和形状都符合要求的成品材料。

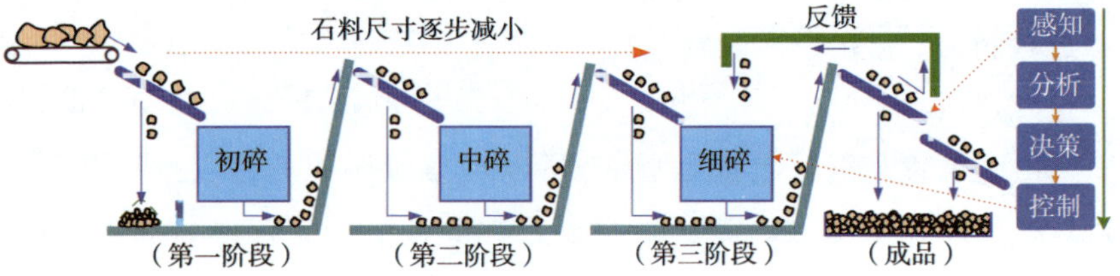

图 6-15　石料智能化生产原理

关于模型的学习，训练数据除了石料信息（大小、形状、破碎率等）外，也应该包括设备的工艺参数。这些数据是比较容易获取的，也很容易确定采取控制措施的技术要求。此外，在成品材料出厂时，应该分批次打上电子标签，输入相关信息，作为可追溯的依据，以及管理和质量控制时使用。

（3）材料拌和

材料拌和是按照材料设计的要求，将多种材料进行混合和搅拌，制成均匀的混合料的过程。按照混合料组成成分的不同，分为路基材料、基层材料和面层材料的拌和。尽管材料拌和的设备和工艺不完全相同，但基本原理是一样的。实现拌和过程智能化的思路也基本相同，分为拌和设备的性能智能化和功能智能化两方面，智能建设更关注的是其功能的智能化，其中应该以混合料组分的计量和控制为重点。

路基结构是由天然的岩土材料构成的，拌和的目的是改善某些填料的物理力学性质，如含水量过高的黏性土中掺加一定量的石灰。通常采用结合料（黏结料）如石灰、水泥和沥青等，按照一定比例，掺加在物理力学性质很差的填料里，其拌和设备和工艺都相对简单。

对于基层和面层结构，组成材料均为人工设计和生产的混合料，如二灰碎石、级配碎石、沥青混合料、水泥混凝土等。人工设计的混合料的拌和是一项非常重要的工作，必须按照材料设计要求进行，质量控制严格，其拌和设备和工艺也更复杂。

材料拌和分为路拌（现场拌和）和厂拌（拌和站拌和）两种。实践证明，无论是哪类材料拌和，在拌和站中得到的混合料质量都是最好的，也比较容易控制。图6-16给出了稳定土、水泥稳定碎石、沥青混合料和水泥混凝土的拌和设备（拌和站）。

图6-16 几种拌和设备

在材料拌和过程中，控制系统是提高拌和质量的关键。目前拌和过程已经实现了自动化，在自动控制基础上实现智能控制并非难事，只要把握住智能建设的基本特征，按照感知、分析、决策和执行（控制）的步骤实施即可，整个过程并不复杂。图6-17给出了在拌和站实现拌和过程智能化的要点，其中智能模型需要事先学习材料设计数据。

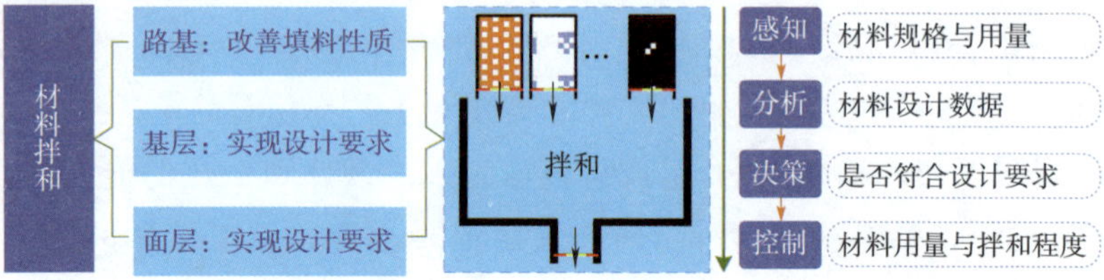

图 6-17　实现材料拌和智能化的要点

不管是哪类材料的拌和，尽管具体工艺流程不完全一致，但严格控制各组分比例却是共性的，也是智能控制的要点。实际上，目前自动化拌和已经做得很出色了，智能化不是最迫切的，当务之急是拌和站的信息共享问题。大部分施工企业并不愿意将拌和站的各种生产数据分享，影响了对施工质量的全面分析。打破数据孤岛现象是急需解决的问题，在整个智能建设中也是如此。

(4)材料运输

将材料从取料场或拌和站运至施工现场的过程称之为材料运输。这一过程的主要任务是对物品(运输车辆与材料)进行远程监控和管理，类似于城市运营车辆的统一调度管理。目前已经实现了基于信息平台对运输车辆和材料的在线监控，其中位置监控是共性的，通过配置卫星定位系统来追踪车辆的运行轨迹。对于沥青混合料的运输，通过温度传感器来监测混合料的温度。水泥混凝土的运输要保证均匀性，避免产生分层离析现象，通过监控专用的运输车辆可以完成这一任务。

随着智能施工的全面展开，需要建立车辆～车辆、车辆～拌和站～现场设备(平地机、摊铺机、压路机等)之间的互联互通，以便于统一指挥和协同工作，工程物联网可以轻松完成这一任务，这一过程也不需要太多的智能技术。

(5)摊铺

材料的生产、拌和、运输都是为修筑结构体做准备的。从摊铺开始，便进入了修筑过程（工业上就是产品制造过程）阶段。在摊铺过程中，首先需要控制的是摊铺厚度和平整度，特别是对基层和面层。目前，摊铺机械上配置的激光找平系统可以自动控制摊铺厚度和平整度。另外需要控制的是混合料在摊铺过程中发生的离析现象，这是一个普遍存在的问题，涉及材料设计、拌和、运输、装卸、摊铺和相关机械设备等诸多因素。采用智能技术能否从根本上控制离析问题，尚需深入研究，但至少可以得到改善。

所谓离析，是指混合料中不同组成成分不能很好地混合在一起，呈分离状态。离析在结构上是一种变异（对应的就是均匀），会造成结构体内部组成和物理力学性能的不均匀分布，是结构体发生早期损害的主要原因之一。比较典型的离析现象发生在沥青混合料的摊铺中，不但有材料离析，还有温度离析，即摊铺面上各点温度存在较大差异，如图 6-18 所示。

图 6-18　沥青混合料的材料离析与温度离析

鉴于离析问题的重要性，我们仍然以沥青混合料的离析为例，再做一些分析。大量的实践表明，某些级配的混合料，在拌和、装料、运输、卸料过程中，会存在着离析的传递问题，并被逐级放大。在摊铺过程中，随着摊铺机熨平板的振动，又会进一步放大混合料的离析，造成粗集料与细集料、集料与沥青之间的分离现象，图 6-19 形象地说明了离析的传递过程，控制离析也应该从这些环节上入手，包括材料设计。

关于沥青混合料的温度离析，应该与材料离析关系密切。目前可以做到在摊铺过程中采用热红外传感器，自动感知整个摊铺面的温度

图 6-19　材料离析的传递

分布，实时监测温度状态，还可以为后续碾压提供温度信息，如图6-20所示。但如何控制温度离析，仍然需要研究。

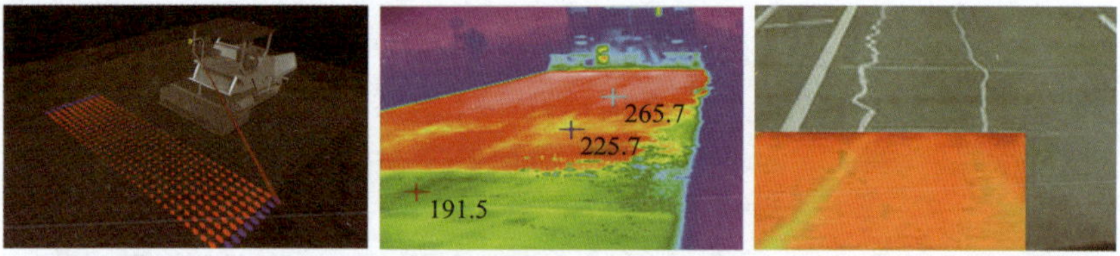

图 6-20　温度离析的识别

离析现象不止发生在沥青混合料中，在所有多组分的材料中，都会发生某种程度的离析。路基粗颗粒填料的不均匀分布，实际上就是粗细料的离析，(黏性)细粒料可能存在含水量的不均匀分布(也是一种离析)。基层的混合料和水泥混凝土等也都存在不同程度的离析问题。离析是一个复杂的系统问题，是材料设计、拌和、装卸、运输、摊铺、碾压和工程机械设备等诸多因素共同作用的结果，完全避免几乎是不可能的，关键是要将其控制在允许的范围内。这个允许范围的界定比较复杂，涉及结构体性能的变异程度对上部结构和行车安全的影响问题，已超出本书的范围，在此不做过多讨论。

关于摊铺过程的智能化，涉及多个方面，需要仔细分析，要有针对性，更要考虑经济性和实用性。下面从路基开始，对智能化问题做一简单梳理。

对于路基，摊铺过程中经常遇到的还是填料问题。由于过去对路基结构重视程度不够，路基经常被当作土石方工程看待，大都采用“就近取料”的方式进行修筑，这就导致填料的来源和类型都比较复杂，难以精确控制。以粗粒料(如碎石土)为例，除了组成成分的不均匀分布(离析)外，还普遍存在级配不合理现象，主要与没有定量要求有关。这些问题如果在摊铺过程中没有解决，到了碾压阶段就更难于处理了。在级配没有定量要求、颗粒不做筛分的情况下，采用智能技术是一条可行的途径，如图 6-21 所示。按照这种做法，可以最大限度地将填料的不均匀性控制在一定范围内。当然，在碾压阶段通过智能压实还可以对填料的可压实性和均匀性等进行识别，继续改善和控制。

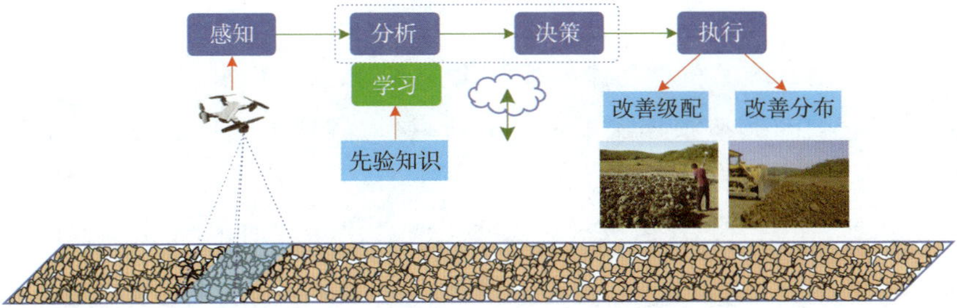

图 6-21 实现粗粒料智能摊铺的途径

在图 6-21 中，“感知”采用无人机拍摄；“学习”所采用的先验知识，以粗料与细料的不同比例的数据为主；“执行”包含了改善级配和改善颗粒分布状态两部分。

在智能建设信息平台统一指挥下，采用无人机对摊铺完的区域进行拍摄(感知)，利用数字图像处理技术对颗粒大小和分布进行识别，将结果输入到训练(学习)过的智能模型(位于平台上)中，经过分析和决策，发出是否改善级配、改善分布的指令，并通过平台指挥现场采取行动——通过掺加不同粒径颗粒来改善级配，采取机械或人工方式对粗颗粒进行处理；引导施工机械在摊铺面上改善填料分布状态。实现这些行动的前提是所有施工机械都应该实现信息化和网络化，都需要植入微处理器和软件。

路基施工机械主要包括推土机、铲运机、平地机、挖掘机、装载机和压路机等。除了压路机可以实现智能化外，其他几种施工机械目前以配置高精度卫星定位系统为主，可以实现信息化和部分网络化，尚未完全实现互联互通，如图 6-22 所示。

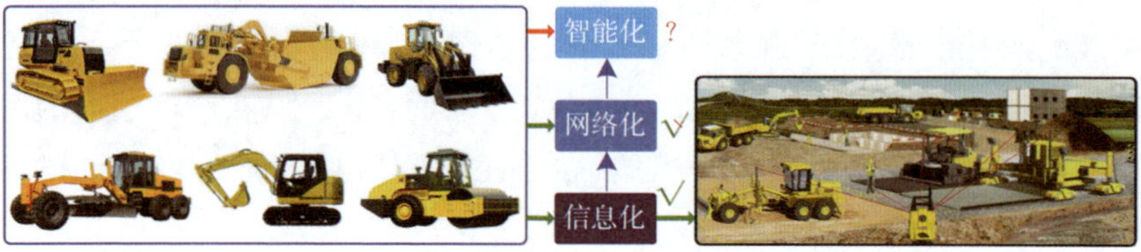

图 6-22　路基施工机械的技术现状

关于路基施工机械功能的智能化，主要涉及工程机械与介质（土石方）的相互作用，应根据需求进行分析，探讨实现智能化的必要性和紧迫性。目前比较流行的自动机器引导施工，可以做到对土石方的精准施工作业，使施工作业由机械化走向了信息化和自动化，不但提高了作业效率和安全性，还能节时节能。如果实现网络化，就可以达到互联互通的水平，在统一信息平台下，将发挥更大的作用。

——自动机器引导（AMG）施工发展很快，主要是利用高精度的卫星定位和各种角度传感器、激光传感器等，实现一些工程机械的信息化和自动化施工。例如，在挖方地段，通过引导系统（由定位仪、角度传感器和控制单元等构成）可以将挖掘机的挖斗位置和挖掘参数实时显示在屏幕上，实现对高程和坡度的引导。平地机上的找平系统，可以实现自动控制坡度和高程。诸如此类的信息化技术发展很快，虽然不具备太多的智能，但确实解决了施工中的一些实际问题，已经满足需求，没有必要再过分追求智能化。

以上讨论了路基部分的智能摊铺问题。鉴于组成基层和面层结构的混合料都是拌和而成的，具有一定的共性。下面以沥青面层摊铺为例，说明实现智能化的要点。

如前所述，摊铺层厚度和平整度的控制已经通过摊铺机的自动找平系统得到了解决，这部分目前没有进行智能化的紧迫性。由于沥青混合料的碾压受温度影响较大，要求摊铺后的初始压实度越高越好，而初始压实度与摊铺机的工艺参数和熨平板的振动特性关系密切。因此，这部分内容适合采用智能技术进行处理。

——多年前，在沥青面层的摊铺中，我们曾对摊铺机工艺参数与初始压实度的关系做过大量的试验研究，发现不同的工艺参数组合对初始压实度影响较大，好的工艺参数组合，可使初始压实度提高5%以上。从熨平板振动反应看，振动强度大的工艺，得到的压实度不一定大。初始压实度较大时，熨平板的振动具有某些特征，在时域和频域上都会有所反映。如何提取这个特征或控制指标，不同的人会有不同的处理方法。

从摊铺机熨平板的振动特征出发，按照智能建设基本要求，在摊铺过程中实施智能化的要点如图6-23所示，这是一种基于经验数据的智能化方案。

图6-23 摊铺过程的智能化要点

在图6-23中，熨平板的振动信号通过振动传感器来感知，如何提取振动信号的时域和频域特征（也是控制指标）是一个难点，涉及很多专业知识和对大量试验数据的总结。智能控制系统需要分析熨平板振动曲线的时域与频域特征、对应的工艺参数组合和初始密度（压实度）等，这也是学习所需的数据。决策就是依据最大密度原则，给出对应的工艺组合。控制(执行)就是要采取的行动——调节相应的工艺参数。如果是真正智能型的摊铺机，还应该具备自动调节参数的能力。

上述智能化方案是初级的，控制指标也是基于经验的。除此之外，还可以对熨平板与摊铺层(体)之间的相互作用进行动力学建模、求解和分析，从理论上得到更好的控制指标，从而提出更优的智能化方案。详细的分析，需要清楚摊铺机的结构和工作原理，在此不做过多阐述，感兴趣的读者可以查阅相关资料。

摊铺机的智能化既有工艺分类问题，也有压实度预测问题，因此，可以选择不同智能算法(模型)或组合，例如可以采用神经网络、支持向量机以及专家系统等。在没有大量试验数据的情况下，可以尝试采用强化学习方式，在摊铺过程中边学习、边优化摊铺工艺。

在发展摊铺智能化的同时，依托传感技术和信息平台建设，从原材料的生产，到混合料的拌和、运输、摊铺和碾压，包括工程机械在内的各种物品的互联互通也正在兴起(图 6-24)，将给工程建设带来诸多好处。例如，追踪每一车料的质量信息和摊铺位置信息，可以为查找质量原因提供基础数据；将摊铺面上的质量信息(离析分布、温度分布)及时传递给压路机，可以有针对性地指导压路机的碾压工作。

图 6-24　混合料的拌和～运输～摊铺～碾压全过程的互联互通

综上所述，摊铺阶段的智能化是围绕着改善材料的不均匀性(离析)分布和提高初始压实度而展开的，其他方面以信息化为主，已经满足目前的工程建设需求。智能施工的重点目前在碾压阶段。

(6)碾压

对于填筑工程,碾压是使填料变为结构体的最后一道工序,也是最重要的施工过程,其智能化水平也是目前最高的,代表了智能施工的整体水平。碾压所使用的工程机械就是各种类型的压路机,其功能的智能化表现为智能压路机,所对应的技术就是智能压实。目前,智能压实除了在沥青混合料(与温度关系密切)中的应用还有待进一步完善外,在其他填料中的应用已经很成熟了,后面会有专门的介绍,更详细的论述参见丛书的其他分册和参考文献。

碾压是压路机与填筑体(填料)之间的相互作用过程,也是填筑体在外力作用下,由松散状态到密实状态的过程。由于各层填料特性的不同,采用的压路机型号和吨位也不同,其中路基和基层以单钢轮振动压路机为主,沥青面层以双钢轮振动压路机为主(还包括与胶轮压路机的组合)。实践表明,碾压不同填料所对应的智能化方法和实现途径并不完全相同,其中碾压沥青混合料的智能化最复杂。尽管如此,工程机械都应该具备互联互通和高精度定位的基本工作特征,如图6-25所示。这两个基本特征,实际上就是信息化和网络化的体现,也为智能化奠定了基础。

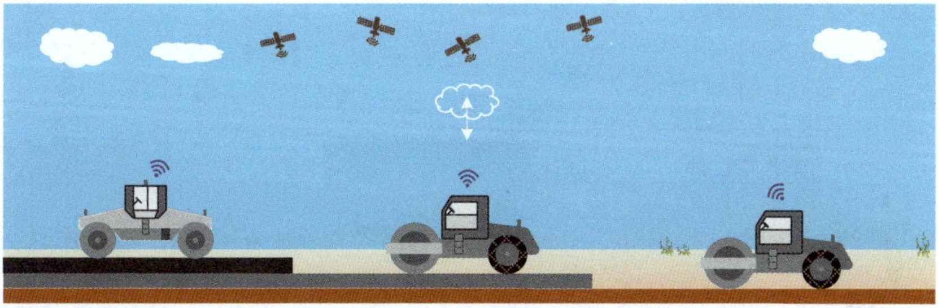

图6-25 智能施工下的压路机基本工作特征

在碾压过程中,最重要的工作就是压实质量控制,也是智能化的重点。传统控制方法为“点式”抽样检测,控制指标有密度(物理指标)和模量(力学指标)两种。其中密度检测主要有灌砂法、取芯法和无损法(如无核密度仪);模量检测主要是利用平板载荷试验,有多种具体方法,落锤弯沉仪(FWD、LWD)就是其中的一种。

传统控制方法最主要的缺陷是无法对整个碾压面进行全面的、实时的检测,抽样控制点也不一定具备足够的代表性。被视作利用压路机进行连续检测的智能压实方法弥补了上述缺陷,但智能压实属于力学类检测,相当于移动的平板载荷试验,不能直接检测物理指标即密度。因此,在采用智能压实技术之后,密度仍然需要采用其他方法进行检测,这就相当于模量检测不能替代密度检测是一样的道理。模量与密度是填筑体两个独立的性能指标(物性参数),但在统计学意义下具有相关性——填筑体在密实状态下的模量比松散状态下的模量要大许多。

图 6-26 给出了点式控制方法和智能压实控制方法以及控制点数量的对比。可以看出,相对于点式控制,智能压实控制覆盖了碾压面上的所有点,二者是“小数据”与“大数据”的关系,评价和控制体系自然也会发生变化。

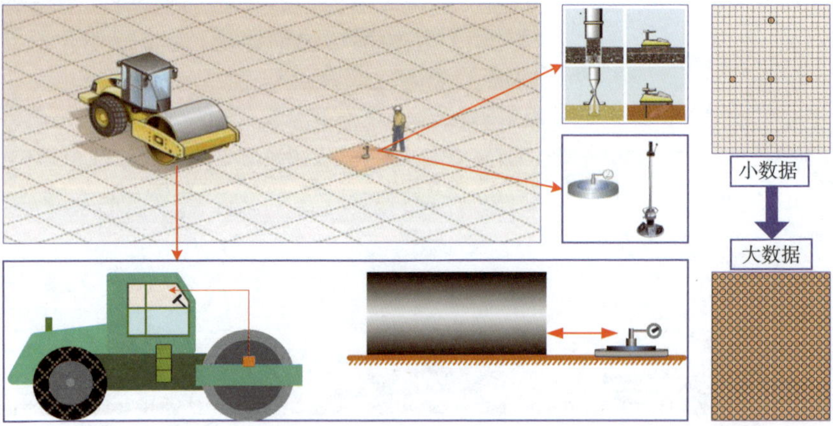

图 6-26 压实质量控制方法与控制点数量对比

智能压实进行的连续检测,不但覆盖了整个碾压面,也覆盖了碾压全过程,获得的数据十分丰富,可以进行多种分析,会得到很多成果。

例如某试验路段，根据连续感知到的压路机响应信息，可以得到填筑体模量（或其他力学指标）与碾压遍数之间的关系，生成碾压面上各点的模量分布图，如图 6-27 所示，从中可以挖掘出很多有价值的信息和知识。

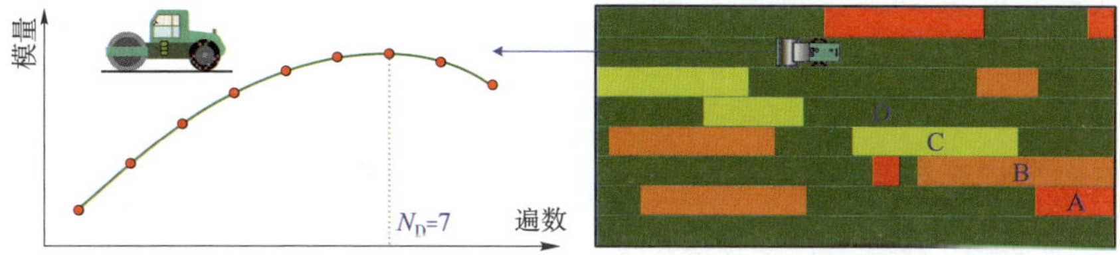

图 6-27 一些智能压实控制成果

图 6-27 左图为绿色区域 D 内某一点的模量随碾压遍数的变化态势，可以挖掘出如下信息：D 区域的最佳碾压遍数 $N_D = 7$；D 区域已经达到了压实稳定状态；D 区域填料的可压实性良好。

图 6-27 右图为碾压面上各点的模量分布状态，按照变化幅度，划分为 4 个区域，红色区域 A 代表模量最小，绿色区域 D 代表模量最大，即 $E_A < E_B < E_C < E_D$。在同一碾压遍数（7 遍）下，碾压面上各区域模量值存在较大差异，恰恰说明了摊铺时填料存在离析问题，也就是不均匀问题（下卧层的不均匀也会造成影响，但可以排除）。此时，智能压实控制可以发挥作用——根据实时生成的压实状态分布图，指导压路机在不同的低值区域进行补充碾压（每一区域的最佳碾压遍数都是不相同的），以便改善填筑体性能（模量）的分布状态，将模量差异（E_D-E_A）控制在允许范围内，这是点式控制无法做到的。如果采用智能压路机，将会自动完成这一过程。

图 6-27 右图也揭示了离析问题的后果——使填筑体性能发生变异。智能压实使离析问题由摊铺阶段的定性描述变成了定量分析，并且可以确定差异性的大小，给控制（改善）变异性提供了数据支撑。还可以通过智能建设信息平台，往前追溯到摊铺、拌和、原材料生产的各个环节，查找发生离析的原因，以便寻找对策。

除了智能压实技术外，目前还有一类方法也在大量使用——采用高精度定位系统，实时跟踪压路机行走轨迹，通过记录碾压遍数来控制压实质量。这是传统碾压遍数控制法的再现，只是由过去的人工记录碾压遍数变为电子设备的自动记录了。这种经验方法的使用条件极为苛刻，要求试验段与施工段具有相同的下卧层、相同的填料、相同的压路机、相同的压实工艺参数，如图 6-28 所示。其中有一条不满足，这种碾压遍数控制法都将失效。图 6-27 所示的情况，显然是不适合采用这种方法的。

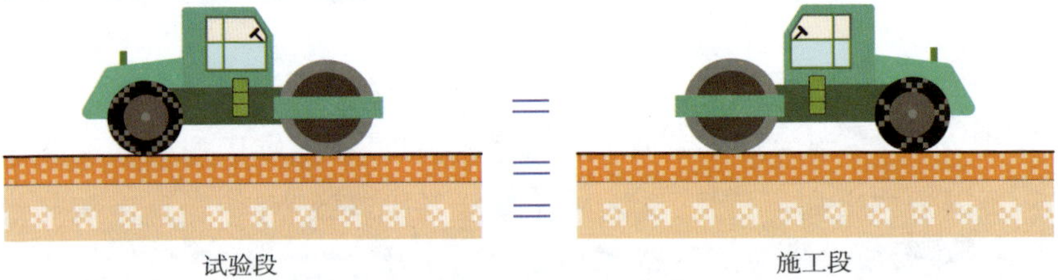

图 6-28　碾压遍数控制法的使用条件

关于沥青混合料的碾压，目前采用碾压遍数控制法的居多，谈不上智能化，效果尚需进一步观察。除此之外，温度管理在碾压中也是非常重要的工作，可以为碾压进度的智能控制提供依据，如图 6-29 所示。

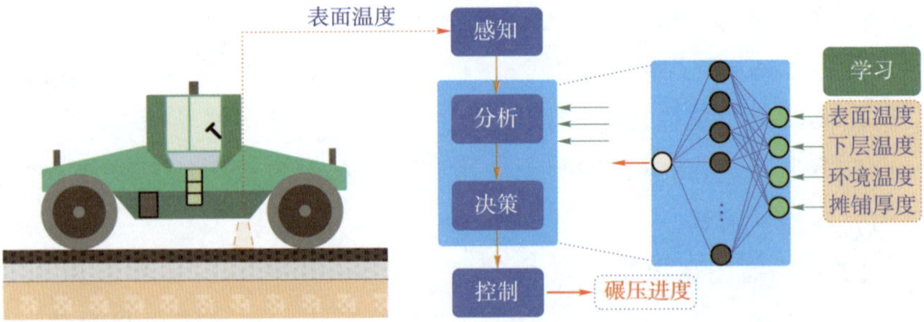

图 6-29　沥青混合料碾压进度的智能控制

受沥青混合料特性的制约，碾压作业必须在高于 80℃ 的温度下完成，否则难于碾压密实。当摊铺完毕后，最关心的是经过多长时间，温度会下降到 80℃，这将决定着碾压进度。在压路机上配置智能控制系统,可以根据感知(检测)到的碾压层表面温度,智能预测下降到 80℃时的剩余时间。当然,这个智能系统必须先进行学习,掌握这种预测本领才能工作。图 6-29 给出了采用 ANN 的训练方法。输入的训练数据为摊铺层表面温度、环境温度、摊铺层厚度和下层温度等,输出为下降到 80℃时的剩余时间。在工作时,需要事先向智能系统输入摊铺层厚度、环境温度和下层温度,系统通过温度传感器,实时感知摊铺层表面温度,经过分析和决策,预测达到 80℃时的剩余时间,据此控制碾压进度。

智能压实通过连续感知压路机在碾压过程中的响应信息,经过复杂的解析,获取填筑体的力学性能数据,然后进行分析和决策,最后采取反馈控制措施,保证了压实质量。这是由装配在压路机上的智能压实控制系统完成的,完整地体现了智能建设的“感知、分析、决策、执行”的工作过程,是目前成功的工程实例,详见后面的论述。

(7)装配式结构物的制造与安装

以上介绍的是现场摊铺碾压而成的填筑式结构。在公路和铁路工程中,还有一类结构,其构件在工厂里加工制造,现场进行安装,称之为装配式结构。如公路的一些混凝土路面(构件为混凝土板)、铁路的轨道(构件为轨枕、轨道板、钢轨)、桥梁和车站(构件为各种混凝土梁和板以及钢材等)等,都属于装配式结构物,如图 6-30 所示。

图 6-30 装配式构件制造与结构物

装配式结构的发展历史只有几十年。随着科技的发展，受工业界机械制造的启发，土木界产生了按照机械制造的思路，在工厂中先将建筑物的各种构件制造出来，然后在工地将它们装配起来，形成结构物。20 世纪 60 年代，这种想法首先在建筑工程中得到实现，后来推广至公路和铁路领域，其特点是建造速度快、生产成本较低、质量有保证、便于标准化作业——标准化设计、工厂化制造和机械化安装。

装配式结构物的构件是在工厂里生产的，生产过程的智能化属于智能制造范畴，目前发展很快。现场装配是以机械化为主的，例如铁路有砟轨道的轨枕和钢轨、无砟轨道的轨道板和钢轨，都已经实现了机械化的安装作业，如图 6-31 所示。

图 6-31　装配式构件的现场安装

装配式结构物的构件安装，最关键的是按照设计要求，控制好安装精度。因此，通过机器（如放样机器人）引导施工机械进行施工安装是不错的选择，可以实现自动化。当然，按照智能建设基本步骤理解也是可以的，放样机器人（全站仪）通过“感知”构件安装过程中的尺寸信息，“分析”与设计要求的差异，再做出是否调整构件位置的“决策”，最后“执行”指令，控制精度。这部分的智能化相对简单，看作是高级一点的自动化也未尝不可。

6.3.3 工地试验室

工地试验室所做的试验，无论试验项目、试验操作还是数据处理，都是按照技术要求进行的标准化操作，并不需要过多的智能化处理。随着信息技术的普及，很多试验仪器都具备了计算机控制操作的能力，实现了信息化和自动化，在此基础上发展网络化也是容易的。在智能建设信息平台上，可以实现远程实时监控试验过程，对实验室进行在线管理。

6.3.4 发展中的检测机器人

现场检测是施工阶段必做的工作，在技术标准中都有明确的要求。所需的检测设备也都比较常见，如无核密度仪、承载板（检测回弹模量、形变模量、地基反应模量）、FWD和LWD等。目前这些设备大都由计算机（单片机为主）控制操作，使用起来很方便，有些已经达到自动化水平，可以满足工程建设的需求。下面介绍一下正在发展中的检测机器人。

机器人是一种能够依靠自身动力和控制能力，通过遥控或程序来自动执行某种任务（如检测、加工）的机器装置。目前，检测机器人正在成为很多领域的一个热点，在交通领域也出现了一些产品，如轨道检测机器人、列车智能检测机器人、公路路面检测机器人、无人机检测等。这些产品的一个主要特点是对传统检测仪器的升级换代，其检测原理和方法并没有实质性改变，但却变得更加自动化了，还可以通过网络进行数据实时传输，主要用于运营期间对交通基础设施性能和功能的检测，为养护决策提供依据。

对于填筑类工程，碾压成型的好坏一直是施工阶段质量控制的重点。传统的点式检测尽管精确，但费时费力，其代表性也存在问题，而智能压实进行的连续检测，由于加载大小（压路机机吨位）和方式（振动工艺参数）不统一、不标准，导致不同压路机、不同振动工艺下的检测结果不一样，所以主要适用于碾压过程的质量控制。能否将点式检测和连续检测结合起来，发挥各自的优点，从技术原理到检测方法进行集成创新，是发展检测技术的新思路。下面介绍的这款多功能、多用途的新型智能检测机器人就是这样的一种集成技术，适用于施工阶段的质量控制，其工作原理如图 6-32 所示。

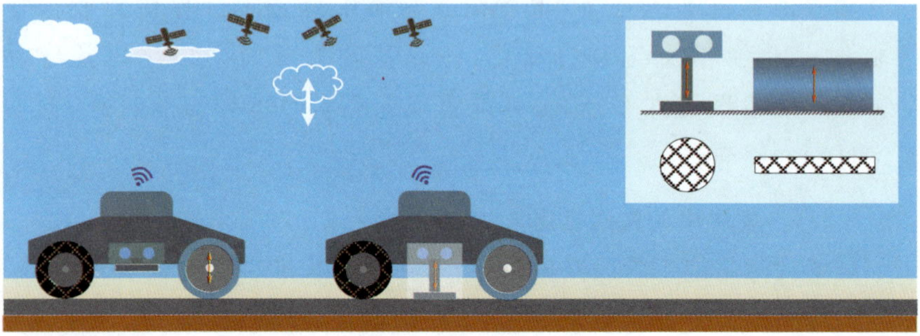

图 6-32　多用途智能检测机器人工作原理

图 6-32 所示的是智能压实的连续检测技术与稳态振动平板载荷试验系统的集成，都是振动力学与波动力学的耦合问题，具体差异在边界条件上，一个是钢轮与连续体的相互作用，另一个是承载板与连续体的相互作用，详见 6.6 节。图 6-33 显示了这款智能检测机器人的一些常见用途。

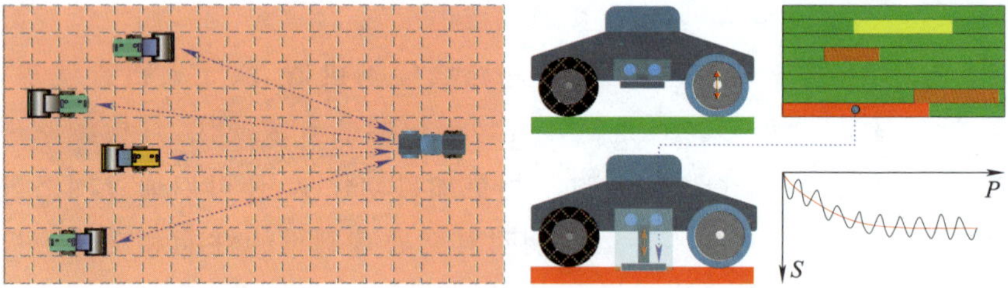

图 6-33　智能检测机器人的常见用途

(1)作为小型标准化连续检测设备使用

在多台压路机联合工作的情况下，智能检测机器人可以根据连续检测结果，指挥和协调其他压路机的碾压作业。如果其他压路机上配有智能压实控制系统，智能检测机器人还可以对其他压路机的智能压实结果进行标定，以便做归一化处理。

(2)作为连续检测与定点检测联合设备使用

在指定区域进行连续检测,根据检测结果,自动划分出不同力学性能状态的分布图。对不同区域进行稳态振动试验,可同时得到塑性变形、形变模量和弹性模量数据,作为分析填筑体力学性能以及不同区域之间差异性的依据。此外,承载板的直径还可以改变,以适应不同粒径的材料。

(3)作为小型加速加载试验设备使用

智能检测机器人中的稳态振动试验系统通过改变振动频率和激振力,实现对填筑体的加速加载试验,用来检测填筑体的疲劳特性。

智能检测机器人的"智能"仍然体现在感知、分析、决策和执行这几个方面。在智能建设信息平台上还可以进行远程遥控,给施工质量控制带来了便利,具有很好的发展前景。

6.3.5 施工机器人

提到机器人,很多人立刻想到科幻电影中的各种超人。其实,大多数机器人并不具备"人形",而是各种机器装置,如图 6-34 所示。实际上,非智能型的机器人就是一类高级的自动化设备,能够完成指定的任务。智能型的机器人则需要配置更多的感知器(传感器)和智能算法,具有一些智能的特点。

图 6-34 各种机器人

所谓施工机器人,就是一类自动完成施工任务的机械装置,目前基本上等同于无人驾驶的工程机械。对于工业界,机器人随处可见,很多工作都由工业机器人(多关节机械手或多自由度的机器装置)代替人类做了,如焊接机器人、激光加工机器人、洁净机器人等。在工程领域,施工机器人正在兴起,原来由驾驶员操作的各种工程机械,都将以无人驾驶的方式出现。尽管以非智能型为主,但自动化水平将会进一步得到提升。采用机器人施工时,安全问题是需要特别注意的,目前还没有相应的规章制度。

6.3.6 布设感知元件——让结构体变得更灵巧

智能建设的目的是提高工程建造品质和效益,最终实现智慧的交通基础设施。在提高品质的同时,可以让其变得更加灵巧(Smart)一些,形成信息之路,具有初级智能的一些特征。如何做到这一点呢?那就是在结构体中布设各种感知元件,让其具有"知觉"能力,能够感知到结构体在交通荷载和自然环境(水、温度)联合作用下的各种变化信息,通过信息平台进行自主的分析、决策,发出执行的指令,如图 6-35 所示。

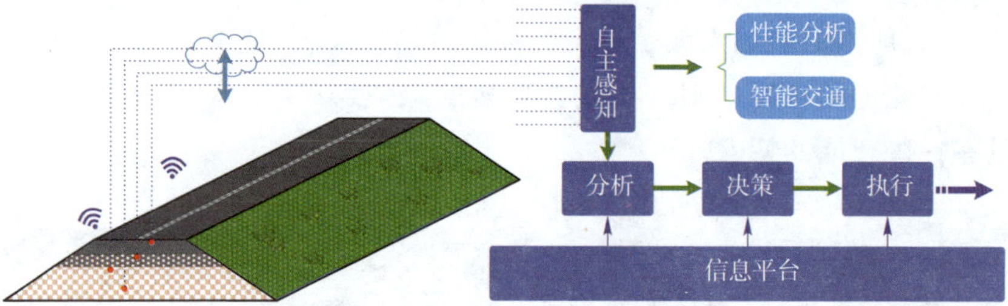

图 6-35 让交通基础设施具备"知觉"能力

感知的目的之一是为了对结构体性能进行长期跟踪监测,掌握演变规律,另外一个目的就是为智能交通(包括自动驾驶)提供必要的数据支撑。因此,在施工阶段,需要在结构体内特定位置上布设一些感知元件即传感器。监测的性能指标包括沉降、应力、应变、湿度、温度等,需要选择相应的传感器和网络传输装置。关于智能交通所需要的数据,除了上述这些性能数据外,其他都是通过在路表面安置的各种传感器感知的,这方面发展很快,属于物(车)联网范畴和另外的信息平台,此处不再赘述。

以上介绍了施工阶段的一些智能化问题，但还不是全部，很多方面（包括概念、术语）还在发展和演化中，但基本的科学原理是不会变的，这是需要我们把握住的，应该以不变应万变的姿态迎接智能施工时代的到来。

在整个施工过程中，智能建设信息平台将起到指挥和协调的作用，各种结果都可以进行可视化（三维、动态……）显示。施工结束后，在智能建设信息平台上会形成各种数据。这是一批非常宝贵的工程数据和信息，是运营期的初始状态集。同时，在一些关键点上布设的感知装置，将长期监测结构体性能的变化，与施工期的有关数据能够相互验证。对于人工智能来讲，这也是非常好的训练数据，为智能养护奠定了必要的基础。

6.4　智能养护在路上

交通基础设施修筑完成之后，便成了一种供交通工具（火车、汽车、飞机）在上面行驶的“产品”，由此进入运营期，伴随着还有养护问题。运营期的智能化属于智能交通（ITS）范畴，不在智能建设考虑之内。尽管如此，设计、施工、运营、养护还是应该按照一体化和复杂系统思想进行综合考虑，这也是智能化的一个研究方向。本节将就其中的智能养护问题进行阐述。

任何一种产品在使用过程中，都会遇到维护问题。交通基础设施在运营期间也存在同样的问题，如何解决便是养护的任务。所谓养护，就是根据对感知到的数据和信息进行的综合分析，做出是否需要维修以及维修规模的决策，然后付诸实施（即执行）。这一过程与智能建设的四个基本特征所要求的步骤是一致的，因此，只要用 AI 技术来完成这些过程，就可以实现智能化了，原理并不复杂，关键在于如何操作。

按照智能建设基本特征，智能养护的重点有两方面，其一是感知技术，这是数据获取的主要手段，涉及许多的检测技术；其二是分析与决策技术，这部分是 AI 要做的事情，需要事先选择合适的算法，并进行学习和训练。至于“行动”，实际就是维修，也就是施工，已在前面进行了介绍。

6.4.1　养护阶段的信息来源与感知

养护阶段的信息是最关键的，是制定决策的依据。信息通过感知

（检测）技术来获取，不同的信息，获取的手段不完全相同。

（1）养护的信息来源

与养护相关的信息主要来自三个方面，施工结束时传递过来的各种检测结果，埋设在结构体中的感知元件传输出来的信息，养护阶段现场检测得到的信息。这些信息将汇集到信息平台上，成为海量数据，从中可以挖掘出很多知识（这项工作需要丰富的专业知识才能胜任），为制定养护决策提供依据，如图 6-36 所示。

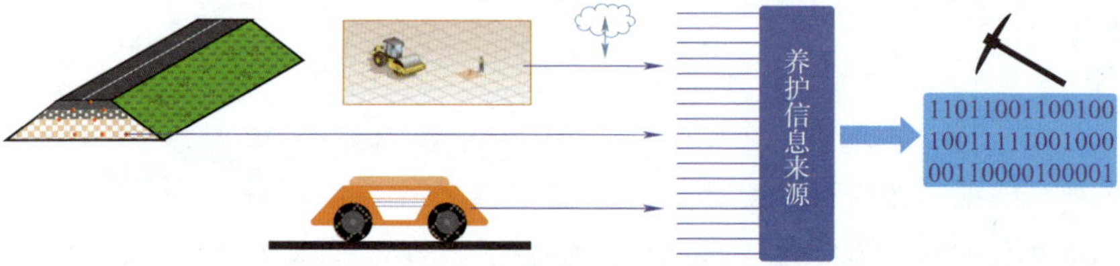

图 6-36 养护的信息来源与数据挖掘

在信息的三个来源中，前两方面的信息还不完善，目前主要依靠现场检测获取信息。因此，来源于现场检测的信息是运营和养护阶段关注的重点，涉及许多感知技术和相关行业。这是一个丰富多彩的创新领域，包括方法和设备上的创新，智能化则是提升技术水平的一个手段。

（2）现场需要检测的内容

在运营期间，对交通基础设施进行定期检测是必须要做的事情。关于检测（感知）内容，无论是公路、铁路、机场，还是城市道路，需要检测的项目都很多，但至少要包括结构体的外形特征、内部特征和性能特征这几方面，要检测这些特征的变化情况，如图 6-37 所示。

外形特征是对结构体的几何形态而言的。外形特征的变异，将会直接影响到车辆的平稳运行，严重时会出现安全事故。铁道工程的外形检测内容比较多，钢轨方面就有轨距（钢轨顶面下 16 mm 处两点之间的距离）、高低（钢轨顶面纵向起伏变化）、曲率（一定弦长的曲线轨道所对应的圆心角）、扭曲（俗称三角坑，反映钢轨顶面的平面性）和轨向，以及轨枕、轨道板和扣件等的外形变化；对于道路工程，外形特征是指路

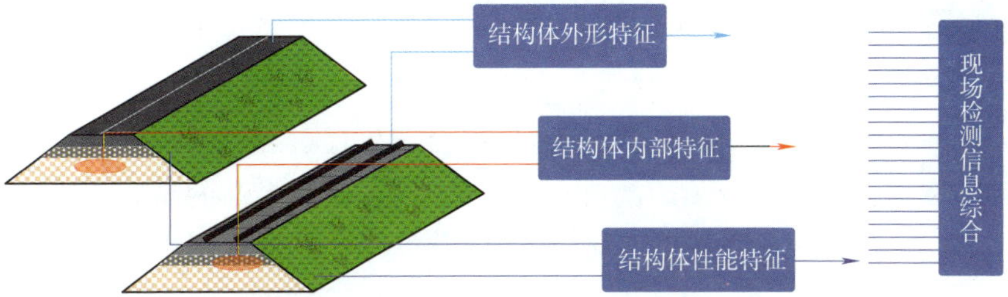

图 6-37 结构体的检测内容

面的平整度、裂缝、车辙和坑槽等。

内部特征主要是指结构体内部出现的各种缺陷，如空洞、沉陷等，这些缺陷将对上部结构如轨道、路面等产生显著影响。

性能特征是指结构体的物理力学性质。表征性能的指标很多，其中力学性能可归结为刚度、强度和稳定性，而物理性能的表征要根据具体情况而定，如钢轨、沥青面层、混凝土板的物理性能都有不同的表征指标和方式。结构体性能指标的衰减意味着养护维修时间的临近。

结构体外形特征的变异，除了与表层结构自身有关外，结构体内部的缺陷和性能变异，也都会对其产生影响，如轨道的不平顺、路面的不平整和裂缝，都与路基结构的不均匀变形密切相关。在进行养护决策时，要将这些信息综合起来考虑。

(3)现场检测技术

检测技术是信息感知的主要手段。运营期间的现场检测，一般都是采用无破损方式进行的。根据检测目的和技术原理的不同，基本上可以归纳为三类方法即图像法、反射波法和振动法。

传统的图像法就是采用数码相机或摄像机，对结构体的表面进行感知(拍照或摄影)，看看表面形态发生了什么变化，并确定变化的类别(模式识别)。图像法的核心技术是图像识别，过去采用数字图像处理技术，现在使用机器学习的居多。随着 AI 技术的发展，图像法正在被计算机视觉技术所取代，给计算机装上“眼睛”(照相或摄像机机)和“大脑”(算法)，让计算机能够感知环境。

反射波法属于波动力学范畴(但不需要求解波动方程)，是一类非常重要的无损检测方法，在很多行业都有应用。医学界的超声波（B超）检查，工业界的激光测量，工程界的声波探测等，都是利用了波的反射原理，即波在不同介质的交界面处中会产生反射，根据波的传播速度和传播时间来确定反射距离，由此得到不同介质交界面的轮廓（几何形态）。图 6-38 给出了利用不同的发射波来检测路面（或轨道）表面几何形态（如平整度）和结构体内部缺陷（如坑洞）的示意图。

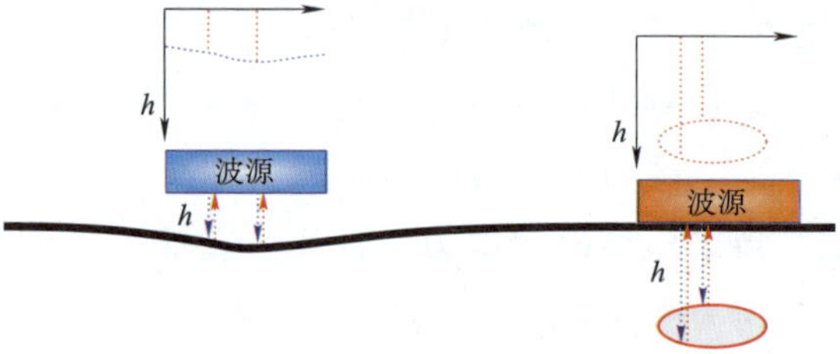

图 6-38 反射波确定边界轮廓

工程中上常用的发射波主要有声波、超声波和电磁波等。可以根据被检测对象属性和检测目的，选择合适的发射波进行应用。例如，声波可以用于混凝土板缺陷的检测，超声波用于钢轨缺陷的检测，电磁波（雷达）用于结构体内部缺陷或者厚度的检测。实际用途并不局限在这几方面，需要我们去研发和拓展应用。

——波动是物质运动的重要形式，广泛存在于自然界。机械振动的传递构成机械波——在空气中称作声波，在固体找中称作应力波；电磁场振动的传递构成电磁波——包括无线电波、微波、红外线、可见光、紫外线、X射线、伽马射线和激光等；此外，还有超声波、次声波等。实际上，任何一个宏观的或微观的物理量，在受到扰动后，均可在介质（固体和流体）中以某种波的形式传递。因此，波动力学研究的内容非常丰富，常见的弹性波（应力波的一种）是机械振动在弹性介质中的传播，只是其中的一种，但已经具有很多的应用，是工程中感知技术的重要基础，详见本丛书其他分册。

振动法属于振动力学范畴，是检测结构体力学性能的常用方法。通过对结构体施加某种形式的动力（瞬态冲击、稳态振动），激发出结构体在该作用力下的动力响应（位移、速度和加速度），经过处理和计算，得到反映结构体力学性能的量（如模量、弯沉等），从而掌握结构体性能在运营期的演化规律。常见的FWD和稳态振动试验系统都属于这类检测技术。

现场检测技术正在由单项检测向多项综合检测方向发展，各种形式的综合检测车就是最好的证明，其中主要是综合了图像法和反射波法，三维可视化效果也得到了加强。在综合检测方面，铁路领域的检测内容和技术更多一些，某些测试技巧也许对公路领域综合检测技术的研发会有启发作用，感兴趣的读者可查阅相关资料。

(4)感知技术的智能化

这里所说的感知就是检测的含义，包括了信号的采集、处理和存储技术等。随着科技的发展，新型传感器已经变成了芯片形式，本身就是一个数据采集器，具备了数据处理和存储能力，可以直接输出数字量，与计算机相连，如MEMS传感器就是如此。

对传统检测技术进行智能化改造，需要在数据采集装置中植入微型计算机，再通过软件编写相应的智能算法，参见1.6节。由于数据采集都已经实现了微型计算机（单片机）控制，所以实现智能化并不难，只要按照“感知、分析、决策、执行”这样几个步骤进行操作便可。但所面对的对象是信号本身的处理问题（信号补偿、滤波、放大、转换等），这部分工作属于电子信息技术范畴。客观地讲，现在的智能检测，其实更像是高级一点的自动检测，但已经满足需要了，没必要强行与“智能”挂钩。

智能型的综合检测技术将会是一个很好的发展方向，其智能化的重点应体现在检测方法和数据处理的“综合”上，这将是一个富于挑战性的研究课题。

——在公路、铁路、机场和城市道路等领域，感知技术既有共性，也有行业各自的特色，主要与感知对象和内容有关。所谓共性，是指感知技术的硬件即数据采集装置(包括信号采集、处理和存储等)基本都是相同的，并且都是采用计算机进行控制。行业特色是指前端所用的传感器以及后端的数据处理和分析方法是不完全相同的，与具体的专业要求密切相关。另外，在感知技术中，有很多检测方法的原理是相通的，如采用声波、超声波、电磁波和激光进行的无损检测，都是利用了波动力学的反射波原理，还有基于振动力学原理进行的检测等，要善于在差异性中提炼共性的东西，从而提升研发水平。

6.4.2 分析与决策

养护阶段的主要任务是通过对相关信息的综合分析，做出维修时间和规模的决策。这部分工作一般是由工程师在计算机上完成的，公路领域的“路面管理系统”就是一个很好的工具，但需要向智能化方向进一步发展。

从目前AI技术的发展情况看，分析与决策这部分工作是很适合采用智能技术进行的，但需要针对具体情况和不同行业的特点，选用不同的算法。目前有些工作已经实现了智能化，但比较零散，还没有形成完善的智能分析与决策系统，需要构建这样的系统，再放在智能建设平台上运行。

(1)分析技术与智能化

信息分析存在于各行各业，所涉及的内容非常广泛，从信号滤波到图像处理，再到数据统计，都属于信息分析范畴。尽管面对的具体对象不同，但背后的基本原理很多都是相同的，可以借鉴其他行业的成功经验，特别是在智能分析方面。

如前所述，养护信息主要由三部分组成，施工阶段传递过来的信息、结构体中一些点的长期观测信息、现场检测得到的信息。这三类信息之间并不是孤立存在的，而是从不同角度对结构体性能和功能进行的刻画。因此，分析养护信息，要从系统的角度对不同来源的信息进行综合分析，其中起关键作用的还是专业知识（详见丛书其他分册），智能算法只是起到辅助和工具的作用。

智能施工结束时传递过来的信息量（模量、材料性质、级配等）是十分丰富的，但需要做进一步的预处理，以便形成结构体（系统）的初始状态集合，为预测状态的变化奠定基础。下面给出一个简单例子，可以在此基础上不断完善。

首先，选择合适的算法（如 SVM、ANN、KNN 等）进行分类等处理，确定出（公路、铁路）全线不同的初始状态及分布，便于针对性地分析（每个状态都可看作是一个均质体）；其次，建立适当的智能模型，确定输入和输出的指标属性及数量，这一步是最关键的，需要丰富的专业知识；最后，对模型进行训练。图 6-39 给出了采用 ANN 模型进行学习（训练）的例子。其中，输入指标为交通荷载、温度信息、湿度信息和某区域的初始状态（可取模量），输出指标为该区域内的可观测量（如应力）。当 ANN 输出的应力计算值与实际观测到的应力值差异较大时，通过调整权重（学习）来减少计算值与观测值（期望值）的差异，直到满足要求。采用不同区域、不同时间段的观测数据进行训练，便可以扩大模型使用范围。

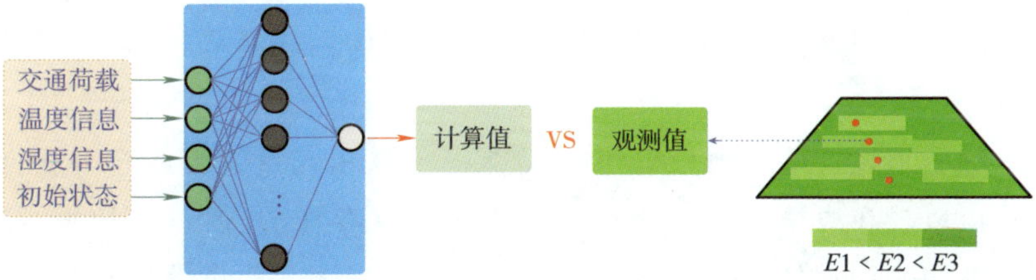

图 6-39　ANN 模型的学习过程

将上述训练好的智能模型应用在实际工作中，可以预测结构体状态随时间的演化过程，如图 6-40 所示。这里所说的状态是广义的，任何表征系统特征的量都可以作为状态量看待，包括模量、密度、应力、应变等，可根据需要选取。如果想要得到模量，理论上应该采用力学方法进行反演，采用智能预测也是可行的。

图 6-40　采用 ANN 模型预测结构体的状态演化

根据系统（结构体）的初始条件和状态方程来预测和分析其演化行为，是一切系统都需要的（参见 2.1 节），交通基础设施系统也是如此。在交通荷载和自然环境的联合作用下，结构体的状态如何变化是养护阶段关心的重点，但建立系统状态方程并不是容易的事情，求助智能模型是一条可行的路线。至于具体如何操作，还需要根据具体情况选取模型，上述例子仅供参考。此外，现场检测数据也可以作为训练数据使用。

以上是对施工阶段传递过来的数据和长期观测数据的一种处理。对于现场检测，反射波法和振动法的分析是比较成熟的，仍然是以力学分析为主、智能分析为辅。图像法需要借助智能方法进行识别，如采用深度学习来识别各种表面缺陷（如路面裂缝和轨道表面缺陷），进行三维可视化显示等。但深度学习只能识其表面特征，并不知道缺陷产生的原因，所以只是起到辅助作用（因为不会思考），还是应该多种分析手段并用。

除了上述这些专项分析外，还需要从系统的角度进行综合分析，这部分可以放在决策阶段。所有信息不是独立存在的，要善于挖掘内在的联系。例如，路面和轨道的不平顺，很多情况下是由于路基局部的过大塑性变形引起的，如果进一步追踪，一定与施工时的填料和碾压质量有关。结构体内部的损失，一般都会在表面有所反映，要透过现象看本质。掌握这种分析能力，一定要具备坚实的专业基础，并非依赖智能方法就能完全解决的，是否可以按照“大数据”的思考方式进行关联分析，值得探讨。

(2)智能养护决策

分析与决策是相辅相成的,分析是因,决策是果。决策是建立在对养护信息综合分析基础上的,其主要任务就是根据分析结果,决定是否维修、何时维修以及维修规模。早期的决策比较简单,就是构造一个包含多个指标的综合评价指标,给每个指标赋予不同权重(由领域专家打分确定)。根据这个综合指标的大小来确定维修时间和规模。至于如何构造这个综合指标,是需要丰富的专业知识、经验和技巧的。以道路工程为例,综合指标至少包括路面功能性指标(平整度)、安全性指标(抗滑系数)、路表损伤(裂缝、车辙、坑槽,如何定量表达是一个问题)、承载能力(弯沉),还要确定它们在综合指标中的比例(权重大小)。这是一种以经验为主的简单决策方法,但存在许多弊端,发展新的智能决策方法是必要的。

所谓决策,就是人们为了实现预定目标而做出的决定,是智能建设的第三个基本特征。过去的决策大都是基于经验的,后来随着系统科学、运筹学、计算机和行为科学的发展,逐步形成了技术体系,已经成为管理学的核心之一。决策的实质是优化,即按照既定目标,从若干个备选方案中选取最优化的方案。

决策问题存在于各行各业,具体解决方法也各不相同,但有一定的通用性。决策支持系统(Decision-making Support System,DSS)就是一种很好的辅助决策手段。这是一个以计算机技术、仿真技术和信息技术为手段的通用人机系统,通过人机交互进行分析和判断,为决策者提供各种可靠方案,支持用户进行决策。DSS所支持的主要对象一般是不能完全用数学模型和公式来求解的半结构化和非结构化数据问题,但这种技术只是支持决策而不是做出决策(判断最优方案)。智能养护决策可以借鉴DSS基本架构,但需要增加自主决策的内容。

智能决策很好理解,就是“AI+决策”,将人的决策过程换成机器去做。因此,实现智能决策的思路很简单,就是先弄清楚人在决策过程中需要做的工作内容,然后再看看可以采用哪种智能技术来替代。

智能决策存在于智能建设的各个阶段,只是具体内容不同而已。

在设计阶段是对设计方案的决策(前面已介绍),在养护阶段则是养护方案的决策,实际上都是优化某种方案的过程。目前可以选择"专家系统+机器学习+决策技术"的技术路线,其中专家系统以知识推理的形式解决一些无法定量描述的定性问题,机器学习解决综合指标预测问题,决策技术解决以"费用-效果"为目标的优化问题,如图 6-41 所示。

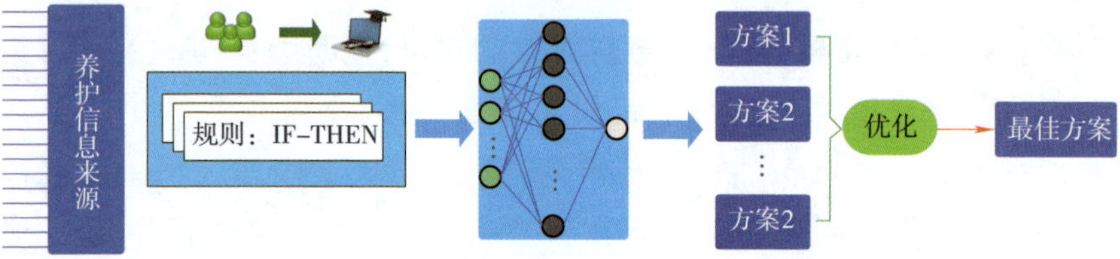

图 6-41 实现智能养护决策的技术路线

养护阶段的决策,与智能建设基本特征中"决策"相比,其内容更丰富,所涉及的技术也更复杂,应该多从管理学的角度去考虑。

6.5 管理技术的智能化

管理贯穿在工程建设的全过程中,在每一个环节上都有工程管理问题。向管理要质量、向管理要效益,已经成为工程界的一种共识。从粗放式的经验管理到精细化的科学管理,管理技术已经发生了天翻地覆的变化,现在智能化管理也走进了我们的视线,这是一个多学科交叉的领域,值得关注。

6.5.1 管理的含义

管理存在于各行各业,目前还没有统一的定义,可以大致理解为由计划、组织、指挥、协调及控制等要素组成的活动过程,是所有人类组织都有的一种活动。通俗地讲,就是对人、财、物、时间和信息的管理。

管理是一门复杂的学问,凡是有人群活动的地方就有管理。不同行业、不同部门、不同层次管理的内容和重点一般都是不相同的,但有共性的东西,那就是管理的手段和管理的对象,这是需要每一个从事管理工作的人都应该掌握的,也是智能管理需要把握的方向,如图

6-42所示。

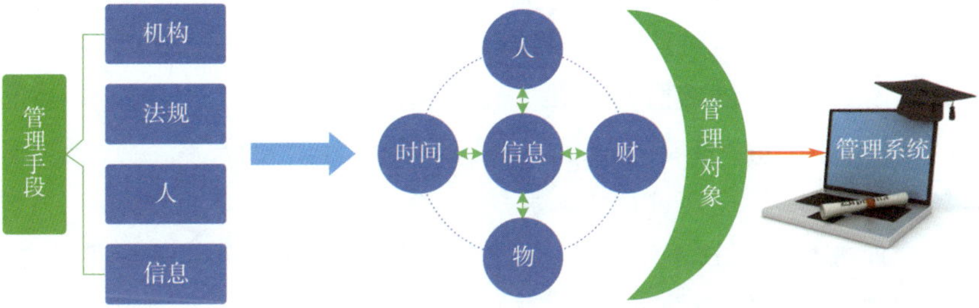

图 6-42 管理手段与管理对象

管理的手段有四种，它们是相辅相成的关系。其中，机构是管理的主体，人是管理的核心，法规和信息是依据。在信息时代，管理对象除了信息外，人、财、物和时间也都是以信息形式存放在计算机里的(图 6-42)，都是用数字来描述的，所以现代管理是以计算机为工具、以数字为特征进行的信息化管理，但管理的根本问题还是对人的管理，这也是复杂性的原因之一。

6.5.2 工程管理

工程管理是指对一个工程项目在全生命周期过程中(设计、施工、养护……)进行的一系列管理活动，如计划、组织、指挥、协调、决策和控制等。在每一阶段，具体的管理手段和对象都是不相同的，可以参照图6-42，将其具体化。例如设计阶段，通过主管机构设计单位进行管理，具体途径就是通过人、法规制度和信息进行。管理的对象为设计师及相关人员、与设计有关的费用、与设计有关的物品、设计进度、与设计相关的各种数据(数字)。

施工阶段的管理是最复杂的，不但涉及的内容多，管理机构也有建设单位(甲方、业主)和施工单位(乙方)之分，各自所关注的重点也不完全相同。建设单位是对全线进行的建设管理，比较关心“质量、进度、安全”；施工单位是对所辖标段进行的施工管理，更关心“效益、质量、成本、安全”。但无论如何，“质量与安全”都是工程管理的重点和控制目标。养护阶段的管理机构就是养护部门，是围绕着养护方案的决策而展开的工作，前面已经进行了介绍。

值得注意的是，目前的工程管理，不但设计、施工、养护的管理信息是独立的，施工阶段的管理也是“各自为政”，这样会造成信息不流通，不利于推广全生命周期的理念。信息管理平台的建立，将会打破数据孤岛现象，可以系统地进行协调和统筹。

管理既是一门技术，也是一门艺术。尽管其方法论部分有其共性，但也很难脱离具体行业而独立存在。离开具体行业而谈管理，终将变为空谈。没有雄厚的专业基础，是很难做好管理工作的，这也是实现智能管理的基础之一。

6.5.3 实现智能管理的途径

如果从管理学的角度谈智能化，会涉及较多的内容和篇幅。为了简单明了，这里仍然从智能建设的基本特征出发，谈一下工程建设的智能管理问题。目前的管理技术已经从信息化发展到了网络化阶段，智能化的进程正在推进。实现智能管理的途径可以参考以下步骤。

首先是对人、财、物、时间和信息的“感知”。由于工程管理并不是独立存在的，是伴随着工程建设而同步进行的，因此，管理所需的各种信息都是通过工程建设中的各种感知手段获取的，不必单独考虑。其次是“分析与决策”，这是管理中的重点和核心。管理是一种软技术，是通过主管机构中的人（管理者）来对信息进行分析和决策的，依据的就是各种规章制度和可靠的信息。如果让机器代替人（AI 的目的就是替代人的脑力劳动）来进行分析和决策，便具备了智能管理的特征。最后是“执行”，对于管理来讲，执行就是根据决策发出指令，但如何行动则不属于管理范畴。图 6-43 给出了实现智能管理的途径，那就是让机器代替人来进行分析和决策。

如何让机器进行分析和决策是智能管理要解决的问题。从目前发展情况看，采取“专家系统＋机器学习”的技术路线应该是可行的，但需要针对具体管理的项目和内容，理清哪些工作可以采用专家系统的知识推理技术，哪些工作需要采用机器学习技术，包括选择合适的算法。

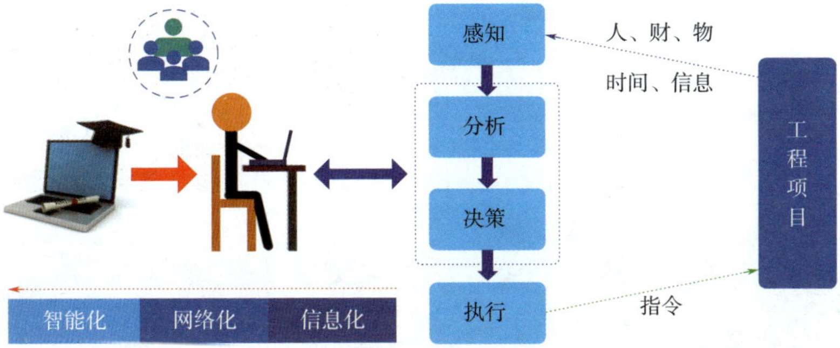

图 6-43 让机器代替人做分析和决策

工程建设的整个过程归根结底是管理过程，工程品质和效益在很大程度上取决于管理的水平。目前，各行各业的智能管理都处于起步阶段，如何将 AI 技术与管理技术很好地结合起来，仍然需要深入研究。

6.6 虚拟建设大有作为

虚拟建设，就是将工程的建设过程搬到计算机里，在计算机上进行各种操作，如同在电子游戏中进行养花、种植蔬菜那样，是虚拟现实(Virtual Reality，VR)技术在工程建设中的应用，将在智能建设中大有作为。

6.6.1 从现实到虚拟

自从有了计算机之后，人们就希望将现实世界中的一些东西搬到计算机里去做，这就是虚拟现实。所谓虚拟，就是在计算机里人工制造一个现实世界的仿制品，实际上就是过去的计算机仿真技术的升级。由于这种技术出色的视觉效果(三维、动态、可视化)，早就引起各界的广泛关注，在很多领域都得到了应用。图 6-44 给出了几个应用场景。

虚拟现实技术目前在娱乐、教育及艺术方面的应用最多，其次是在军事和航空领域，在建筑业、制造业以及医学等领域也开始应用。此外，与虚拟现实技术对应的是增强现实(Augmented Reality，AR)技术，这是一种在屏幕上将虚拟世界合成到现实世界，并进行互动的技术，可以把计算机产生的图形、文字等信息叠加在真实世界中。

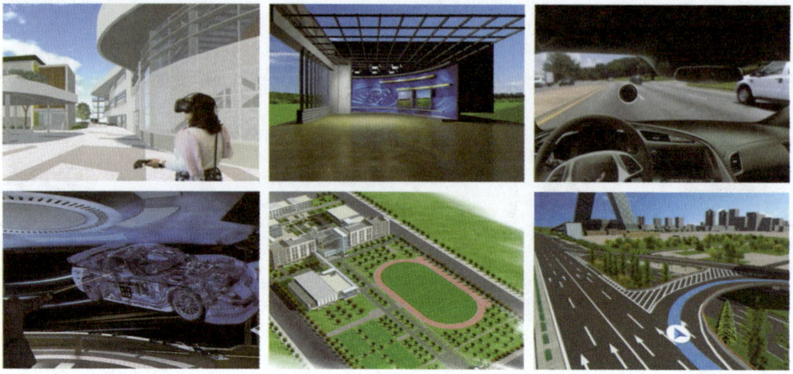

图 6-44 计算机里的虚拟世界

——VR 是一种可以创建和体验虚拟世界的计算机仿真系统。它是利用现实(物理)世界中的数据,通过计算机进行交互式的三维建模和三维仿真,模拟现实中的世界,故称为虚拟现实。VR 最大的特点在于它与用户的直接交互性,用户可以直接控制操作对象的各种参数,而系统也可以实时地向用户反馈对应的信息。它还具有超强的仿真能力,真正实现了人机交互,使人在操作过程中可以随意操作并且得到环境最真实的反馈。一个典型应用就是模拟训练,利用 VR 和计算机的统计模拟,在虚拟空间中可以重现现实中的航天飞机与飞行环境,使飞行员在虚拟空间中进行飞行训练和实验操作,汽车模拟设备也是如此,这些都大大降低了实验经费和实验的危险系数。我们应该利用好这种技术。

交通基础设施存在于物理世界,是实实在在的物体,将其搬到(映射)虚拟世界中进行重构是需要大量数据支撑的。从目前发展情况看,虚拟的东西主要是建筑物的几何外形,其数据来源有两方面,其一是来自 CAD 的设计数据,其二是现场激光扫描采集到的数据。几何外形决定着公路和铁路的线形,影响到行车舒适性和安全性。如果在设计阶段能够在计算机里模拟运行效果,那么很多问题都可以避免,这就是虚拟仿真技术的好处。

目前这种技术还存在很大的缺陷——不能对结构体性能进行虚拟仿真，不能进行全生命周期过程的仿真实验，其原因是缺乏足够的支撑数据。智能施工中的连续检测，可以获取结构体每一点的性能数据（如模量），也许给解决这一问题带来了一些曙光。

6.6.2 从二维静态到三维动态

虚拟建设把建筑物从静态的二维（平面、立面和剖面）图形变为动态的三维物体（虚拟），给设计、施工、养护都会带来变革，需要我们利用这类技术进行创新。

三维设计（6.2节）可以更加直观、准确地表达设计的几何特征，整个设计过程可以在三维设计平台上进行，完成线形与行车关系、排水设施的合理性、环境与景观等的三维动态仿真分析，可以及时发现设计中存在的某些缺陷和不协调问题，减少设计变更，这些都是二维设计无法完成的。

虚拟建设把建筑物从静态变为动态显示后，大大增加了可视化效果（这也是最被外界所关注的地方），不但在设计阶段可以进行各种动态仿真分析，在施工阶段还可以进行可视化的施工交底，通过导入三维数字模型，在VR环境中可以查看结构物的几何外形，以便于施工人员了解情况。对于楼房，还可以查看内部和外部的构造。利用头戴式装备还可以查看模型，工程项目的参与方之间可以进行基于三维模型的远程协作，不同专业之间都能沉浸到同一个环境中，进行协同和交流，打通虚拟世界与物理世界的交流通道。

6.6.3 填筑类工程虚拟现实的重点与发展思路

虚拟现实是三维、动态、仿真、视觉、传感器等诸多技术的集成。在虚拟环境中开展各种工作，是很多行业都非常渴望的。对于道路和铁道这样的填筑类工程来讲，对外部形态的虚拟和动态仿真分析固然重要，但对结构体性能和功能的模拟同样不应缺少，也是全生命周期不可或缺的重点，但难度较大。下面以道路工程为例，进行简要说明。

道路从开始修建直到报废的全生命周期过程中，由于工程品质的不同，会出现各种损害，维修次数也会不同，主要与结构形式、材料选择和施工工艺等有关。如果在设计阶段能够提前预测到这些结果，那么很多问题就会避免。如何实现这个愿望呢？那就是采用虚拟现实这类技术，在计算机上"建造"道路，进行虚拟道路的仿真分析。这方面可以借鉴其他行业的成功经验。

在航空领域，飞机设计已经从二维走向三维，由实体造型走向虚拟样机，与各种工业软件和数据管理软件结合起来后，实现了信息化、网络化、虚拟化和智能化。工程师可以在计算机上进行零件设计和产品装配，完成强度分析、气动计算、数控编程、装配检查、运动模拟等，虚拟产品的制作过程几乎与真实的产品制造没有差别。所有零部件都以三维数字模型进行描述，满足设计、制造过程的需求和全生命周期信息化管理的需求，极大地提高了设计效率和经济效益。道路工程的虚拟建设也可以沿着这种技术路线发展，但道路属于填筑式结构，与飞机的装配式结构差异较大，不能完全照搬，需要拓展思路，另辟蹊径。

包括飞机在内的所有装配式结构，其构件的性能和功能都可以事先确定，所以在虚拟样机上可以进行组装、测试和分析。但道路是填筑式结构，"构件"为路基、基层和面层，修筑完的结构体不能保证与设计所要求的属性完全一致，所以其性能和功能很难事先确定，按照设计参数进行仿真的实际意义不大。为了解决这个问题，需要利用智能设计的知识库(6.2 节)，充分发挥海量数据和历史数据的优势，建立材料、结构、工艺、质量之间的关联，形成初始构件库，然后逐步将智能施工积累的新数据追加进去，逐步完善这个构件库。这样就可以利用构件库中的信息，根据专业知识进行结构体的组装、测试和分析了。图 6-45 给出了对道路工程进行虚拟仿真的一些主要内容，但不限于这些。下面进行简单说明。

在图 6-45 中，外部形态包含很多内容，线形仿真是最主要的了，涉及行车舒适性和安全性问题，对应的就是景观，这部分比较适合佩戴装备的沉浸式仿真，切实感受行车和环境的各种效果，以便改进设计。其他方面的仿真还包括交通工程设施、排水设施和边坡防护等。

图 6-45 虚拟道路工程的主要内容

施工即修筑过程的仿真(虚拟施工)与装配式的组装仿真(虚拟制造)不同,仍然需要研究,其中路基部分最为困难。因为结构体的"构件"都是现场修筑的,无法事先制造,也无法事先确定其成型后的性能,并且在备料、运输、摊铺和碾压过程中还存在材料的变异性。目前,对这部分的虚拟仿真仍然需要大量的经验数据支撑。例如对级配碎石填筑层的施工仿真,首先需要设定填料的级配和颗粒形状,由计算机生成一定厚度的填筑层,然后根据压路机-碾压工艺-碾压质量的对应关系,对不同压路机、不同碾压工艺参数、对应的碾压质量进行各种组合仿真。关于压路机-碾压工艺-碾压质量的对应关系,需要采用智能压实中的连续检测技术获取碾压质量数据(可以用填筑体各点的模量和分布的均匀性来表征),再利用智能算法确定。在构件库中的信息还不完备的情况下,设计阶段进行施工虚拟仿真,其结果有一定的参考意义。如果采用智能施工方法,便可以获取填筑层的质量信息,在养护阶段进行这类仿真,可以为预防性养护奠定基础。

性能仿真是对结构体而言的。在已知结构体的物性参数(模量、密度、泊松比)和分布的情况下,可以计算结构体在行车荷载作用下各点的应力、应变、变形以及疲劳寿命等,这部分主要涉及车辆与路面相互作用的力学理论,是很成熟的,主要是如何进行三维可视化显示的问题。

功能仿真是对路面而言的,也称作表面功能虚拟仿真,涉及路面的平整度(平顺)、抗滑能力和车辙等。仿真的目的是分析这些病害对行车舒适性和安全性的影响程度。路面表面功能的数据主要来源于养护阶段的现场检测。这部分也是车辆与路面的相互作用问题，是从舒适性和安全性的角度考虑的，涉及车辆的随机振动和动力学等知识。此外，还应考虑水和温度对表面功能的影响，以便使虚拟的仿真环境更真实。

目前，虚拟建设还处于发展初期。虚拟建设属于信息物理系统(CPS)中的虚拟世界，由数字模型、状态信息和控制信息等构成。一方面，结构物的设计与施工工艺，可以事先在虚拟世界中进行验证；另一方面，在施工与养护过程中，根据结构物的状态，可以在虚拟环境中进行实时和动态再现，方便分析，乃至控制。

随着高性能计算机技术的发展，许多行业都越来越倾向于使用高性能仿真来替代昂贵的物理实验，在节约成本的同时也缩短了研制周期。目前，虚拟仿真已成为产品设计必不可少的手段，仿真的层次也从宏观逐步发展到介观和微观。智能建设应该密切关注相关行业和相关技术的发展动态，“隔行如隔山”的现象正在消失，多学科融合的态势正在兴起。

6.7 智能建设实例：智能压实

前面对工程建设各阶段的智能化技术进行了分析，阐述了发展智能建设的总体脉络。从目前情况看，很多智能技术与工程建设的融合才刚刚开始。相对而言，智能压实作为填筑类工程施工阶段的核心技术，是发展速度最快、相对最成熟的部分，6.3节已经做了初步介绍。这里将智能压实作为智能建设的工程实例，展示“感知、分析、决策、执行”的全过程，这样有助于理解智能建设的内涵。关于智能压实的详细讨论，请参见丛书的其他分册。

6.7.1 什么是智能压实

智能压实源于连续压实控制——一种利用压路机在碾压过程中的响应信息进行压实质量连续控制的技术，目前还没有明确的定义，我们可以参考智能建设的内涵，大致界定一下它的含义。

所谓智能压实，是指在碾压过程中，根据感知到的压路机振动轮响应信号，得到压实质量控制信息，再通过对控制信息、填料信息和碾压工艺信息的自主学习，实现对压实质量的自主分析、决策和反馈控制，提高压实质量。图 6-46 给出了智能压实的基本工作原理。

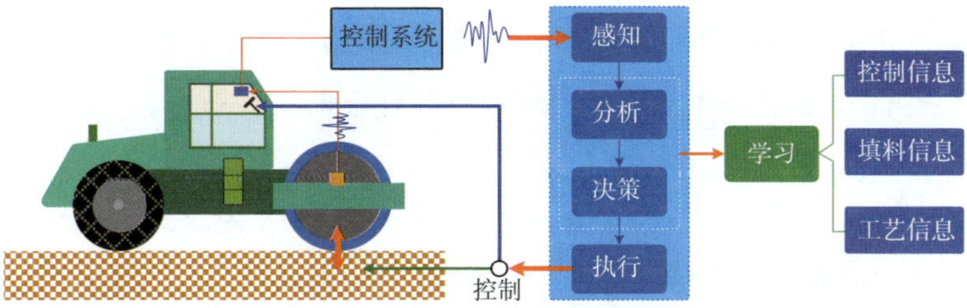

图 6-46　智能压实的工作原理

智能压实是动力学（振动力学与波动力学）的一个综合应用。按照技术原理的不同，智能压实共分为五级，三级以上均采用力学控制指标，属于高级技术。高级智能压实应该满足四个基本要求。第一，压路机要配置“大脑”即控制系统，包括量测系统（振动传感器、数据采集器）、控制软件和算法软件等；第二，要有一个正确反映压实质量的控制指标，以便得到可靠的控制信息，这是最关键的要素；第三，控制系统要具备学习、推理、分析和决策的能力，并能发出反馈控制的指令；第四，压路机要具备自动调节工艺参数的能力，在性能和功能上实现智能化。

现在一些高级控制系统已经具备了“感知、分析、决策、控制”的基本特征，有些压路机也具备了自动反馈控制的能力，二者的结合将为进一步普及这项技术奠定基础。

6.7.2　智能压实的工作过程

智能压实的工作过程并不复杂，这也符合越是智能的，操作越简单的特征，按照 2.3 节提及的黑箱方法掌握即可。但智能压实背后的技术并不简单，涉及学科也比较多，如果从事研发工作，就应该掌握。

（1）感知压实质量信息

智能压实的第一步是要感知压实质量信息，这是前提条件。由于压路机在碾压过程的移动性，目前的控制系统只能做到连续量测振动轮的振动响应信号，需要根据响应信号，解析出与压实质量直接相关的信息（控制指标），当然最好是得到填筑体的物性参数——模量和密度，这是智能压实技术的一个关键点。

如 6.3 节所述，碾压过程是压路机与填筑体相互作用过程，实质就是振动状态的刚性圆柱体与弹塑性体的相互作用，属于经典力学问题。图 6-47 给出了智能压实的动力学原理和存在的技术难点。

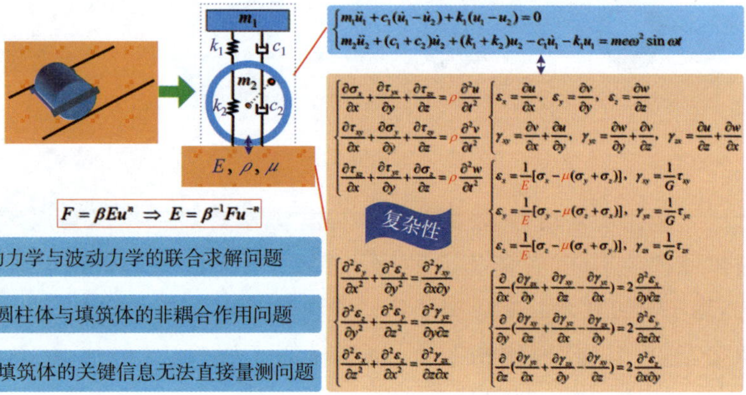

图 6-47　智能压实的动力学原理与技术难点

智能压实需要根据振动轮响应信号来识别填筑体的模量和密度（或其他指标）。图 6-47 给出的动力学模型，至今还没有精确的解析解答，已有的解答都是某种近似解，但可以满足工程精度要求。当钢轮发生弹跳即与填筑体非耦合作用时，需要采用冲击模型进行处理。由于压路机移动的原因，在碾压过程中直接量测到的只有振动轮的响应（加速度、速度和位移信号），需要采用其他方法得到计算需要的信息。

根据上述模型得到的控制指标还需要验证其准确性，一般采用对比试验的方法进行校验。图 6-48 给出了对比试验和数据处理的方法及要求。

智能压实控制指标与点式检测指标（如平板载荷试验得到的模量、灌砂法得到的密度等）的一致性可以采用二者的相关性来确定，一般要

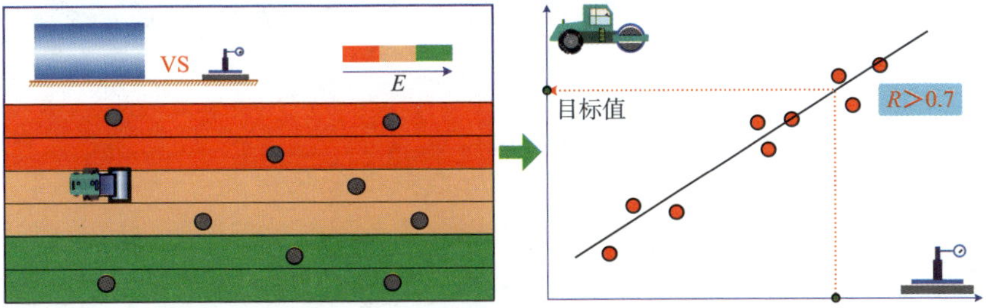

图 6-48 采用对比试验来验证控制指标的准确性

求相关系数 $R>0.7$。此外还可以根据点式检测的合格值，得到智能压实控制的目标值。

控制系统如果能够连续感知填筑体的压实质量信息，那么得到的数据将是覆盖整个碾压区域的，为全面质量控制奠定了基础。

(2)分析压实数据

压实数据的分析工作是建立在对填筑体的深刻理解基础上的。对于公路和铁路，需要根据交通荷载的作用特征进行分析和控制。理论和实践表明，可以从压实程度、压实稳定性和压实均匀性三个方面进行分析，也是压实质量的控制要素，其分析方法如图 6-49 所示。

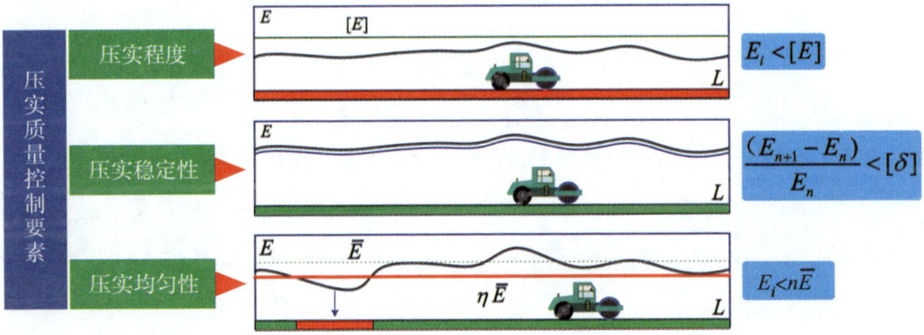

图 6-49 控制要素与分析方法

需要说明的是，图 6-49 是以模量 E 作为控制指标的。采用其他力学指标也是可以的，只要满足相关性要求($R>0.7$)即可。

压实程度是指填筑体的实测值达到目标值的程度。如果目标值为

〔E〕,碾压轮迹上各点 $E_i<$〔E〕,则说明压实还没结束,需要继续碾压(图中用红色表示不满足要求),直至达到目标值(一般采用绿色代表合格)。

压实稳定性是指压实状态随碾压遍数的变化程度,一般采用同一碾压轮迹上前后两边实测值的相对误差来表示。当前后两边的差值很小时,说明压路机在该工艺参数下的压实功已经充分发挥出来了,继续碾压会造成"过压"现象。

压实均匀性是指填筑体性能参数在碾压面上分布的一致性,对应的就是变异性(包括材料的离析)。压实的不均匀是造成上部结构发生早期损害的原因之一,必须进行控制。表征压实均匀性的方法很多,这里采用 $\eta\cdot\bar{E}$ 来衡量是否均匀。当 $E_i<\eta\cdot\bar{E}$,代表不均匀。其中,$\bar{E}$ 为实测值的平均值;η 为不均匀系数,中国高速铁路取为 0.8。

(3)决策压实工艺

前面已多次提过,分析和决策是相辅相成的。智能压实的决策主要是根据分析结果,对是否继续碾压、如何碾压(如何调整压实工艺)做出决定,并发出控制的指令。

如果填料良好,对压实数据的分析和决策都是容易进行的,不需要太多的智能技术。只要按照图 6-49 给出的方法,普通的控制系统都能自动完成这种任务。

如果填料或压实工艺(压路机的振动质量、振动频率和激振力的组合)存在问题,就需要采用智能技术进行分析和决策,包括对压实工艺的分析和决策,对填料可压实性的识别等。若让控制系统掌握这些本领,就必须选用合适的智能算法,利用已知数据,对压路机的控制系统进行大量的训练(学习),也可采用专家系统,或者二者结合起来,综合使用。

(4)反馈控制

分析和决策的目的是采取行动——控制压实质量。控制的要素为压实程度、压实稳定性和压实均匀性;控制的对象为填料、压路机类型及工艺参数。图 6-50 给出了压实质量反馈控制的基本原理(关于控制技术详见丛书其他分册)。

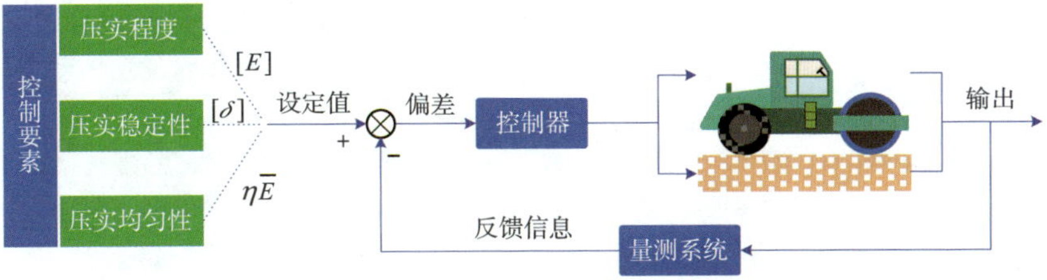

图 6-50 压实质量反馈控制原理

反馈控制的基本思路是将反馈信息与设定值(目标)进行比较,根据偏差的大小来调节相关参数,目的是使偏差达到最小。压实程度、压实稳定性和压实均匀性的设定值如图 6-50 所示,相应的反馈信息由量测系统(控制系统的一部分)根据量测到的输出,经过某种运算得到。

调节参数的机构称之为控制器。这里主要是指压路机调节工艺参数(行走速度、振动频率、激振力等)的机构,也可以为调节填料性质(颗粒形状、级配、含水量等)的技术手段,称之为"软控制器"。

如果是智能型压路机,上述控制行为将自动完成,不需要人的过多干预。但如果是普通压路机,控制系统则会通过显示屏发出执行的指令,通过人工来调节压路机的机构,或者改善填料性质。

以上即为智能压实的工作过程,完整地体现了智能建设的四个基本特征。尽管如此,在模型、硬件、软件和算法等方面,仍然有很大的研究空间。

6.7.3 控制结果的可视化

智能压实获得的数据十分丰富,采用可视化方式显示是一种很好的选择。目前的控制系统一般都可以做到在碾压过程中进行实时、在线的可视化显示,还可以通过信息平台进行远程显示。所有的压实结果都一目了然,方便了质量控制和管理。图 6-51 给出了典型的可视化结果,分别是压实状态分布图和压实程度分布图,都是基于以控制指标(如模量)数据生成的。

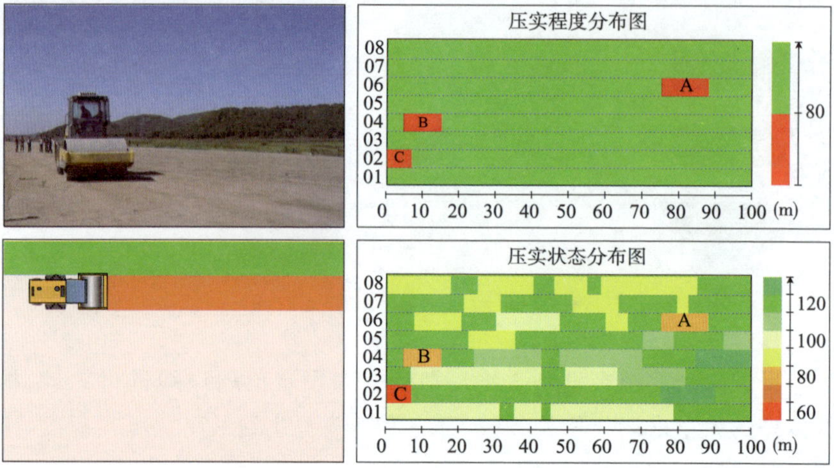

图 6-51 可视化的压实控制结果

图 6-51 中，压实程度控制的目标值为〔E〕＝80 MPa，以红色和绿色划分为两种区域。压实状态分布图显示了碾压面上各点模量的分布情况，从低（红色）到高（绿色），以不同颜色区分，比压实程度分布图的信息更丰富。例如，在压实程度分布图中，红色区域为 A、B、C，表示低于 80 MPa，但具体数值并不知道。在压实状态分布图上，可以知道 A、B、C 区域的具体数值。一个重要意义是，在低值区域可以进行传统的点式检测，避免了随机性。

6.7.4 连续检测与点式检测的相互配合

从动力学的角度看，智能压实可以看作是一种动态连续检测技术，压路机为加载设备。但由于压路机型号和参数各异，使其加载方式和大小不统一，有些信息无法直接量测等，导致测试精度不算太高。作为一种过程控制或检测技术，这种精度还是可以满足质量控制要求的。高精度的检测可以采用点式检测进行，但要改变随机抽样的方式，变为定点检测，这就需要利用连续检测结果了。

图 6-52 给出了连续检测和点式检测的结合。连续检测可以确定碾压面的压实状态分布图（红色区域仅代表相对的低值状态，与是否达到

目标值无关)，选择几处低值区域进行点式检测。如果点式检测合格，则代表整个碾压区域都是合格的；若点式检测不合格，则可以按照低值区域的排序，逐级检测，直到找到合格区域，再对不合格区域进行处理。

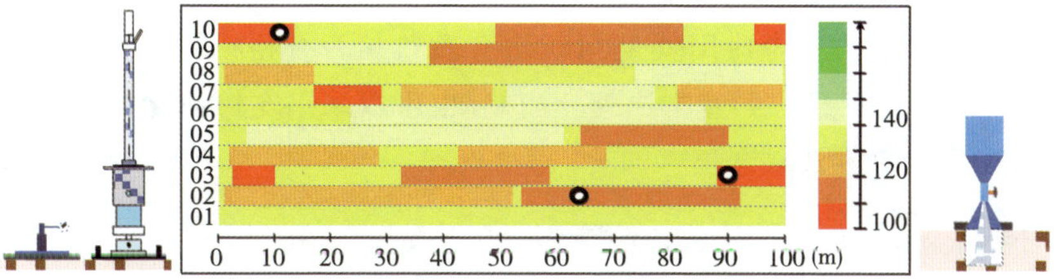

图 6-52 连续检测与点式检测的结合

连续检测是一种力学检测，其结果是力学量，不能直接反映填筑体的物理性能(密度)，但在统计学意义下，二者具有一定的相关性。

6.7.5 综合使用智能技术

在前面介绍的智能压实技术中，我们并没有看到太多“智能”的影子。只要填料性质良好，工程机械合适，压实质量控制并不算难，按照图 6-49 的方法进行操作就行。机器(控制系统)会自动完成数据采集、分析和决策，并发出反馈控制的指令，没有必要一定使用智能技术。然而，在很多情况下，压实质量控制还是比较复杂的，需要技术人员更多地参与，这时让机器替代人的部分工作就有必要了。

碾压过程是压路机与填筑体之间一种复杂的非线性作用，压实质量受填料性质和压实工艺的联合影响，这种影响也综合地反映在压路机的响应信号上，最终表现在控制指标上。由于填料性质的复杂性和压路机性能的多样性，在很多情况下，碾压工作并不顺利，会出现很多意想不到的情况。实践表明，根据控制指标的变化特征，再加上一些必要的信息，不但可以分析压实质量，还可以分析填料性质和压实工艺情况，提出控制措施。把这种工作交给机器去做，便是智能化了，但前提条件是，机器需要学习，需要利用大量已知数据进行训练。下面介绍几种智能技术在压实控制中的应用。

(1)人工神经网络

ANN属于有监督学习算法,需要大量已知数据进行训练。ANN的一个简单应用是通过对比试验数据,建立智能压实结果与点式检测结果之间的对应关系,属于回归问题,其效果要好于线性回归。

ANN的另一个应用就是判断压实质量是否合格,属于分类问题。图6-53给出了算法的基本原理。当然,也可以采用支持向量机(SVM)进行处理,也许效果会更好。

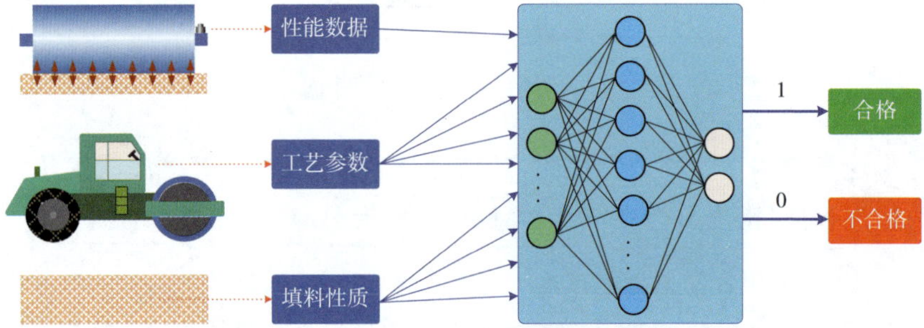

图6-53 ANN用于压实质量分类

ANN的输入由三部分组成,即根据振动轮响应信号得到的、反映填筑体性能的数据(如模量);压路机工艺参数,主要包括压路机类型(吨位)、振动质量、振动频率和激振力;填料性质,包括填料类型、级配、颗粒形状和含水量等。ANN输出有两个,用"1"表示质量合格,用"0"表示不合格。

如果仔细推敲,采用多分类算法也许更好,将压实质量多分几类更符合实际情况。这里做二分类处理,只是抛砖引玉、启迪思路而已。

上面这个ANN模型需要学习大量的已知数据。数据来源于试验和历史的积累,今后智能压实积累的数据将是主要来源。

(2)专家系统与混合专家系统

前面已经多次提及专家系统,尽管不具备普遍适用性和学习能力,但它在专业领域还是非常好用的。如果与机器学习结合起来,更是具备了学习和推理等多种能力。在工程建设领域是一类非常有前景的智能技术。

压实质量控制涉及填料、压路机和控制标准，有些可以采用定量方式描述，如压实程度、压实稳定性和压实均匀性的判定标准、压实工艺参数；有些只能定性描述，如填料的一些属性（级配、离析）。这些都可以采用专家系统的“IF-THEN”方法变成一条条的规则（知识），具体可参照图 3-1 给出的实例。例如，描述粗粒料可压实性的规则：IF 粗粒料级配不好，THEN 不容易压实；描述压实程度合格的规则：IF $[E]=80$ MPa，AND $E=100$ MPa$>[E]$，THEN 碾压合格。

如果压实知识库中的规则足够多，便可以在碾压过程中应用专家系统处理各种工程问题，根据对具体问题的描述，系统经过推理，得出如何解决问题的结论（答案）。专家系统的知识是通过访问人类专家得到的，但其缺点也是突出的（见 3.1 节）。为了解决专家系统的短处，将机器学习与专家系统结合起来，是一条可行的路线，这就是发展中的混合专家系统。对于压实控制来讲，将多种技术结合起来，可能会使智能压实技术得到更好的发展，图 6-54 给出了用于压实控制的神经专家系统的原理图。

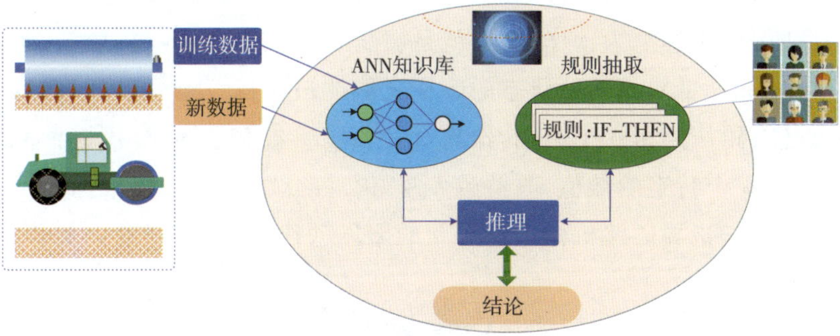

图 6-54 神经专家系统

这种混合专家系统与普通专家系统的不同之处在于，知识库用训练过的神经网络来表示，知识储存在神经元连接的权重中，是一种隐式表达，可以把某个具体问题的若干个相关知识都彼此关联地表示在一个 ANN 模型中。一个训练好的神经网络就是一组规则，并且可以根据新的训练数据，自动获得新的权值分布，更新知识库。例如，完全可以将图 6-53 中的 ANN 模型看作是一组规则的集合。

混合专家系统对于很难用 ANN 表示的规则，仍然可以采用原来的方法进行表示。也可以将已经训练好的神经网络解释为 IF-THEN 规则集，进行规则的抽取。当然，系统的核心仍然是推理。

除了上述混合专家系统外，还有模糊型、概率型、进化型的专家系统。近年兴起的深度学习算法如何与专家系统结合，也是值得关注的。

(3)强化学习

以上介绍的智能技术，都需要大量的训练数据，涉及进行大量的现场对比试验，以及收集很多领域专家的经验知识，其代价是很大的。相信随着智能压实技术的普及，在碾压过程中积累的数据将成为主流。在没有训练数据的情况下，可以考虑采用其他算法进行尝试。强化学习是一类与动态决策和控制相关的算法，在压实控制中可以考虑采用这种技术。

根据 3.5 节，在强化学习中，主体是压路机，环境则为填料，是主体的作用对象。环境与主体之间的交互就是强化学习的主要特点。主体对环境的作用称之为动作，这里就是碾压，它能够改变环境（填料）当前的状态（如模量），而这种状态的改变又能够被主体（压路机）所观测到，同时还会给压路机一个奖励，作为对其碾压质量好坏的反应，也称之为收益，是一个特定的数值，收益越大越好。强化学习就是要根据这两个反馈信息来指导压路机做出最有利的碾压动作，以便得到最大的奖励，如图 6-55 所示。

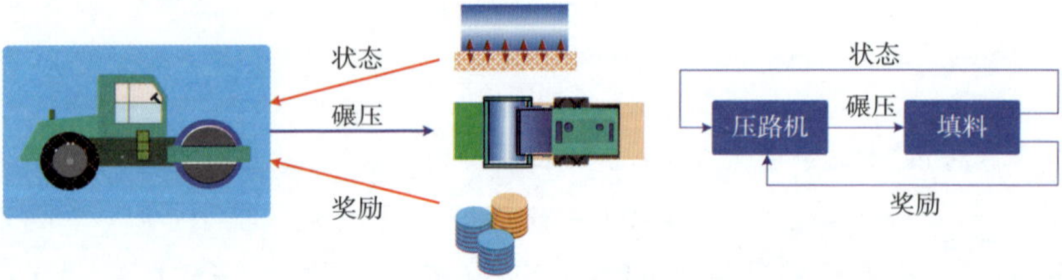

图 6-55　采用强化学习进行压实控制的思路

强化学习强调的是“干中学，学中干”，错了扣分，对了奖励。压路机通过不断地调整动作（压实工艺）和试错，能够学习到在什么样的情况下选择什么样的工艺（最佳策略），以便得到最好的奖励。由于在碾压过程中，填料很难用固定的模型表示，所以可以考虑采用无模型算法（3.5节），采用不断探索（试错）的方式进行。

强化学习是一种马尔可夫过程，其学习方式也存在一些问题。另外一种算法生成对抗网络（Generative Adversarial Network，GAN）值得关注。这种算法通过使用对抗训练机制，对两个神经网络（生成器和判别器）进行训练，避免了反复使用马尔科夫学习机制带来的一些问题。GAN是否可以在智能建设得到更多的应用，也是值得研究的。

以上对智能压实技术进行了简要介绍，主要是以岩土类填料的压实控制为主。关于沥青混合料的智能压实，涉及压路机两个钢轮之间的耦合影响以及温度的影响，情况更为复杂，目前仍在发展中。

6.8 智能建设的风险

智能建设是新事物，涉及“智能技术”。鉴于人工智能领域都在讨论各种风险和道德问题，因此，这里从安全的角度，就智能建设的有关风险问题作一简单讨论。

6.8.1 工程建设中风险无处不在

谈到风险，在工程建设中可以说是无处不在，也一直存在，并不是由于采用智能建设技术才新增加了风险。例如，勘察和测量中存在各种人身安全风险和操作错误风险，在设计中会存在计算错误、出图错误的风险，施工中存在的各种风险就更多了。

工程建设风险随处可见，但从来就没有人过度担心过，因为这些都是可以依靠各种规章、制度和先进技术（包括智能技术）来避免的。但为什么一谈到智能有关的问题，人们就开始担心各种风险呢？究其原因，可能与传播中的过度渲染和科幻电影有关，致使人类误认为机器人要统治世界，人类将变成奴隶。如果清楚了前面介绍的人工智能各种算法的本质，人们还会这么认为吗？

6.8.2 智能建设可能存在的风险

作为一种新生事物，智能建设在实施过程中，也确实会存在一些风险，但绝不是科幻作品中描述的那种风险。分析存在哪些风险，还是要回到智能建设的本质上，即回到用机器（计算机）来替代人的部分脑力劳动上。由于计算机可以嵌入到各种物品中，如果出现风险，也应该是使用计算机后所带来的风险。对智能建设的风险分析也应该沿着这个思路展开。关于数据风险（安全）问题，已在4.7节进行了分析，此处不再赘述。

如果说使用计算机会带来风险，首先想到的一定是安全风险。病毒、黑客等都会干扰计算机——窃取信息、遥控计算机，甚至会毁掉计算机。计算机的风险，实际上就是软件的风险。一种是编程时故意而为之的，病毒软件、黑客软件就是这种情况，但这是犯罪，不在我们讨论范围之内；另外一种就是程序代码中存在的“BUG”，这是最常见的风险，完全避免也是不容易的。

对于智能建设，凡是用计算机取代人工作的场景都会存在一定的风险，除了上述风险外，程序出现“死机”也是常见的问题，这也是BUG引起的。如何防控，主要还是编程者的事情。此外，在普及智能建设技术过程中，以下这些问题值得探讨。

（1）机器做出的结论敢用吗？

智能建设可以让机器代替人类，对感知到的数据进行分析和决策，那么现实问题是，真的敢用这些机器分析和决策的结论吗？

实事求是地讲，以目前的技术水平看，对于重大问题，机器做出的结论，人类必须进行复核，在很长一段时间内，机器仍将是辅助人类工作。

（2）无人化施工可行吗？

目前施工机器人正在成为一个热点，实际就是工程机械的无人驾驶。以现在的技术水平看，实现工程机械的无人驾驶很容易，关键是工程机械要有足够好的感知系统和定位系统，以代替驾驶员的视觉和听觉等，精准确定工作时的位置。施工现场（工地）与运营中的道路不同，采用施工机器人施工不会存在太大的安全问题，这一点与汽车的无人驾驶是不同的。但也应该制定好各种规章制度，完善相关技术标准。

在一些危险地带如陡坡段等，可以采用施工机器人（如无人挖掘机）作业，这样会更安全。对于摊铺碾压作业，如果不与智能压实技术结合起来，其实际意义不大。因为压路机需要随时了解碾压质量信息，还要学会改变压实工艺参数，仅仅依靠控制碾压遍数肯定是不行的。

(3)断网断电怎么办？

随着科技的发展，自动化和智能化水平的提高，人类将会越来越依赖机器。但过度的依赖，会出现什么问题，值得探讨。如果有一天全世界都断电、断网了，我们该怎么办？在施工过程中，由于某种故障，施工机器人的感知系统和定位系统没有信号了，机械还能工作吗？诸如此类问题很多，已经不是智能建设范围内的事了，需要各界的共同讨论。

第 7 章 未来之路

智能建设的最终目标是建设成智慧型的(交通)基础设施。这是一个美好的愿望,如果能够实现,一定是多学科共同努力的结果。未来之路不会一帆风顺,当下还是要把握住脚下之路,抓住工程品质这个关键。

7.1 品质之路是关键

智能建设的“产品”有两类,一类是智能产品,一类是高品质产品。能够得到智能产品(公路、铁路等)当然是好事,但目前还不能完全实现。现阶段智能建设的目标主要还是为了提高工程建造的质量,得到高品质的交通基础设施(广义地讲,也包括所有的基础设施)。工程品质的含义是多方面的,内在品质包括工程具有的功能、耐久性、可靠性、适用性等,外在品质包含建筑艺术美、工程技术美、生态的协调、文化的融入和后期服务等。智能建设主要侧重于内在品质的提升。

如果单纯从工程建设的角度看,交通基础设施的品质主要还是体现在工程质量上,即在全生命周期内,做到最少的维修次数和最小的维修规模(图 7-1),在性能和功能上满足行车的安全性和舒适性的需求。在此基础上才能追求智能型乃至智慧型的交通基础设施。

提高工程质量,要从源头抓起。由于公路和铁路的“梯形”外形不会改变,结构形式也难以改变,所以这个源头就是原材料,这是把握好质量的第一关。第二关则是施工,也就是“产品”的制造过程,这是把握好质量的关键,也是智能建设的主战场。目前智能建设主要是围绕着这部分展开的,也是各方关注的热点。

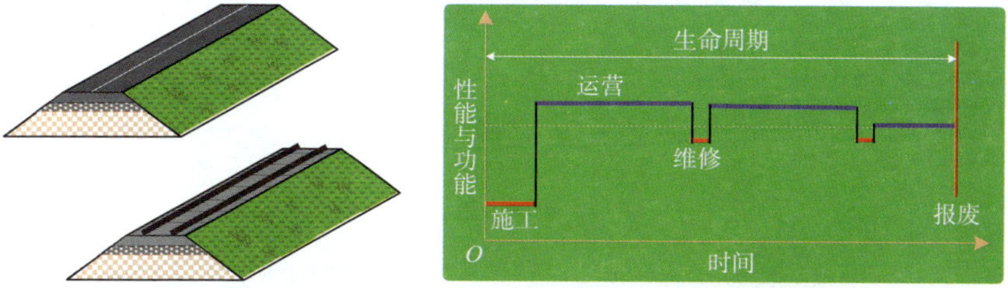

图 7-1　提高工程品质，减少维修次数和规模

随着智能建设的普及，在不增加成本的前提下，如何进一步提高工程质量，建成高品质之路，是给智能建设出的一道考题，让我们拭目以待。

7.2　信息之路看成本

“信息之路”主要是指能给外界提供结构体性能和功能信息的公路和铁路（也包括机场和城市道路），是信息公路和信息铁路的统称。信息公路的概念早就有了，如英国的交通信息高速公路（TIH）、视频信息高速公路（VIH）。

在智能施工的同时，可以给公路和铁路这些基础设施（物品）装配上各种感知元件（6.3 节），使之具备知觉、触觉和视觉等能力，能够感知到结构体内部性能信息和外部环境信息，并且具备将信息传递给外界（信息平台）的能力，这就是信息公路、信息铁路的概念，主要用于监测结构体性能的变化。目前多采用“Smart＋”来称呼（实际是灵巧的含义）。严格地讲，目前信息之路还尚未达到具备太多智能的程度，距离智慧更是遥远。尽管如此，也没有必要在名词上做过多的纠结，关键还是要看实质——是否具备给外界提供各种信息的能力。

目前的信息公路和信息铁路，主要是具备了感知能力和数据通信能力，能够感知到结构体内部和外部环境的相关信息，并传递给外界，但并不具备分析和决策能力，也谈不上自主性的学习，属于感知层（5.7 节），反馈控制和对结构体的自我修复更是无从谈起（那是未来之路）。学习、推理、分析和决策等都是在信息平台（属于应用层）上完成的，与感知层的关系不大，如图 7-2 所示。如果是 CPS 平台，还能实现远程遥控，但遥控什么，尚需研究。

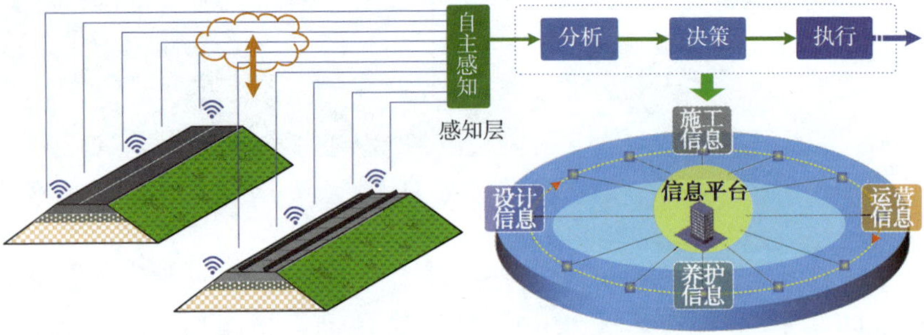

图 7-2　信息公路与信息铁路的技术特征

公路和铁路结构物作为不可移动的物品，只要将结构体中植入微型计算机的硬件、软件和智能算法，便可以实现智能化（例如通过 MEMS 传感器就可以实现，详见丛书其他分册）。但由于单片机处理能力的限制，智能化水平肯定是有限的，远不如信息平台上的处理能力。

从物联网的角度看，信息公路和信息铁路属于感知层，主要任务是感知在行车荷载和自然环境的联合作用下，结构内部性能是如何变化的，并不需要在现场进行分析和决策，需要在信息平台上对数据进行综合处理和分析，以便为养护决策提供信息。只要信息量足够多，还可以在虚拟环境中进行各种分析（6.6 节）。因此，感知层是否具有智能的实际意义并不大，主要是需要感知元件自动给信息平台提供结构体的性能数据。

从交通基础设施的功能方面看，道路和铁路都是为车辆行驶提供服务的。由于列车是沿着固定轨道行驶的，操作比较简单，所以现在研究的热点集中在公路上的智能交通（ITS），如火如荼的无人驾驶就是如此。在道路表面和周边布置各种感知元件，可以辅助引导汽车行驶，对行驶状况或路面状况做出预警，提高通行能力。

将普通公路和铁路变成信息之路很容易，只要在结构体内部、表面和周边配置各种传感器，再加上数据通信装置，便可以实现了，但成本是很大的，关键是看投入资金的多少，成本将控制感知元件的数量和技术水平。

7.3　未来之路要创新

“未来之路”是指智能之路、智慧之路。所谓智能之路，是指具备自主性的“感知、分析、决策、执行”能力的公路和铁路（结构体）。这里的“执行”主要是指自我修复和控制的能力。智慧之路则是更遥远的事了，要体现在创造力上。

自我诊断是很容易理解的，就是结构体可以自主感知性能和状态的变化，经过对数据的自主分析和决策，得出是否需要修复或控制的结论，并发出相应的指令。实际上，自我诊断就是智能建设基本特征中的“感知、分析、决策”这几部分的集成，如图7-3所示。

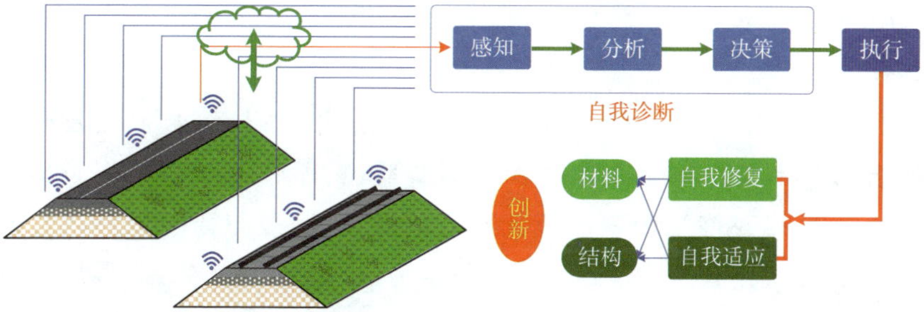

图7-3　智能公路与智能铁路的技术特征

随着科技的发展，让结构体具有自主感知、分析和决策能力并非难事，只要在结构体中嵌入集数据采集、编程和数据处理能力于一体的新型传感器（如MEMS），再采用合适的智能算法便可以实现。难点在于如何让结构体具有自我修复和自我适应能力，这是目前的材料和结构都无法做到的，需要拓展研究思路，需要技术创新。

我们知道，包括人类在内的生命体一般都具有受伤后能够自我愈合的能力。受此启发，新兴的智能材料就是一种具有自我感知、自我诊断、自我修复能力的材料，这是继天然材料、合成高分子材料、人工设计材料之后的第四代材料。了解智能材料的特征，有助于我们研发适合于公路和铁路的新材料、新结构。

一般来讲，智能材料就是在基体材料中，嵌入具有传感、动作和处理功能的三种原始材料。其中，基体材料担负着承载的作用，高分子材料、轻质有色合金都是很好的选择；敏感材料担负着传感的任务，感知外部如应力、温度等的变化，压电材料、光纤材料等都属于敏感材料；驱动材料可产生较大的应变和应力，担负着响应和控制的任务，如压电材料、电流变体材料等；具有处理功能的材料主要有导电材料、光纤和半导体材料等。

智能材料一般具有传感、反馈、识别、响应、自我诊断、自我修复和自我适应的功能。其中，自我修复（Self-recovery）是指通过繁殖、生长、原位复合等再生机制，来修补某些局部损伤或破坏；自我适应（Self-adjusting）则是指材料根据外部环境变化，能够及时地、自动地调整自身结构和功能，并改变自己的状态和行为，从而对外界的变化作出合适的响应。

智能结构是一种仿生结构体系，集主结构、传感器、控制器及驱动器于一体，具有结构健康自我诊断、自我监控、环境自我适应，以及损伤自我愈合、自我修复的生命特征及智能功能，一般与智能材料联合使用。目前，公路和铁路（路基部分）的结构形式都是经过摊铺、碾压形成的层状系统，随着材料科学的发展，今后是否会出现新的结构形式，具有自我适应变形的能力，值得思考。

智能材料和智能结构在土木工程上已经开始应用。例如，在混凝土中加入“自愈合”纤维，便能够感知混凝土中的裂纹和钢筋的腐蚀，并能自动黏合混凝土的裂纹，或阻止钢筋的腐蚀。将智能材料应用在建筑物中，能够及时感知材料自身所受到的外力、温度和裂纹等的变化状况，判断材料的受损程度。智能材料还可以利用自身的应变能力，通过提前预报、自适应调整和自修复补救等主动行为，对危险情况进行预警，并可消除危害。这些应用情况，相信对于智能公路和智能铁路的研发会有启发作用。

在公路领域，类似的研究也有很多。例如，沥青路面的自我修复，道路的自我融雪，路基湿度的自我调节等，但实际效果如何，还有待于进一步的检验。此外，还有将抗压太阳能板做成路面进行发电，将抗压 LED 做成路面进行照明的案例等。

未来之路是智能之路，智慧之路，很多新材料、新技术、新理论都将大有用武之地，多学科的融合将会进一步得到加强。这是一个充满希望的领地，也是一个创新的试验场所，值得我们好好把握。

7.4　路在脚下莫远求

智能建设伴随着"智能＋"而兴起，与人工智能一样，正在成为一个越来越热的领域。此时，我们应该冷静下来，好好想一想，智能建设到底要做什么？那些流行的技术是它的核心吗？采用人工智能真的能提高工程品质吗？

这些疑惑大部分与我们对人工智能的希望过大有关。下面简单梳理一下智能建设所包含的核心技术或理论。明白了这些，相信对前面的疑惑也就有了自己想要的答案了。

我们仍然按照智能建设的基本特征——"感知、分析、决策、执行"这条主线，大致梳理一下所需要的核心知识要点（但不是全部），如图 7-4 所示。

从图 7-4 中可以发现，智能建设所涉及的知识最后指向了物理学、数学和化学。这不奇怪，因为近代科技（以传统的土木、机械、电力行业为特征）的基础就是力学理论，属于经典物理学；而现代科技（信息技术为特征）的基础则是电磁理论，属于近代物理学。数学则是物理学的工具，二者相辅相成。

交通基础设施（结构体）的作用是支撑交通工具（汽车、火车、飞机）的行驶，保证安全性和舒适性。因此，无论是公路、铁路、机场，还是城市道路，本质上都是力学问题。而材料则是构成结构体的基本要素，所涉的材料种类会越来越多，包括未来的智能材料。对于有机材料（沥青混合料），本质上是化学问题，其他材料则多与物理学（物质结构）有关。

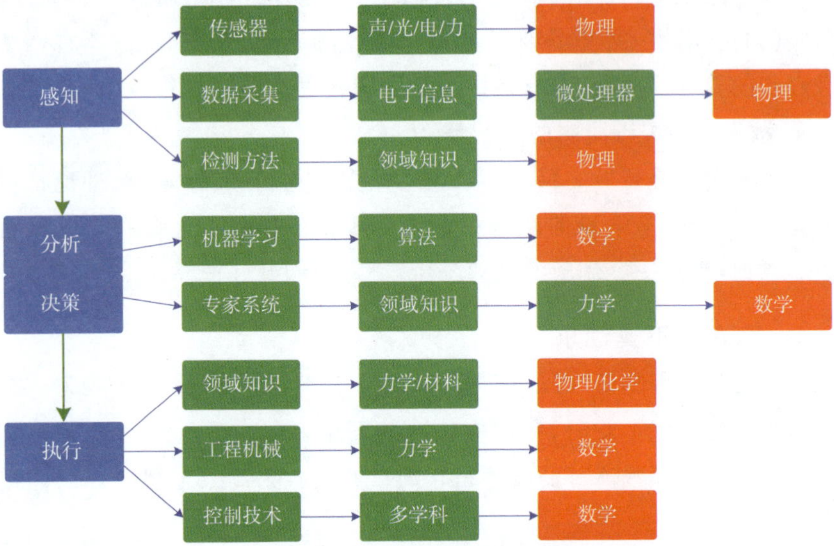

图 7-4 智能建设核心知识要点

这就是将智能建设的核心知识归结为数理化的原因，也是原始性创新必须具备的知识，但不是以力学为主的经典物理学，而是近代和现代物理学。

为了提高工程品质，最终建成智慧型的交通基础设施，依靠传统的领域（行业）知识是不够的，需要多学科的融合。1.4 节已经给出了智能建设所包含的主要相关技术，关键是如何掌握。对于土木行业的技术人员来讲，电子信息技术（特别是硬件）是最缺少的知识，也是被普遍认为最难掌握的知识，可以按照黑箱方法（2.3 节）去掌握。

电子信息技术的范围很广，如果从基本的电路分析学起，将耗费大量的精力和时间，但未必实用。对于土木类工程来讲，需要根据实际需求，掌握基础和重点。智能建设所涉及的电子信息技术以感知装置（传感器和数据采集器）为主，其基础就是微处理器（MPU）——一种具有中央处理器功能的、大规模集成电路组成的芯片（图 1-9），是各种微型计算机（如单片机）的中央处理器（CPU）。

微处理器无处不在，各种生活电器（如移动电话、空调等）、汽车控制、工程机械控制、检测设备等，都需要各种不同的微处理器。微处理器通过与其他电路（接口电路等）的组合，可以构成完整的感知和控制装置，也是各种智能设备的关键部件。

由于微处理器是封装好的芯片，我们没有必要详细知道它的内部结构，但要清楚芯片上有多少个输入和输出（管脚），都具有哪些功能，需要哪些输入和输出信号，这就是需要掌握的基础。然后可以通过编写程序（如采用 C 语言写代码）来控制各个管脚，进行各种操作（如数据采集、机械控制）。当然，还需要与其他电路和元器件的配合使用，但都不复杂，这就是一种黑箱学习法。智能建设所涉及多学科知识，大部分都可以采用黑箱方法掌握。有关电子信息技术的相关知识，请详见丛书其他分册。

智能建设所涉及的技术很多，除了图 7-4 所示的那些外，还会有更多新技术的介入，新概念、新名词也会层出不穷。面对这些新技术、新概念、新名词，要认清实质和核心。

智能建设给传统建造业带来了一缕清风，将会使土木行业加快革新的步伐。抓住智能建设的机遇，夯实基础（图 7-5），拓展知识结构，这是本书最大的愿望！

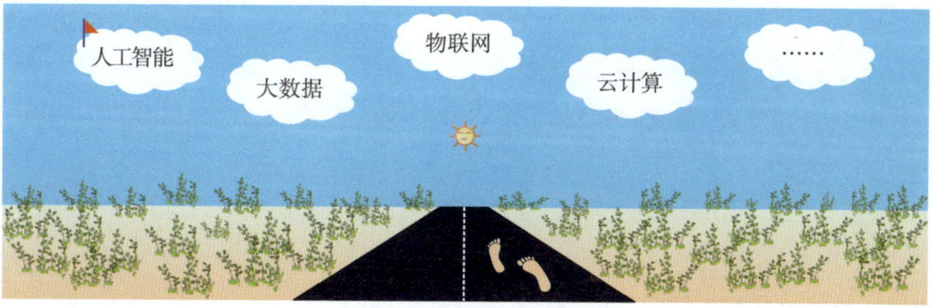

图 7-5　抓住机遇，夯实基础

参考文献

[1]国家制造强国建设战略咨询委员会,中国工程院战略咨询中心．智能制造[M]. 北京:电子工业出版社,2016.

[2]NEGNEVITSKY M. 人工智能-智能系统指南[M]. 陈薇,译．北京:机械工业出版社,2015.

[3]SCARRUFFI P. 智能的本质[M]. 任莉,张建宇,译．北京:人民邮电出版社,2017.

[4]许国志．系统科学[M]. 上海:上海科技教育出版社,2001.

[5]徐光辉．路基连续压实控制动力学原理与工程应用[M]. 北京:科学出版社,2016.

[6]LUCCI S. 人工智能[M]. 林赐,译．北京:人民邮电出版社,2019.

[7]涌泉良幸．深度学习的数学[M]. 杨瑞龙,译．北京:人民邮电出版社,2019.

[8]SUTTON R. 强化学习[M]. 俞凯,译．北京:电子工业出版社,2019.

[9]MAYER-SCHONBERGER V. 大数据时代[M]. 盛杨燕,译．杭州:浙江人民出版社,2018.

[10]王志良．物联网现在与未来[M]. 北京:机械工业出版社,2010.

[11]徐光辉．高速铁路路基连续与智能压实控制技术[M]. 北京:中国铁道出版社,2019.

[12]BRINDLEY K. 零基础学电子[M]. 黄宏,译．北京:人民邮电出版社,2018.